广岛倒计时

核爆前惊心动魄的21天

[英] 史蒂芬·沃克（Stephen Walker）◎著　朱鸿飞　◎译

SHOCK WAVE

COUNTDOWN TO HIROSHIMA

新世界出版社
NEW WORLD PRESS

北京版权保护中心引进书版权合同登记号：图字 01-2018-4564 号

图书在版编目（CIP）数据

广岛倒计时：核爆前惊心动魄的 21 天 /（英）史蒂芬·沃克著；朱鸿飞译 .-- 北京：新世界出版社，2018.8
ISBN 978-7-5104-6575-8

Ⅰ.①广… Ⅱ.①史… ②朱… Ⅲ.①美国对日本广岛、长崎原子突袭(1945)－史料 Ⅳ.①E195.2

中国版本图书馆 CIP 数据核字 (2018) 第 178194 号

广岛倒计时

作　　者：[英] 史蒂芬·沃克（Stephen Walker）
译　　者：朱鸿飞
策　　划：中资海派
执行策划：黄　河　　桂　林
责任编辑：丁　鼎
特约编辑：陈　彬　　羊桓汶辛
责任校对：宣　慧
责任印制：王宝根　　汪勋辽
出版发行：新世界出版社
社　　址：北京西城区百万庄大街 24 号（100037）
发 行 部：(010) 6899 5968　(010) 6899 8705（传真）
总 编 室：(010) 6899 5424　(010) 6832 6679（传真）
http://www.nwp.cn　　http://www.nwp.com.cn
版 权 部：+8610 6899 6306
版权部电子信箱：frank@nwp.com.cn
印　　刷：深圳市东亚彩色印刷包装有限公司
经　　销：新华书店
开　　本：787mm × 1092mm　1/16
字　　数：350 千字　　**印　张**：24
版　　次：2018 年 9 月第 1 版　　2018 年 9 月第 1 次印刷
书　　号：ISBN 978-7-5104-6575-8
定　　价：59.80 元

SHOCKWAVE

COUNTDOWN TO HIROSHIMA

广岛倒计时

核爆前惊心动魄的21天

[英] 史蒂芬·沃克（Stephen Walker）◎著 朱鸿飞 ◎译

新世界出版社
NEW WORLD PRESS

致中国读者的信

Shockwave Countdown to Hiroshima

致我的中国读者：

这本书讲述了一个重大的历史事件。这个事件影响了我们每一个人，只要还在这个星球上，我们就依然生活在它的影响下。

我真诚地希望你们能从我写作本书时的经历中体会到：使我们团结的力量远大于使我们分裂的力量；我们必须努力保护和保存我们共同的人类情感，与那些破坏它的人不懈斗争。

正因如此，虽然中国与我的家乡远隔千山万水，但对于我的图书能在你们这个历史悠久的文明古国出版，我深感荣幸。

最后感谢您阅读这本书。

史蒂芬·沃克

献给萨莉

她的爱、精神和无比的勇气激发了我写出每一个字。

权威推荐

Shockwave Countdown to Hiroshima

翟　新

中国日本史学会常务理事

上海交通大学日本研究中心副主任

该书以血肉灵魂殊死搏杀的真实叙事为世人演示了所谓“武器的批判”对历史演进的两重性影响。如果依旧漠视甚或正当化此类在以恶制恶的名义下产生的无差别杀害的行为，那么我们该不该扪心自问：这距实现真正的人类和平和文明社会究竟还有多远？

美国图书馆协会《书单》(*Booklist*)杂志　星级评论

极为生动、紧张，充满了人性……对广岛毁灭的所有描述都激动人心，历史学家兼制片人史蒂芬·沃克创作出了一份极为紧凑并发人深省的记录。

《出版人周刊》(*Publishers Weekly*)　星级评论

史蒂芬·沃克像是让读者坐上了过山车，穿行在美国军人、日本军民和参与“曼哈顿计划”的各行业科学家的记忆里……本书可以与约翰·赫西长盛不衰的《广岛》比肩。

《科克斯书评》(*Kirkus Reviews*) 星级评论

精彩至极……史蒂芬·沃克的文字充满了紧迫感和戏剧冲突……读起来既引人入胜又令人伤感。

《华盛顿邮报》(*Washington Post*)

广岛核爆是人类历史上一场史无前例的行动——经人类之手，数万人在瞬间被推向毁灭。那些将约翰·赫西的《广岛》奉为经典的读者也许对一本这一题材的新书不会抱过高的期望。但在《广岛倒计时：核爆前惊心动魄的21天》（以下简称《广岛倒计时》）中，史蒂芬·沃克描绘出了一幅更为宏大的图景。

《亚利桑那共和报》(*Arizona Republic*)

对许多人来说，广岛核爆已经变得愈发遥远和难以想象。随着广岛核爆60周年纪念日①的临近，这部引人入胜的作品引领我们回首了这一历史性的时刻。这部作品读起来像一本悬疑小说，紧张刺激的情节发展迫使我们必须提醒自己：我们知道下面将要发生的事情……像约翰·赫西的《广岛》一样，《广岛倒计时》再现了这一拥有最深远历史意义的事件。这部作品不容错过。

《娱乐周刊》(*Entertainment Weekly*)

激动人心……一部引人入胜的作品……沃克这部作品不带偏见，文字流畅，记录了从1945年7月第一颗原子弹在洛斯阿拉莫斯爆炸到三周后日本广岛灰飞烟灭间的日日夜夜。

《芝加哥论坛报》(*Chicago Tribune*)

震撼……史蒂芬·沃克在《广岛倒计时》中运用了惊险小说式的

①本书成书于2005年。

叙事技巧，使书中的故事读起来显得非常紧张，令人异常专注，并能唤起读者内心深处的情感。与此同时，他也提出了一系列有关我们持续拥有和开发核武器的问题，这些问题复杂而紧迫。

《亚特兰大宪法报》(*Atlanta Journal-Constitution*)

对交战双方细致缜密的描绘，饱含着强烈的情绪冲击力……作者营造了令人欲罢不能的悬念感，与此同时，本书的结构又让人能强烈地感受到原子弹对个人的冲击。

《新闻与观察家报》(*News & Observer*)

一个扣人心弦的故事，它带我们回到 1945 年，让读者感受创造这个毁灭工具的巨大科学努力，并看清战争是如何模糊道德观念的。

《爱尔兰时报》(*Irish Times*)

《广岛倒计时》是一部惊人的佳作，是我读过的最紧张刺激的历史作品之一。

德国《时代周报》(*Die Zeit*)

通过讲述科学家、飞行员，尤其是广岛居民不为人知的故事，史蒂芬·沃克创作出了一部从头到尾都颇具吸引力的现实惊险佳作。

意大利《时报》(*Il Tempo*)

史蒂芬·沃克对事件做了细致的重现，让我们得以了解从阿拉莫戈多核弹试验到广岛原子弹投放之间那三个星期中鲜为人知的历史细节。

日本《朝日新闻》

作者重现的故事像一部优秀纪录片一样拥有强大的感染力。

推荐序

Shockwave Countdown to Hiroshima

胡德坤

武汉大学人文社会科学资深教授、原副校长

中国第二次世界大战史学会名誉会长

2018 年 7 月 7 日

1945 年 5 月 7 日，在反法西斯盟国的合力打击下，德国法西斯投降，欧洲战事结束。在亚洲大陆，自 1945 年春天开始，中国军队在华北、华中、华南的广阔战场上展开反攻作战，并在美英盟军的配合下收复了缅甸北部。在太平洋战场上，美军于 6 月 23 日攻陷冲绳。至此，日本已陷入中美盟国陆海两线的包围之中，失败已不可避免。在这种形势下，7 月 17 日至 8 月 2 日，美英苏三国首脑在柏林郊外的波茨坦举行会晤，会议集中讨论了盟国对日反攻作战和战后对日处置问题，苏联重申履行对日作战的承诺。7 月 26 日，会议以美英中三国名义发布了《波茨坦公告》，重申盟国将战争进行到日本无条件投降为止的决心。苏联的参战无疑加快了日本失败的步伐。7 月 28 日，日本宣布拒绝接受《波茨坦公告》，于是，中国在本土和缅甸展开总反攻，苏联于 8 月 9 日出兵中国东北，日本法西斯四面楚歌。然而，在苏联出兵的前夕，即 1945 年 8 月 6 日上午 8 时 15 分，美国“埃诺拉·盖伊号”轰炸机在日本广岛上空投下了第一颗用于实战的原子弹“小男孩”。3 天后，美国的另一颗原子弹“胖子”在长崎上空爆炸。两颗原子弹威力巨大，广岛和长崎被夷为废墟，伤亡 20 余万人，给日本人民带来了惨重的灾难。美国对日使用原子弹的确是加快日本投降的重要因素，但不是决定性因素，决定性因素是中美苏盟国的反攻作战，日本被打得走投无路，不得不向盟国投降。实际上，即使美国不投掷原子弹，日本也会投降。美国的意图很明确，就是为了夺取战后在处置日本、重建东亚秩序上的主导权。美国对日使用原子弹是人类首次使用核武器，它巨大的破坏力带给日本人民的是巨大的痛苦与灾难。人们应该牢记这惨痛的教训，以避免历史悲剧重演。

关于广岛原子弹爆炸，已经有很多相关的著述，但英国作家史蒂芬·沃克的《广岛倒计时》却显得与众不同。作者把全书的内容限定在了一个很短的时间窗口：广岛原子弹爆炸前惊心动魄的三周以及原子弹爆炸后的 18 个小时。在这短短的三周中，沃克引领着读者穿梭在洛斯阿拉莫斯的原子弹核爆试验场、华盛顿的政治和军事决策层、在波茨坦会晤的“三巨头”、天宁岛的轰炸机基地、核爆前的一对恋人以及被原子弹几乎彻底抹掉的广岛等时空中，再现了“原爆”的历史记忆，让读者真切地感受到战争本身以及核武器的可怕。

史蒂芬·沃克还是一位颇受赞誉、获得过大量奖项的纪录片导演。也许正是这一原因，在读《广岛倒计时》的时候，给我一种强烈的“电影感”：随着时间的推移，书的节奏越来越快。这一点就好像在一部电影中，随着影片情节的推进，镜头的剪辑愈发凌厉一样。

《广岛倒计时》的另一个特点是作者的文笔显得冷静、克制，这一点尤为可贵。一部关于原子弹爆炸这样核灾难的历史作品，目的是为了反思历史、杜绝战争，而不是渲染仇恨。读完本书，有关那对恋人的内容让我感慨万千：两人在核爆前度过的那美好一夜，以及核爆后的生死相隔，这些内容都让人深切地感受到和平的可贵。

同样不容忽视的一点是，日本帝国主义是第二次世界大战的挑起国之一。残暴的日军在亚洲和太平洋各地犯下了滔天的罪行，无论是南京大屠杀、巴丹死亡行军还是强迫各国妇女充当慰安妇，这些惨绝人寰的行为都给各国人民造成了莫大的伤害。同时，正是日本帝国主义发动的侵略战争也使日本人民受到伤害，单单是广岛原子弹爆炸就当即造成约 7 万人死亡，核辐射导致的癌症以及其他的并发症还夺走了更多人的生命。

《广岛倒计时》获得了各国多家著名媒体的极高赞誉，但在我看来，最大的认可来自著名的戴顿文学和平奖。该奖的评奖标准是授予那些促进和平、文字颇有力量的作品。荣获这一奖项，《广岛倒计时》当之无愧。

最后，衷心祝贺《广岛倒计时》中文版的问世，衷心祝愿这部名著能拥有更多的读者。

戴顿文学和平奖颁奖评论

南希·扎弗里斯（Nancy Zafris）

戴顿文学和平奖[1]评委

日本广岛，一个炎热的上午，松重美人骑自行车去市中心的报社上班。走出不远后，他又掉转车头，返回妻子在家经营的理发店。这是又一个晴朗的日子。仰望，蓝天白云；俯瞰，太田川的支流闪亮如箭，指向一个清晰的目标。原子弹落下时，除了妻子的理发店奇迹般地没有倒以外，那一带拥挤的街道全都被夷为了平地。松重美人安然无恙。他抓起相机和两卷胶卷，冒险前往爆心。在1945年8月6日那天剩下的时间里，松重美人是现场唯一的报社摄影师。他撞到了一生中最大的独家新闻。除了眼前的恐怖景象外，一举成名的可能也在向他招手。松重美人这个名字最终被写入了历史。那天他做了什么？他拍了五张照片，仅仅五张。五张看不到死亡、极为克制的照片，其中一张拍摄的是核爆后保存原样的他家的理发店。

在《广岛倒计时》一书中，史蒂芬·沃克将广岛核爆前的日日夜夜像电影镜头般呈现在了我们的面前：在新墨西哥州“三位一体”测

[1] 戴顿文学和平奖是美国唯一一项“表彰促进和平的文学作品”的奖项，获奖者包括《南京安魂曲》的作者哈金、《夜》的作者埃利·威塞尔等。

试场，我们将体会到奥本海默和科学家同僚为第一次原子弹试爆做准备时的极度疲惫和紧张，并为试爆成功带来的激动所深深感染；我们将走进戏剧般的政治现实，看到心力交瘁的陆军部长亨利·史汀生既要克制自己对原子弹的反对，同时又要催促杜鲁门总统采取行动，感受到他所陷入的情感旋涡；1945 年 8 月 6 日这天，我们将既从空中又从地面见证广岛发生的一切，一方面对飞行员保罗·蒂贝茨和他的杰出机组充满敬畏和赞叹，一方面深刻体会到地面上的田中利明、肥田舜太郎医生、女学生中前妙子等人的情绪。当史蒂芬·沃克的镜头将我们带到那最后一刻时，我们依然如看电影似的怀着最后的希望：结局将会改变。

只有在读完该书后，读者才会意识到史蒂芬·沃克身上拥有与松重美人——那位见证核爆的摄影师相媲美的艺术特质。松重美人那天没有选择去拍摄一个又一个可怕的镜头。与松重美人一样，沃克的文字选择了克制而不是激烈的谴责，谦虚而不是野心，爱而不是恨，生而不是死。从沃克的生动描写和宏大研究中，涌现出了一个扣人心弦、不偏不倚、道德上错综复杂的故事。思想深刻的人深思熟虑后的行动怎么会爆发出潜在的巨恶？这让我们所有人认识到善中有恶，认识到恶并非孤立，而是根植于我们所有人的内心，需要我们努力摒除，正如和平本就存在，须我们努力争取一样。

目　录

Shockwave Countdown to Hiroshima

第二部　决　定

1945 年 7 月 18—28 日

第三部　投弹：最后时刻

1945 年 8 月 4—6 日

第四部　影响：核爆后 24 小时

1945 年 8 月 6—7 日

引　言

Shockwave Countdown to Hiroshima

重走原子弹的旅程

新墨西哥州圣塔菲（Santa Fe）以北 12 英里[①]有个叫波瓦基（Pojoaque）的小路口，从那里离开 285 号公路，向西拐入 502 号公路，你很快就会驶上帕哈里托山（Pajarito Mountains）凉爽的山峰。这片古老的印第安人定居地有着一个个响亮的西班牙名字：哈科尼塔（Jaconita）、埃尔兰乔（El Rancho）、圣伊尔德丰索村（San Ildefonso Pueblo）……502 号公路绕过这些古老的村庄蜿蜒向上，山势渐高，空气也愈发清朗，醉人的西黄松气息从打开的车窗漫进来。沿途景色令人心旷神怡：向东边远望是森格雷 - 德克里斯托山脉（Sangre de Cristo Range）的山峰；南边是一片宽阔的盆地，斑驳着黄、绿以及粉红等各种颜色，一直延伸至远处朦朦胧胧的圣塔菲；西边是赫梅斯高原（Jemez Plateau）高大的平顶山和一座曾经隐藏着全世界最大秘密的小镇：洛斯阿拉莫斯（Los Alamos）——第一颗原子弹的诞生地。

2004 年 5 月，作为写作本书的研究工作的一部分，我前往洛斯阿拉莫斯会见一个信息提供人。途中我驻车欣赏风景。时值正午，虽然

① 1 英里 ≈1.61 千米，下同。——译者注（除特别说明外，本书脚注均为译者注）。

海拔超过了 7000 英尺①，但强烈的阳光照在沥青路上，在我身后的路上烤出一块块闪亮的热气团，周围一片死寂。我突然意识到，近 59 年前，一个像今天这样阳光灿烂的上午，就在这段公路上，一辆密闭的黑色卡车在 7 车保安人员的护送下从洛斯阿拉莫斯的山上缓缓驶下。它经过古老的印第安村落，经过我现在驻车的地方，驶下圣塔菲的平原。那一天是 1945 年 7 月 14 日，星期六。黑色卡车上的一只密封铅桶里装着原子弹的铀“炮弹”②。那天下午，军方将它从阿尔伯克基（Albuquerque）空运到旧金山。两天后，“印第安纳波利斯号”（USS Indianapolis）重巡洋舰载着它穿过金门大桥（Golden Gate Bridge），驶向太平洋。23 天后，铀“炮弹”被装在 B-29“超级空中堡垒”轰炸机“埃诺拉·盖伊号”（Enola Gay）的弹舱里飞向广岛。这颗原子弹在日本广岛市区上空爆炸，造成至少 8 万人死亡。这段旅程始于这里，始于这片一望无际的美丽山脉，终于 1945 年 8 月 6 日上午 9：16，6000 英里外的地球另一面。踩在我脚下的，是一段历史。

我正在重走那颗原子弹的这段旅程。随后的几周、几个月里，我追寻着它的足迹。我去了不同寻常的地方，见了不同寻常的人。我与执飞广岛轰炸任务的军人、制造原子弹的科学家以及轰炸幸存者交谈。我在广岛的酒店里与一些年长的女士们一起喝茶，她们给我讲述了难以想象的关于痛苦、绝望和勇气的故事。我在加利福尼亚州一家中餐馆与“埃诺拉·盖伊号”的领航员一起吃饭，他曾指引那架携带原子弹的轰炸机在太平洋上空飞行 1500 英里，最终抵达广岛。我在马萨诸塞州剑桥市（Cambridge）一位核物理学家的客厅里与他促膝交谈，他曾将世界上第一颗原子弹的核心装在自己汽车后座上的一只手提箱里。在广岛被原子弹轰炸的三周前，这颗原子弹在新墨西哥州成功试爆。

① 1 英尺≈0.305 米，下同。

②被用于广岛的原子弹在设计上是一种“枪式核弹”，其原理是在爆炸前，铀 -235 被分成两块低于临界质量的部分，其中的一块会被以类似枪械弹丸发射的方式击中另一块，从而引发爆炸。

我的调研覆盖了美国的东海岸和西海岸，还去了几座日本城市，最终来到遥远的西太平洋小岛天宁岛(Tinian)。在一个炎热的夜里，“埃诺拉·盖伊号”正是从这个小岛上起飞去轰炸广岛的。我一路收集到的实物证据——写作时，它们就放在我的书房里：一块有微弱放射性的核融玻璃，这种奇怪的人工矿物呈微绿色，是泥土在原子弹爆炸时形成的，在新墨西哥州的第一颗原子弹核爆测试场周围依然能找到这种矿物；一片依然闪着白色光泽的被压碎的珊瑚，它来自“埃诺拉·盖伊号”60多年前起飞的那条跑道，跑道现已废弃，掩没在丛林里；还有一把瓦砾，来自广岛原爆穹顶[①]，这座建筑完全保持着原子弹爆炸当天的样子。

旅程中一些时刻的含义需要我不断地去努力理解。我经历过震惊、忧心、激动、惊骇、着迷、惊讶和深深的感动。在倾听人们的故事和阅读众多描述的过程中，我一次又一次地被事件的“汇聚”，即从众多不同角度体验到同一事件所吸引，这一点成为本书的中心部分。我奔走在世界各地的见证者之间，努力用亲历者在那一刻的实际体验来呈现那个决定性的历史瞬间，不管他们是有名还是无名，是权贵还是普通人。我们后人知道1945年8月的那个上午发生了什么，但是那些亲历者当时什么都不知道。

1945年7月16日，第一颗原子弹在新墨西哥州的沙漠里试爆。两天前，那辆密闭黑色卡车从洛斯阿拉莫斯驶下蜿蜒的公路。车上的铅桶里装着那颗铀“炮弹”，它踏上了环球旅行的第一程。从第一次试爆到广岛的毁灭只隔了三周。只有地球上最富有、最强大的国家才有资源让如此宏大的工程迅速完成。从原子弹的“彩排”到原子弹在广岛上空爆炸的这三周决定了本书的基本框架。界定一桩历史事件的任何努力——尤其对这样一件意义重大且充满争议的事件，错误

①这座建筑原来是广岛县产业奖励所，由于正处于原子弹爆炸中心，因此虽然被焚毁，但没有受到冲击波的影响，所以是爆炸中心唯一没有倒掉的建筑，被保留下来作为原子弹爆炸的纪念物。

在所难免。通向这个事件的路太多了。你可以从任何地方开始，甚至可以远溯到公元前5世纪首次提出原子概念的古希腊哲学家留基伯(Leucippus)。我选择了1945年夏的一小段时间，因为在我看来，这个故事中包含了几乎所有的元素，这些元素虽然无法完整地拼贴出广岛发生的一切，但它们能帮助我们理解广岛的故事。在那三周里，世界的的确确被永远地改变了。

这个开篇故事之后就是对那几周的描述。在写作中，我一直努力遵守一项规则：任何大小事件、性格特征、人物遭遇甚至每段对话，都尽可能做到准确并且可核实。本书的主题宏大而复杂，如果书中出现任何事实或判断的错误，都完全是我的责任。但这不是一部虚构类图书。

60年后，1945年七八月间发生的事情正在从模糊的记忆滑向历史。我采访过的一些人已经离世，还有些将在随后的几个月、几年内离开我们。他们留下的证词极其珍贵——作为记录，作为教训，作为警示。在我们生活的这个世界，现在也许是揭示那些岁月，回到它开始那一刻的最佳时机。

关于时间的说明

Shockwave Countdown to Hiroshima

本书所述事件发生在世界各地多个不同时区。为避免重复和可能导致的混淆，我去掉了每章开头日期栏的所有时区。本书中的时间都是当地时间，只有一个例外：日本。1945 年夏，日本战争时间①比执飞广岛轰炸任务的“埃诺拉·盖伊号”采用的关岛战争时间晚了一小时。为统一起见，我采用了关岛战争时间记录发生在日本和西太平洋的所有事件。

①战争时间（War Time）：从夏时制演变而来，战时为减少能耗规定的时间制度。

序 幕

Shockwave Countdown to Hiroshima

广岛核爆前 12 小时

1945 年 8 月 5 日，星期日
广岛缩景园（Shukkeien Garden）

坪井直（Sunao Tsuboi）一辈子都忘不了那晚的缩景园有多美。树、湖、小巧的圆拱桥，点缀在岸边的古老的木结构茶室，清新的松木气味，还有在石头上睡觉的白鹭，一切都是那么宁静。园墙外，广岛沉睡在黑暗中。因为灯火管制，你几乎看不出墙外有座城市。你会以为这里没有房子，没有军队，没有战争。好像世界上只剩下两个人：躺在星空下的他和玲子（Reiko）①。这就是坪井直对轰炸前夜的记忆。

傍晚时分，他们一行四人来到缩景园，另外一对恋人很快就悄悄离开了，只留下坪井直和玲子。他们漫步走过幽深的小径，坐在绿荫掩蔽的角落，园内能听到蝉鸣，看到戏水的乌龟。时值盛夏，园内鲜花怒放，花香弥漫在夜空中。这场战争已经进入第五个年头，虽然许多城市被炸弹夷为平地，但缩景园依然完好无损，这不能不说是个

---

① Reiko 同时对应日文中的“玲子”“丽子”“伶子”等多个姓，由于缺乏更多的信息做参考，本书统一译作“玲子”。

奇迹。这座微缩景观园林是由17世纪的一位茶道大师设计的，体现了一个完美、有序、和平的世界。很明显，战争没有注意到它。

和往常一样，他们不能引起别人的注意。且不说各自家庭的意见，当局也不允许未婚男女腻在一起。这是献身和自我克制的时期。日复一日，广岛的报纸激励市民没日没夜地拼命工作，将全部精力和心思放在唯一的目标上，即赢得胜利。日本正面临有史以来最大的考验，这不是谈情说爱的时刻。

可是玲子太美了。坪井直还记得这年夏初在太田川（Ota River）的河边第一次见到她的情景。玲子和一群女孩坐在桥上。她在笑。他非常害羞。也许是坪井直的羞涩里有什么东西吸引了玲子，也许是因为广岛剩下的健康青年已经寥寥无几，所以玲子喜欢他。那天他们聊了几个小时。他向玲子介绍了自己的情况和在广岛学工程的生活。他20岁。玲子比他小，中学刚毕业，举止优雅。多年后，坪井直仍记得她的声音和微笑里那夏日特有的气息。整个炎热的7月，他们都在约会。他们去参拜严岛神社（shrine at Miyajima），爬上俯瞰城市的小山，甚至去商业区少数依然开放的电影院看电影。他们会分开进场，以免被人认出来。他们也去缩景园。玲子有时会给坪井直寄散发着微弱香水味的信。在那个战争年代，这是很奢侈的事。直到最后一夜，他们都没有接过吻，甚至连彼此的手都没碰过。

当坪井直把自己入伍的情况告诉玲子时，她哭了。当然，这样的结局是无法避免的。他是年轻人，战争需要他。留给两人的时间不多了，他将在短短几周后的9月入伍。坪井直无法抚慰她的悲伤。她确信他会和许多应征入伍的青年一样战死。人人都知道美军正在计划进攻，那只是几个月甚至几周后的事。日本本土以外的最后一道防线冲绳岛已经在6月失陷。守卫本土的战斗将是孤注一掷的，注定会无比惨烈。她确信坪井直活不到战争结束。

他们躺在草地上。她在哭。他们第一次拉了手。他永远忘不了那一刻，那是他们仅有的一次身体接触。过了一会儿，她止住了哭泣。他们没怎么说话，但手一直没有分开。在这样一个傍晚时刻，空袭警报响了，但他们没动。因为美军飞机从广岛上空飞向北方，所以这些天经常有警报。那些银色的飞机飞得很高，有时在白天，你甚至只能看到一条闪亮的白迹。这些飞机是去轰炸别的地方的，不是广岛。

午夜过后不久，这对恋人起身离开。他们在缩景园门口道别。玲子沿大街走去，坪井直目送着她消失在街角。她一次头也没回。随后坪井直转过身慢慢往家走，心中仍然萦绕着两人十指相扣的亲密接触。从那以后，这一夜将成为他人生中最快乐的一夜。

他仰望天空，星星清晰明亮。明天将是美丽的一天。

第一部

三周前：“彩排”

1945 年 7 月 15—16 日

SHOCKWAVE

三一神啊，求你破碎我的心，

你得不断叩我心门，向它吹气、光照它、寻找它、修补它，

好叫我可以活过来，站稳抵挡魔鬼，又屈膝顺服你。

用你的大能打坏、吹散、烧尽我，使我成为新造的人。[1]

——**约翰·多恩**（John Donne）

《神圣十四行诗，第 14 首》（*Holy Sonnet XIV*）

现在我们都成狗娘养的了。

——**肯尼思·班布里奇**（Kenneth Bainbridge）

1945 **年** 7 **月** 16 **日**

“三位一体”（Trinity）**核弹试爆总指挥**

①摘自康来昌牧师译文。

第1章
风暴中的高塔

7月15日，星期日，晚上9点。
"三位一体"测试场
新墨西哥州索科罗（Socorro）以南约40英里

唐纳德·霍尼格（Donald Hornig）仰望测试塔。狂风暴雨呼啸着扫过钢栅，酝酿了一整天的暴雨终于倾泻而下。道道闪电照亮了南边的圣安德烈斯山脉（San Andres Mountains），轰隆隆的雷声在沙漠里回荡。103英尺高的试爆塔高高耸立在霍尼格的头顶，这个由支柱和梁组成的网络直指云霄，像一个巨大的输电塔。现在乌云在低空翻卷，他几乎看不到塔顶。这正合他意，因为他不想考虑头顶上的那玩意儿。

霍尼格开始向上爬。湿滑的钢梯在手里打滑，雨打在脸上，模糊了双眼。他没系安全带，沿着梯子一级一级向上爬。梯子很高，好在24岁的霍尼格的身体已经经过了锤炼。他会在周日长途骑行，翻越洛斯阿拉莫斯附近帕哈里托山上的小道。爬梯子的途中他停了一两次，发现下面的卫兵正抬头看着他。他们似乎在下面很远的地方，看起来就像沙地上的小蚂蚁。

塔顶上，一个简单的波纹马口铁小屋坐落在一块方形的木平台上。这间单薄的廉价建筑显然不是为了长期使用而建的。它比一间花园小屋大不了多少，一面墙完全对外敞开。霍尼格在小屋旁走下梯子，在门口停了一会儿。屋内卧着一个模糊不清的巨大物体，屋顶挂着一只60瓦的光头灯泡。霍尼格打开灯，向里看去。

托架上的庞然大物是一只四吨重的钢桶，金属灰色，庞大到几乎占据了小屋的每一寸空间。即使在白天，它看起来也怪吓人的。现在风拍打着铁皮墙，昏暗的灯泡在屋顶下晃来晃去，雷电慢慢逼近，它看上去更加阴森了。一堆奇形怪状的电缆像肠子或血管一样从桶的侧面溢了出来，它似乎不是一个没有生气的死家伙，更像一个有机的活物，一个正在等待诞生的独立胚胎。也许是出于这些考虑，制造者还给它起了名字，而且不止一个。他们称它“野兽”“那玩意儿”“那东西”“那设备”，有时直接称之为“它”。没有人叫过它的“本名”——世界上第一颗原子弹。

霍尼格从边上挤过去。雨泼在铁皮屋顶上，像无数只铁锤在敲打，风撕扯着这只炸弹笼子的薄墙。几小时后，在这座塔以南整一万码[①]的一座混凝土掩体里，一个叫乔·麦吉本（Joe McKibben）的科学家同行将启动最后的反应。几乎可以肯定的是，这将会是历史上规模最大、耗资最多的科学试验。届时麦吉本将按下控制面板上的一个开关，接通一个自动计时电路，开始45秒倒计时。计时结束后，任何情况都有可能发生。原子弹可能起爆失败，也可能引发不同规模的爆炸。或者，它也可能点燃地球的大气层，从而毁灭这个星球上的一切生命——一位获过诺贝尔奖的科学家认为有这样一种可能。问题是，没有人知道到时候会发生什么。

除了原子弹之外，这间铁皮屋里只有一部电话。它是霍尼格与外界交流的唯一途径。电话线通到塔下，穿过沙漠，一直通向控制掩体。到霍尼格该下塔的时候，他们会打电话给他。如果出现任何差错，他会打给他们。至少理论上是这样的。然而实际上，如果真的出现差错，

① 1码≈0.9144米，下同。

他们也许连接通电话的时间都没有。

这份工作不是霍尼格争取来的，而是几小时前，原子弹实验室主任 J. 罗伯特·奥本海默（J. Robert Oppenheimer）做出的临时决定。那天夜里，奥本海默担心可能发生的一切事情。但那一刻，他最大的担忧之一是安全。他希望有人在上面照看着原子弹，密切注意各种情况。也许是霍尼格运气不好，在错误的时间出现在了错误的地点。显而易见，他是合适的人选。霍尼格是哈佛出身的优秀化学家，战争初期在新英格兰（New England）研究水下爆破。1943 年的一天，上司把他叫到办公室，告诉他有项工作需要他。至于是什么工作，因为极其机密，所以连上司自己都不知道。几天之内，霍尼格卖掉了自己那艘 45 英尺长的漂亮的"午睡号"（Siesta）游艇，买了一辆二手的 1937 年产的福特跑车，和 20 岁的妻子莉莉（Lilli Hornig）一同前往西部。莉莉是个聪明的德国犹太难民，他们在哈佛的化学课上相识。他们的目的地是霍尼格从未听过的地方，叫洛斯阿拉莫斯。这是个秘密实验基地，位于圣塔菲西北几座高大的平顶山上，他们在那里研发非同寻常的炸弹。

在接下来的两年里，霍尼格设计了一种极为复杂的设备，这种设备被称作"X 组件"（X-unit）。它实际上是原子弹的电触发器（trigger），会在需要的时刻给 64 个引爆器（detonator）加上 5500 伏电压。引爆器像钉在苹果上的丁香[①]一样在炸弹周围排成几何图案。当然，如果 X 组件出了任何问题，它就不会产生触发电压，从而不会引爆，原子弹也就不会爆炸。考虑到投入项目的 20 亿美元，这显然不是好事，更别提这可能影响到太平洋战场的胜败。在这场雷电交加的暴风雨中，唐纳德·霍尼格之所以会孤零零地坐在塔顶陪伴着这颗原子弹，这就是原因。

书名叫《荒岛故事》（*Desert Island Decameron*）。霍尼格记得这本

①这里所说的钉在苹果上的丁香指的是所谓的"丁香苹果"（Clove Apple）上钉的丁香。丁香苹果有时被用作圣诞节时的礼物，做法是将丁香粒钉在苹果上。

书谈不上是佳作。在60瓦的昏暗灯光下读书并不容易，并且他此时集中注意力的能力远低于平时。毕竟霍尼格也许比任何人都清楚，如果一道闪电击中小屋，可能会发挥与X组件完全相同的作用。闪电可以轻而易举地触发引爆器，引爆围绕在原子弹核心周围的总共5300磅[①] B高爆炸药（Comp. B）和巴拉托（Baratol）高爆炸药。即使爆炸未能触发核爆，这些高爆炸药也足以使这颗原子弹成为二战中最强大的常规武器，其威力足以摧毁霍尼格、他的书、测试塔和守在基地的卫兵，外带新墨西哥州的一大片土地。

就在两天前，一块浮云造成的大气扰动就激活了一台用于测试的X组件，当场释放出5500伏的触发信号。往事不堪回首，所幸组件那头没有连接炸弹，霍尼格逃过一劫。类似的事情还发生过一次，有次他和莉莉开着福特跑车西行驶向洛斯阿拉莫斯时，在新墨西哥州东部平原一个叫图克姆卡里（Tucumcari）的地方，他们真的被雷电击中了。对霍尼格而言，那件事像个预兆，似乎某种恶灵一心要把他的炸弹制造生涯扼杀在摇篮里。“砰”的一声巨响！但这声响出现在错误的时间。在这种情势下，霍尼格觉得最好不要把这座矗立在沙漠中央的100英尺高的测试塔想象成一根巨大的避雷针，更不要把泼到钢架上的大雨想象成一个有效的接地装置，可以把任何上百万伏的电压都安全地引入地下，不想这些会好很多。毕竟如果没有闪电击中小屋，那么就没什么可担心的。如果小屋被闪电击中了，那么他永远也不会知道。

就这样，唐纳德·霍尼格和原子弹一起待在塔上。他一边试着读书，一边等着电话响起。周围电闪雷鸣。同时，北、西、南三面相距一万码的三座混凝土掩体里，过去三年里设计和建造这颗原子弹的人们都在祈祷，希望天气能够转好。向钢塔四周散布开的是有史以来为一项科学实验所设计的各种最为精密的仪器：压缩压力计、地震检波器、地震仪、γ射线指示器、峰压计、压电计、硫阈值探测器、脉冲

① 1磅≈0.4536公斤，下同。

计数器、电离室以及上百台其他仪器。它们有的藏在地下，有的伸出灌木蒿丛，有的从牧豆树后探出头来。基地新修了25英里的沥青公路，还有数百根电话线杆。电杆上架着通向各个方向的电缆，每个方向电缆的长度都达到了500英里。测试塔的北、南、西面各有一座混凝土掩体，还有一些衬铅的摄影掩体，掩体中架设了大量的摄影机，还有一些相机被架在陆军航空兵的机枪塔上。另外有一套专门追踪核爆的火球雷达，有四台被用来拍摄核爆慢放动作的米切尔牌（Mitchell）35毫米高速电影摄影机，还有无数台被用于记录核爆辐射的摄谱仪。这一系列数量和种类惊人的设备延伸分布在西至格兰德河（Rio Grande），东至奥斯库拉山（Oscura Mountains）的区域——这片土地是古老的阿帕奇族印第安人（Apache）的定居区，几乎已经被人遗忘。位于这个错综复杂的巨大蜘蛛网中心的正是那座孤独的钢塔。霍尼格坐在塔上的铁皮屋里，捧着他的书，守着原子弹。

测试塔是焦点所在，是人类第一次尝试使用创世的伟力将前所未见的熊熊大火烧向大地的中心。万物的命运都将由它支配，没有一地不与它的命运紧密相连。命运受它支配的不仅仅是这片偏远的新墨西哥州平原，世界各地都逃不掉，包括华盛顿、满目疮痍的欧洲腹地以及战火肆虐的太平洋诸岛，还有两座日本城市和一对在茶园里拉手的年轻情侣。

也许给测试塔所在地命名时，原子弹的制造者就已经清楚所有这一切。他们把它称作“原爆点”（Ground Zero）。

5500英里外，寂静的柏林郊区巴伯尔斯贝格（Babelsberg），杜鲁门总统刚刚在阳光照耀下的前廊吃完早餐。这是7月一个美丽而宁静的上午，天气好得出奇。杜鲁门系着小圆点领结，穿着漂亮的双色凉鞋，看上去轻松随意，像个在欧洲度假的时髦美国游客。但他不是游客，这也不是度假。这位美国总统之所以来这里是为了参加这场战争中一次极为重要的会议。明天他将乘车从小白宫（Little White House）前往附近波茨坦的塞琪琳霍夫宫（Cecilienhof），与约瑟夫·斯大林（Joseph Stalin）和温斯顿·丘吉尔（Winston Churchill）坐到一张圆桌前进行商讨。小白宫其实是一幢被刷成黄色的三层小楼，被用作总统的行营，而塞琪琳霍夫宫则是一座20世纪早期修建的仿都铎式的庞大宫殿。这三个人，或者说“三巨头”将一起研究并决定战后的世界秩序。他们还将决定日本的命运。

与德国的战争已经结束两个月了，但与日本的最后战斗仍然困难重重，代价高昂。过去三年来，美军逐个夺取太平洋岛屿，向敌人的心脏挺进。在东南亚，英国和英联邦的军队与日军在缅甸的密林里苦战，各方都伤亡惨重。日军作战顽强、勇敢而坚决。他们的文化将投降看作耻辱，将战死沙场看作最大的光荣。这样的结果便是可怕的毁灭。就在两周前的6月30日，经过三个月以肉搏为常事的苦战，距离日本本土西南仅400英里的冲绳岛才最终被盟军占领。伤亡数字足以说明这一冷酷的事实：至少1.2万美军和10.7万日军士兵阵亡。在冲绳岛上，日军的防守凶狠顽强。在附近海域，数千架由神风敢死队飞行员驾驶的飞机冲向美国军舰，然后在甲板上爆炸。30艘美军舰艇被炸沉，另有164艘受损。平民的伤亡也很惨重，在冲绳岛战役中丧生的日本和冲绳平民可能高达10万之众。他们有的死于两军交火，有的应征参战，有的则把自己埋葬在岛上的洞穴里。大部分居民都收到了上头警告，说一旦被俘，他们将遭到残暴对待。向前挺进的美军士兵看到骇人的一幕：一个个家庭，通常是父母抱着孩子，他们宁愿跳下悬崖也不愿落入敌手。

冲绳是日本本土前的最后一道外围防线。6月18日，杜鲁门在白宫召集参谋长联席会议，讨论对日本本土的进攻计划。与此同时，冲绳岛的战斗还在激烈进行。总统的决定是从1945年11月1日开始，美军将对日本南部九州岛发起大规模进攻，进攻代号是“奥林匹克行动”（Olympic）。四个月后，代号“小王冠行动”（Coronet）的第二波进攻则会剑指东京附近的平原。超过 75 万的美军士兵将参加“奥林匹克行动”，面对他们的将是至少 35 万敌军。从做出决定的那一刻起，就美军在“奥林匹克行动”中将会有多少人阵亡这个问题一直争议不断。在那次白宫会议上，陆军参谋长乔治·马歇尔（George Marshall）将军估计，进攻发起后的 30 天内会有 3.1 万人伤亡，之后的伤亡数字则几乎无法预料。也许唯一确定的是，日本军民会一如既往地顽强作战，直到最后一弹一人。当然，除非原子弹能够迫使他们放弃抵抗。

坐在小白宫前廊吃早餐时，杜鲁门对这一切都很清楚，但他清楚的远不止这些，在内心里，他有点害怕这次会议。铁路工人出身的杜鲁门有扁平足，少年时曾在家庭农场阉过猪。他认为自己比不上斯大林和丘吉尔这样的世界级领导人，觉得自己只是个无名小辈，一个二流角色，仅仅是因为罗斯福在 4 月病逝才当上总统。不过杜鲁门继承了罗斯福的原子弹。陆军部长亨利·史汀生（Henry Stimson）曾明确指出，杜鲁门手上有一张王牌，甚至可能是一副最大的同花顺，它可能带来的利益不可限量。原子弹可以改变一切——它可以结束对日战争，还可以成为对付不断扩张的斯大林帝国的一个手段。最重要的是，也许它可以成为新的核外交游戏中一件无所不能的武器。实际上，它可以将“三巨头”变成一巨头，或者一个半巨头，而那半个巨头就是感激涕零地跟在杜鲁门后面的丘吉尔。剩下的只有一个问题：它能行吗？

这是一场 20 亿美元的豪赌。杜鲁门为了与“三位一体”测试同步，甚至故意推迟了会议日期。赌注**必须**[①]现在就推下去，就在今天。同一时刻，害怕坐飞机的斯大林正坐着厚重的装甲列车慢慢驶向柏林。杜鲁门自己设定了期限，时间已经不多了。

自三天前告别妻子基蒂（Kitty）后，罗伯特·奥本海默的神经就

①原书中作者用了斜体表示强调，中文版中以黑体来呈现，下同。

越绷越紧。他的体重只有114磅，皱巴巴的西装松松垮垮地挂在皮包骨头的瘦长身体上。奥本海默的脸颊同样变得瘦削，沉重的眼袋挂在一双蓝眼睛下面。虽然他在不断服用西可巴比妥[1]（Seconal），但这几天他几乎没有睡觉，大多数时间都在猛灌黑咖啡和一口接一口地猛吸香烟。他不停地咳嗽，那种满含尼古丁的沙哑咳嗽。虽然才41岁，但他看上去要老出十来岁。这个疲惫、虚弱而聪明的人正在接受一生中最大的挑战。

此时的奥本海默面临着惊人的压力。作为洛斯阿拉莫斯实验室的主任，他要对测试结果负直接责任。到目前为止，虽然已经进行了能够想到的最严格的演练程序，但许多步骤早在这场暴风雨来临之前就已经出现差错。

离家时，基蒂给了他一株四叶草[2]。她还不如给他一丛刺灌植物，兴许还有点用。两人还商定了一个特别暗号：如果测试成功，他就给她发电报，让她换床单。但现在看来，换床单的可能性似乎很渺茫。在过去的48小时里，各种各样的错误时有发生。例如，原子弹的引爆器差点没能被送到测试场。四天前，即7月11日，康奈尔大学一位名叫肯尼思·格雷森（Kenneth Greisen）的年轻爆破专家将200套引爆器装在汽车行李箱里，计划从洛斯阿拉莫斯驶向测试场。但是启程后没过多久就因为超速在阿尔伯克基附近被交警拦下。不知是交警没太较真还是格雷森运气好，交警没有查看行李箱。如果交警当时打开了行李箱，那么格雷森和200套引爆器都不大可能按时赶到测试场。

接下来又是唐纳德·霍尼格的X组件问题，一块放电的浮云过后，它就华丽地释放出几千伏电压。在过去的24小时里，另一套测试用的X组件也出了问题，电路被炸成碎片，完全报废。因为这一故障，奥本海默狠狠训斥了霍尼格。后来，霍尼格把将会使用的X组件真真正

①由美国制药巨头礼来研发的药物，用作镇静剂、安眠药等。
②西方文化认为四叶草能带来幸运。

正测试了数百次，直到确认其正常无误为止。实际上，X组件在设计时只是为了使用一两次。也许正因如此，奥本海默暂时冷静了下来。不管从哪方面看，X组件似乎是在故意作梗，完全靠不住，不让它放电时，它会放出数千伏电压；需要它放电时，它又顽固地无动于衷。天知道几小时后它会作何反应。

奥本海默面对的问题远不止这些。原子弹被绞上测试塔铁皮屋的过程中，还突然发生了滑动，差点落到50英尺下方的一堆垫子上，似乎**这几块垫子**能防止它摔坏一样。当然，最令人揪心的也许是库洛伊兹测试（Creutz）的巨大失败。就在两天前，在这个以物理学家爱德华·库洛伊兹（Edward Creutz）名字命名的"彩排"中，一个没装原子核心的原子弹精确复制品在洛斯阿拉莫斯的一处偏僻峡谷里试爆。这次测试的目的是为了确认围绕原子弹核心的高爆炸药组能够正常工作。可惜测试完全失败了，这意味着花费了无数纳税人的钱且现在老老实实地待在测试塔顶的四吨重的**"那玩意"**也很可能会失败，进而顺理成章地完全毁掉整个项目。奥本海默现在已经濒临崩溃了，他将所有的担心、愤怒和恶意发泄到唐纳德·霍尼格的上司乔治·基斯提亚科斯基（George Kistiakowsky）身上，认为是这个放浪形骸的家伙设计了失败的高爆炸药组。但基斯提亚科斯基曾在苏联延伸2000英里的险恶大草原上与红军打过仗，不是那种面对批评会屈服的人，他立即拿出十美元来赌奥本海默一个月的工资，赌他的炸药能够正常发挥作用。而奥本海默居然接受了这个赌局，可见他当时的精神状态有多差。

第二天，距离真正测试不到24小时，一个叫汉斯·贝特（Hans Bethe）的物理学家从洛斯阿拉莫斯打来电话，说库洛伊兹测试的计算有误，因为测量试验结果的仪器一开始就设置错了。这个喜忧参半的结果只能说明库洛伊兹测试既谈不上失败，也算不上成功。原子弹可能会爆炸，也可能不会。这一切的最终结果还是一样。奥本海默伸出颤抖的手点上另一支很冲的香烟。

当然，奥本海默现在又要面临这场可怕的暴风雨了。

原爆点以北 110 英里，莉莉·霍尼格将丈夫的 1937 年产福特跑车停在路边。她关掉发动机，在黑暗中透过前窗向外看。白天，从这座桑迪亚峰（Sandia Peak）上能看到一片无尽的沙漠和山峰，景色非常壮丽。莉莉对这里的一切都很熟悉。有时候，当洛斯阿拉莫斯的压力令人难以忍受时，她和唐纳德·霍尼格会驱车来到 10 000 英尺高的山顶上，坐在车里看半个新墨西哥州的南部地区延展向天边。

但是今夜，这里几乎什么都看不到。几座偏僻城镇的灯光像黑暗中刺出的孤立小孔，铺展在她的下方。更远处的山顶上雷电交加，那里正酝酿着一场新的暴风雨。那是在 100 英里开外的地方，因此声音传不到这里。莉莉不知道唐纳德是否也在那附近的某个地方。

夜晚的山上，空气稀薄寒冷。莉莉坐回车里，拿出一条毛毯盖在膝盖上。她庆幸自己带了吃的，这将会是一个漫漫长夜。与很多其他家属不同，她知道关于测试的一切。作为受过良好训练的化学家，她属于洛斯阿拉莫斯的特权群体，是洛斯阿拉莫斯科技精英的一员，知道它的许多秘密。她有令人觊觎的通行证，有权通过武装卫兵、电网围墙和自动警报系统进入技术区（Tech Area）——实验室核心的建筑群，由匆忙搭造的木楼和泥泞小道组成。白天，她就在其中一幢楼里工作，忙着提取纯化一种奇怪的人造新元素：钚。晚上，她和唐纳德经常与科学家同事一起吃晚饭，畅谈到深夜。周末，他们有时会去登帕哈里托山，或者在白杨树间凉爽的小道上骑车。洛斯阿拉莫斯的名字就来自那些白杨[1]。有时候，他们也会驱车来莉莉现在待的桑迪亚峰看夜景。

这是一段激动人心的生活。她才 23 岁，这里的人似乎都与她年龄

① Los Alamos 这个地名源自西班牙语 Los Álamos，意为三叶杨、白杨等。

相仿，感觉就像是在一个大学校园里，而且还是一个相当美丽的、坐落在圣塔菲一座平顶山上的校园，同时也是个不同寻常的“校园”。这个“校园”里满是科学天才和诺贝尔奖得主，其中一些人差不多就住在你隔壁。据说这座由5000多人组成的全新城镇的智商超过了世界上任何一座城市。对于莉莉和唐纳德及他们的许多同事来说，这是个令人陶醉的地方。这里有他们永生难忘的强烈的目标感。归根到底，这里将是美国赢得这场战争的地方！是利用无限伟力②让梦想成为现实的地方！是未来！这是一个难识庐山真面目的秘密实验室，你怎么可能不感到激动？尤其是当你驱车去圣塔菲，到La Fonda酒吧喝上一杯，听到别人像古希腊人描述奥林匹斯山上的众神一样悄声谈论着山上那个奇怪的秘地，你怎么可能不感到激动？

桑迪亚峰上，其他一些工作人员的妻子也坐在各自车里，盯着外面的暗夜。她们有的在听收音机，有的在打瞌睡，有的在吃东西，有的在设法取暖。她们都在等待。大部分人只是听丈夫说，今夜会发生一件很特别的事。这件事非同寻常，独一无二，而且就在洛斯阿拉莫斯以南100英里的地方，桑迪亚峰则是最佳观看地点。这些妻子中，许多人几年前就来到了洛斯阿拉莫斯，却对丈夫整天忙碌的东西一无所知。她们放弃了家园、朋友甚至家人，来到这里。她们生活在某种保密真空里，洛斯阿拉莫斯外的任何人都不能来探望她们。她们的地址只是一个邮政信箱，她们的信件会被审查，电话会被窃听，有时连她们生的孩子都要录指纹。完全隔绝你自己与世界的联系是一种巨大的牺牲，尤其是在自己的丈夫都不能告诉你这一切的时候。也许这就是为什么许多妻子现在会来到山上，注视和等待着将要发生的一切。也许最终，她们会明白真相。

莉莉能看到下面沙漠里的暴风雨正在变得越来越大，连桑迪亚峰上都开始下雨了。她开了这么远的路，什么也看不到。今天夜里，他

②原文中使用了“power”一词，指的是原子弹爆炸释放的能量。

们肯定不会引爆原子弹。时间已近午夜，现在最好还是钻进睡袋，睡上一觉。她唯一希望的是丈夫唐纳德现在正坐在一个比这里温暖舒适的地方。

第2章
推迟起爆

新墨西哥州霍尔纳达德尔穆埃托沙漠
（Jornada del Muerto Desert）

这里是测试世界上第一颗原子弹的一个不可思议的合适地点。这是一片炎热干燥的土地，主要居民是长耳大野兔、响尾蛇和红头美洲鹫，还有几个孤零零的牧人在这里勉强维生，原子弹的制造者们最终将他们赶走了。这里的西班牙名字也恰如其分：霍尔纳达德尔穆埃托，意思是死人的旅程。

400 年前，想在北方捞一笔的西班牙征服者来到这里，给这里起名为霍尔纳达德尔穆埃托。阿帕奇族印第安人从周围的山上冲下来，杀光了又渴又累、在灼人阳光下缓慢前行的掉队者。几个世纪后，说英语的白人来到这里，试图驱离这些阿帕奇人的后代。阿帕奇人对他们发起攻击，烧毁了从圣塔菲延伸到埃尔帕索（El Paso）的马车长龙。早在原子弹制造者们圈中这片土地前，这里就已经见识过暴力了。

9 月，第一队宪兵来到霍尔纳达德尔穆埃托沙漠。他们或者骑马，或者驾驶吉普车，先是巡视了 432 平方英里[①]的测试场，接着设置了

① 1 平方英里 = 2.59 平方公里，下同。

安检站，然后猎捕叉角羚，打打马球。他们过着远离文明世界的生活，也因此成为美国陆军中性病发病率最低的单位，后来每个人都获颁了品行优良奖章（Good Conduct Medal）。附近仅有的两座城镇是特洛伊（Troy）和迦太基（Carthage）。这些旧采矿社区已经废弃多年，空旷的街道在正午的热浪下慢慢腐朽。住在这里的牧人不多，有的在得到搬家补偿费后搬走了，有些人却拒绝搬走。这些人随后就发现自家的水箱被神秘人戳穿了，或者牲口出人意料地在夜里被人射杀了。没人能证明这些事是宪兵干的，这些牧人不久后就离开了，再也没回来。

到这年春天，这里开始出现了一队队建筑工、修路工、工程师和科学家。一座营地围绕着一个旧农庄建了起来。这是一片匆匆搭起的营房，单调荒凉，灰尘遍布，火蚁多到能在夜里把你活活吃掉，略咸的水能让你得痢疾。每天早上，你都得用棍子敲打卡车，把响尾蛇吓走。大家顶着三四十度[①]的高温和不知从哪冒出来的灰尘，还有高飞的轰炸机带来的意外损害（有两次，它们甚至误向营地投下几颗练习弹），营地的建设步伐日益加快。

7 月 13 日，也就是唐纳德·霍尼格在瓢泼大雨下爬上那个测试塔的前两天，行动到了最紧张的时刻。当天下午 3 点，才华横溢的年轻核物理学家菲利普·莫里森（Philip Morrison）来到洛斯阿拉莫斯一座最为偏远的大楼，从保险库里取出两个半球形的奇怪的新型金属。每个半球上都镀着镍，包裹在闪亮的黄金箔片里。在一名护卫和一名放射学家的陪伴下，莫里森把它们放入一个由两部分组成的特制镁箱里，箱子里装着 20 块橡胶吸震缓冲块。光设计这个箱子就用了六个月，可以想见它里面的东西有多重要。这两块包着黄金的半球形金属比地球上最贵重的钻石还要宝贵。制作它们需要一种金属。在华盛顿州汉福德（Hanford）一处 42.8 万英亩[②]（相当于罗得岛州一半的面积）的工

①指摄氏度，下同。
② 1 英亩 ≈4047 平方米，下同。

业用地内，政府兴建了大量巨型加工厂来生产这种金属，这里戒备森严，高度保密。到目前为止，这两块半球就是这些工厂的全部产品。四年前，这种金属甚至都不存在，因为自然界没有这种金属，它是人用不可思议的现代炼金术制造出来的，是人通过摆弄物质最基本单位创造出的新元素。科学家用死神的名字给这种元素命名：钚[①]，它便是试爆原子弹的秘密核心。

莫里森将手提箱小心地放在一辆深绿褐色的军用轿车的后座上，然后爬进去坐在一旁。一辆满载武装卫兵的护卫车在前面开道。实验室所在的高平顶山通向圣塔菲的路呈之字形，看得人头晕目眩。车队沿这条路向山下开去。当两辆车快速通过夹在粉色土坯房之间的沉睡街道时，莫里森一直在想这种体验是何其的不寻常：坐在一辆普通汽车的后座上，而自己身旁的吸震手提箱里装着世界上第一颗原子弹的核心部件。

从洛斯阿拉莫斯到测试场有 150 英里，车开了 5 个小时。在原爆点东南方向大约 2000 码的地方，车队拐下一条灰尘漫地的小路，驶向一座毫无特色的牧场平房。一台古老的芝加哥埃尔莫托（Aermotor）牌水泵孤零零地立在院子里，旁边是一个丑陋的混凝土水箱。几间零乱的附房散落在附近，给这里平添了几分陈旧和荒凉。但是周边的景色非常壮观，尤其是现在，一抹斜阳正火辣辣地照在南边的小巴罗山（Little Burro Mountains）和嘲鸫山口（Mockingbird Gap）犬牙交错的轮廓上。

除了守在入口、手持卡宾枪的卫兵外，牧场空空荡荡的。牧场此前的主人叫乔治·麦克唐纳（George McDonald）。没有人告诉麦克唐纳，他们一家为什么必须离开已经生活了半辈子的家。也没有人告诉他，他那蓝墙棕顶的前屋要挪作何用。

莫里森和一个同事将手提箱拿进屋，还不忘遵守门阶上写的要求：

① Plutonium，取自罗马神话中的冥王普路托（Pluto）。

“请把鞋擦干净”。在这令人不安的场景里，这个要求是仅存的一点趣味，还能让人联想起家。除此之外，房间的一切都给人不祥的感觉，似乎这里将要发生某种阴暗的罪行。比如所有窗户都被黑色的遮蔽胶带完全封死。又比如房间像一间实验室内部一样干净得令人不安。在某种意义上，它现在确实是一间实验室。

他们将手提箱放在一张桌子上。装着两个金箔包裹的半球就这样在桌上过了一夜。一个哨兵持枪站在屋外，不管是他，还是其他任何人都不许进入屋内。这种状态一直持续到第二天上午 9 点，这时窗帘被拉开了，展现出奇怪而又不同寻常的一幕，有人要动箱子了。

包括莫里森在内的九个人围站在桌旁，两块钚半球放在棕色的纸上。所有人都穿着白大褂。莫里森的同事罗伯特·巴彻（Robert Bacher）转向一位陆军将军，请他为这些价值至少数百万美元的钚签张收条。托马斯·法雷尔（Thomas Farrell）将军开玩笑地问，他能不能先掂量掂量，因为他想感受一下自己要买的这东西。他戴上一副橡皮手套，拿起一个半球。这个半球光滑而沉重，奇怪的是它摸起来还有些许温度，似乎有生命。

法雷尔感觉到的是辐射能。这种人造元素正真真切切地在他的手里分裂。为了重获稳定，不稳定的原子核正在释放数以十亿计的粒子。其中一些粒子有能力做出科学家一度认为不可能的事：打破那些将原子核结合在一起的大得惊人的力。这些粒子能做到这一点是因为它们不带电荷。静电斥力无法将这些中子拒之门外，它们像数以十亿计的特洛伊木马一样，以惊人的速度穿过坚不可摧的大门，将原子核一分为二，使之**裂变**。而裂变会释放出此前人类历史上想都不敢想的巨大能量。

这是科幻变成现实。仅在 40 年前，爱因斯坦向世界介绍了他革命性的质能方程。该方程提供的信息很简单：物质和能量不是不同事物，而是同一事物的不同表述。物质可以转换为能量，反之亦然。由于宇宙中全部物质的99.8%都包含在原子核里，因此在理论上，原子核中蕴含着难以置信、前所未闻的巨大能量：一克水所含的能量能将100万吨的重物举到珠穆朗玛峰峰顶；一把雪可以给一幢公寓大楼供暖数月之久；一丝空气能让一架飞机连续飞行一年。要实现这些，那些数十亿的特洛伊木马需要克服原子核的静电斥力，从而进入原子核并将它轰裂，尽可能多地将物质转化为能量。

法雷尔将军用戴着橡皮手套的手掂量着钚块，而旁观的这些人完全理解了爱因斯坦的方程，并将它变成现实。他们发现，特定质量的放射性钚会释放出足够多的中子来轰击原子核，使原子核释放出更多中子，这些中子又会轰击更多原子核，如此往复，从而触发一种无法阻止并且呈指数级扩张的链式反应。做到这一点所需钚的最小数量被称为临界质量。如果超过了临界质量，链式反应就会被触发。不到百万分之一秒之后，核爆就会发生。

法雷尔签了收条，并将钚交给年轻的加拿大物理学家路易斯·斯洛廷（Louis Slotin）。斯洛廷的任务是组装原子弹的核心。他全神贯注地俯身在农场房间里的桌旁，开始工作。首先，他把一个闪亮的葡萄大小的球装到一个钚半球的内部，这个小球由钋和铍组成，是中子点火器（initiator），它的作用是引发链式反应，在指定的时间为超过临界质量的钚提供数以十亿计的中子，就像往熔炉里泼油一样。接着，斯洛廷小心翼翼地将另一个裹着金箔的钚半球装在前一个上。监测中子数的盖革计数器啪啪作响，房间里所有人都侧耳倾听计数器声调或计数速率的最微小的变化。这个操作精妙到毫厘。如果钚这时就达到了临界质量，哪怕只是一瞬间，结果也将是致命的。不到一年后的1946年5月，斯洛廷本人将在洛斯阿拉莫斯的一次临界实验中遭受到大剂量的辐射，并在七天后身亡。现在，他继续组装工作，逐一添加部件，像是在拼世界上最昂贵的一款拼图。上午某个时候，奥本海默过来查看工作进展。有人轻声请他离开。他的不安加深了这里的紧张气氛。屋外，卫兵端着冲锋枪站在炽热的阳光下。气温超过 38 摄氏度。就是在这段时间里，在乔治·麦克唐纳一家曾经吃饭、听收音机、读书、编织、打盹的地方，斯洛廷和他的团队成功组装出了一颗原子弹的核心。

组装完成后，它看上去像大了一号的网球，一只非常重、超过 13 磅的网球。围绕这个核心的是反射器（tamper），即一支 80 磅重的由铀制成的紫红色空心管。钚核、中子点火器和反射器一起组成了原子弹的核心。那天午后，整个组件像某种极危险的野兽一样被装在一个特别设计的通风笼子里，然后被搬出乔治·麦克唐纳的客厅，装在另一辆深绿褐色的军用轿车的后座上。汽车穿过长满灌木蒿和短叶丝兰的荒地驶向测试塔。在那里，它被移出笼子，慢慢吊入一个 5 英尺宽的硬质铝合金球的中心，中心里有冷却剂，球里还排有高爆炸药。

这些高爆炸药的准确排布极为关键，其中一些信息处于保密状态长达数十年。众多全世界最聪明的化学家花了两年时间才设计出炸药的排布方式。最终，这些炸药围绕原子弹的核心排成两层，每层分成 32 块。大部分炸药都呈六边形，整个组件就像一只巨大的足球，由一块块炸药的“皮块”拼接起来。拼接必须极为完美，最微小的空气间隙都可能使原子弹变成哑弹。为减轻炸药间的摩擦，炸药被撒上了能找到的最能减小摩擦的东西——强生婴儿爽身粉。透明胶带被用来将炸药固定在相应的位置上。起爆后，这些炸药会发出冲击波，由于炸药排布对称，这些冲击波会汇聚到原子弹的钚核上。强烈的冲击波呈完美的球形，会挤压钚核，或者说使钚核发生**内爆**，将它数十亿的原子挤成一个乒乓球大小的极为致密的球体，这个时间长到足以在整个核心将自己炸得四分五裂前触发链式反应。

说得再好，这也只是理论，没人知道它是否真的行得通。在这场战天斗地的宏大图谋里，笑到最后的也许仍然是自然。至少在原子弹被慢慢绞上高达 100 英尺的塔顶上的铁皮屋时，情况似乎是在向这个方向发展。不到 36 小时后，唐纳德·霍尼格将在雷雨闪电中守护着这颗原子弹，孤独地度过一个不眠之夜。

西边的天空已经阴云密布。奥本海默注视着逐渐聚集的乌云，一开始还处之泰然，甚至诗意大发。“多有趣，”他对一个同事说，“一直以来，那些大山都在激发我们的工作灵感。”但入夜后，这种诗意消失了，接近他的所有人都能感觉到他的焦虑。他的决策能力也开始出现偏差。预定的启爆时间是凌晨 4 点整，但这场风暴的来临需要奥本海默做出一系列艰难的决定。奥本海默坐在营地餐厅，喝着黑咖啡，一支接一支地抽着烟，对接下来该做何选择担心不已。是该引爆、推迟还是取消呢？餐厅里有一半的科学家不断地提出各自的建议，但这毫无帮助。奥本海默的脑子已经成了一团糨糊。即使在状态最好的情况下，他的心理素质也不是非常强。据说奥本海默年轻时曾因为过度紧张，在法国度假期间试图勒死自己最好的朋友[①]，他后来被诊断出患有早发性痴呆[②]（一种精神分裂症）。

世界上最伟大的物理学家之一恩里科·费米[③]（Enrico Fermi）同样帮不上忙，他正在不动声色地预测原子弹将有多大的可能性引爆大气层，摧毁整个世界。这个预言一点也不新颖。几年前，洛斯阿拉莫斯的另一位物理学家曾通过数学演算做出预测：这种情况发生的概率是百万分之三。科学家们觉得百万分之三的概率很小，因此值得一试，于是研制工作继续进行。当然，那时还没出现原子弹。但是现在有了，它实实在在地被放置在新墨西哥州沙漠中心一座塔的顶上，而引爆时间就在几个小时后的凌晨 4 点。不仅如此，做出这一可怕预测的不是

①奥本海默的好友弗朗西斯·弗格森（Francis Fergusson）告诉奥本海默，自己要和女友弗朗西丝·基莉（Frances Keeley）结婚，奥本海默似乎对此很不高兴（奥本海默和基莉两人也相识），因此尝试勒死弗格森。根据现有资料，学术界对这一极端行为更具体的原因目前尚无定论。

②在精神病学研究的早期阶段，研究者用早发性痴呆（dementia praecox）来指代精神分裂症（schizophrenia）这一疾病。这一术语现在已被精神分裂症取代。

③意大利裔美籍物理学家，因“证明了可由中子辐射而产生的新放射性元素的存在，以及有关慢中子引发核反应的发现”于 1938 年获诺贝尔物理学奖。

什么相信末日论的宗教狂，而是一位获得过诺贝尔奖的科学家，他还是世界上第一座链式原子反应堆的设计者和建造工作的负责人。持类似观点的人不止费米一个，餐厅里还有其他人觉得试爆会带来毁灭。一些人甚至打起了赌：原子弹只会摧毁人类，还是会摧毁整个地球？“我们的人生都不短暂而且非常快乐，”法雷尔将军说道，“也许我们都将在一场辉煌的烈焰中毁灭。”“哈，”另一个人看着餐厅窗外的电闪雷鸣说，“毁灭前夜的地球。”

也许那一夜，餐厅里所有人的脑子都有点不正常，尤其是身处在这一切中心的奥本海默。他几乎已经到了筋疲力尽的程度，加上对一场可能来临的世界末日的担忧，足以驱使包括他在内的任何人变得有一点疯狂。他就这样待在餐厅里，喝着咖啡，抽着烟，刚刚经历了48小时刀割般的焦虑，接下来还需要做出这一生中最艰难的决定。每个人都在发表意见，提出无数下一步该做何选择的建议。这时，一位身材高大、体格强壮的少将突然走进餐厅。少将看了一眼奥本海默，走上前抓住他的胳膊，把他拉出人群。

这位将军是莱斯利·理查德·格罗夫斯（Leslie Richard Groves），奥本海默的顶头上司。他留着一副可笑的八字胡，体重明显高于常人，相貌威严。格罗夫斯也是整个原子弹项目里最被人咒骂、最令人恐惧却又最受人敬仰的人。他以极大的控制欲管理着整个项目，就像一个统治中世纪世袭领地的暴君。

格罗夫斯和奥本海默可谓天差地别。奥本海默出生在曼哈顿一个富有的犹太家庭，是一个在溺爱中长大的神童，12岁就在纽约矿物学学会（New York Mineralogical Society）做报告，曾在一次横穿美国的火车旅行中读完吉本[①]（Gibbon）的全部六卷《罗马帝国衰亡史》（*Decline and Fall of the Roman Empire*）。虽然不算极具创造性，但他

①爱德华·吉本（Edward Gibbon），英国历史学家，代表作《罗马帝国衰亡史》。

仍是数一数二的科学家，一个博学多才到近乎极端的人：能熟练使用包括梵文在内的多种语言；对艺术、高级烹饪、法国中世纪文学、欧洲首都和诗歌有很高的鉴赏力。测试"三位一体"的代号也是他在某个晚上读约翰·多恩[①]（John Donne）的《神圣十四行诗》时想到的。和奥本海默几乎所有的言语一样，这个代号非常贴切，很有预见性地表现出原子弹的特点：可怕的威力会带来重生[②]。

格罗夫斯没有奥本海默那么多才多艺，想象力也不够丰富。他根据项目办事处最初的地址，给原子弹研发项目起名为"曼哈顿计划"。两人几乎在所有方面都完全相反。奥本海默身形瘦削，而格罗夫斯是个胖子，制服紧裹着遮掩不住的大肚子，他一生都在与体重进行徒劳的搏斗。格罗夫斯很会规划时间，他花了很多时间尝试严格控制饮食，但最后都以失败告终。他的真实体重是个像原子弹一样高度保密的数字，据说至少有 230 磅。在他办公室的保险柜里，与原子弹项目绝密档案放在一起的是两磅巧克力块。一个助手负责确保柜中永远都有巧克力。

奥本海默每天抽五包烟，调得一手出了名的好鸡尾酒。而格罗夫斯痛恨抽烟，几乎滴酒不沾。奥本海默是科学家；格罗夫斯是工程师，他不喜欢科学家，把他们斥为一群不切实际到无可救药的左翼"文人"，认为他们连一次教职工会议都组织不好，更别提一个 20 亿美元的原子弹研发项目。格罗夫斯曾把洛斯阿拉莫斯描述成一次有史以来规模最大、花费极高的知识分子集合。奥本海默是犹太人；格罗夫斯是基督教长老会的信徒，父亲是随军牧师，他父亲的不朽遗产之一是将格罗夫斯变成一台工作机器。格罗夫斯要求严格，工作时几乎是在拼命，为了达到目标可以抑制几乎所有的身体需求（巧克力块除外）。格罗夫斯与妻子和两个孩子过着无可指摘的家庭生活；奥本海默有个情人是共产党，后来自杀了。他的妻子基蒂·奥本海默是纳粹陆军元

①英国 16—17 世纪诗人，作品包括十四行诗、爱情诗、宗教诗等。
②指宗教意义上的重生。

帅威廉·凯特尔（Wilhelm Keitel，后在纽伦堡被绞刑处死）的表妹。基蒂离过三次婚，是出了名的泼妇，性欲强烈、嗜酒而且满嘴毒辣的骂人话——“喝茶时不适合说的那种。”格罗夫斯的一个手下这样说。

奥本海默是知识分子，支持公开讨论。格罗夫斯则是保密狂，对秘密迷恋到疑神疑鬼的地步。格罗夫斯利用“曼哈顿计划”负责人的身份建立起一个无处不在、供他专用的情报网，连联邦调查局都无法进入他任何一座核工厂的大门。一名资深众议员曾尝试过，结果被关在一间没有窗户的房间里审讯了几个小时。格罗夫斯的家人对他成天在办公室里做什么没有一点头绪。直到原子弹在广岛爆炸后的第二天，他们才第一次发现格罗夫斯在过去三年里管理着史上最大、最昂贵的武器研发项目，而这一消息是他们从收音机里听来的。格罗夫斯还派人监视他的姻亲，他的特工也几乎不间断地监听、监视和窃听奥本海默。他没有魅力、不会变通、不近人情，连他的副手肯尼思·尼科尔斯（Kenneth Nichols）上校都把他说成“我一生中见过的最大的浑蛋”。不过尼科尔斯也说格罗夫斯非常有能力。

格罗夫斯的能力有口皆碑，这也是他被选中负责“曼哈顿计划”的原因。他是彻头彻尾的西点军校人，毕业后加入著名的工程兵部队（Corps of Engineers），很快就因为有能力承担并完成庞大到令常人却步的项目而闻名。在“曼哈顿计划”之前，他最近的一份工作是负责建设五角大楼。他带领项目组仅用 16 个月就完成了这座当时世界上最大的建筑。格罗夫斯以极大的自信统治着原子弹研发项目的王国——工作人员一度超过了 10 万人。他敢冒别人不敢冒的风险。为了实现目标,他花大笔大笔的钱时眼睛都不眨一下。“曼哈顿计划”刚开始不久，一个政府委员会曾估计整个原子弹制造项目将耗资 1.33 亿美元，而格罗夫斯在刚开始的几周里就花掉了这么多。他敢于冒险不光表现在花钱上，选择奥本海默担任洛斯阿拉莫斯实验室主任也许是他才能的最佳证明。格罗夫斯完全不顾保密人员的反对，无视奥本海默与西海岸几乎每个共产主义团体都有公开联系的事实，任命他为这个保密级别最高的实验室的主任。格罗夫斯这样做是因为他知道奥本海默是最佳人选。他比任何人都清楚，奥本海默需要出名，渴望得到认可，因此奥本海默会确保项目中每个诺贝尔奖得主都在努力工作，都在通往他们共同目标的道路上前进。这个非凡的决定完美地体现出了格罗夫斯个性的力量，他是那种会打破前进道路上一切障碍的人，他会通过强迫、威吓和压制杀出一条路，最终造出可以投放并用于实战的原子弹。如果有人愚蠢、自负或是自大到挡他的道，那么这些人只能自求多福了。

在说服别人刺探自己朋友的时候，格罗夫斯无耻到近乎可爱的程度。他对奥本海默的秘书安妮·威尔逊（Anne Wilson）就是这样做的。威尔逊一口拒绝了格罗夫斯的要求，她后来还撰文说几乎可以肯定格罗夫斯爱上了奥本海默。她记得格罗夫斯曾说："他有你见过的最蓝的眼睛，它们能直接把你看穿。"对这次不同寻常、不算圣洁却又极其高效并最终改变世界的合作，这也许是最敏锐的观察。

现在，格罗夫斯和奥本海默站在营地餐厅外，看着即将到来的暴风雨，他们比以往任何时候都更需要对方。时间已近午夜，从那群疯狂的科学家中抽身出来后，他们做出决定：取消凌晨 4 点整的起爆计划。两人决定在凌晨 2 点与本次试爆的首席气象学家杰克·哈伯德（Jack Hubbard）碰头，并在那时做出最终决定。新墨西哥州沙漠的群山仍然有可能看到第二个"太阳"升起[①]。

格罗夫斯叫奥本海默休息一会儿。现在也没什么可做的了。将军回到他的帐篷，沉沉睡去。奥本海默顺从地回到自己的帐篷，但他没有睡。闪电照亮了北边的地平线，大风在营地周围吹起漫天尘土。他抽着烟，剧烈咳嗽，睡意全无。

①指核爆。

第3章
外交游戏

7月16日，星期一，上午11点
德国波茨坦附近，巴伯尔斯贝格小白宫

格罗夫斯在睡觉，奥本海默在抽烟。与此同时，温斯顿·丘吉尔乘车来到杜鲁门在巴伯尔斯贝格的行营会见这位新总统。当时在场的还有杜鲁门的国务卿吉米·伯恩斯（Jimmy Byrnes），一个衣冠楚楚、足智多谋的南卡罗来纳州人。他们三人在宽敞的客厅落座。这幢房子的德国主人最近才被苏联人赶跑。虽然杜鲁门有点怯场，但两人很快相谈甚欢。“他是个很有魅力、非常聪明的人。”杜鲁门在当晚的日记中写道。丘吉尔则被杜鲁门的“欢快、严谨和机智的言行”吸引，他也喜欢杜鲁门异常坚定的决心。很明显，这位新总统是个果断的人。不过丘吉尔没提到杜鲁门双色调的皮鞋和整洁的套装。

这次会面并没有预定话题，但轻松随意的气氛下藏着一个深刻的议程：斯大林和对日战争。四年前，苏联与日本签署了互不侵犯条约。从理论上来说，条约还有一年的有效期。但情况即将发生改变。同年2月，在雅尔塔（Yalta）的最后一次“三巨头”会议上，斯大林做出承诺：在欧洲战事结束后的三个月内，他将撕毁条约，加入对日作战。8 月 8 日是三个月的最后期限，留给日本的时间不多了，还剩 23 天。

留给美国和英国的时间也不多了。就在此刻，斯大林正将百万大军调往南部的中苏边境，随时准备猛攻占领中国东北的日军。这位苏联领导人很快就可以将镰刀和锤子深深地插入中国。斯大林在雅尔塔的承诺就像一茬正在等待收割的庄稼，所以他会无比乐意地履行承诺也就不足为奇了。

2 月的时候，丘吉尔和罗斯福还需要苏联人帮忙赢得对日战争。但"雅尔塔会议"时的世界和今天"波茨坦会议"时的世界已完全不同。那时候，原子弹还处在研发阶段。而现在，它就躺在新墨西哥州的一座塔上，等着在几小时后引爆。原子弹为一场一触即发的危机提供了完美的解决方案，用它就足以赢得对日战争，并且是在苏联人深入日本占领区前迅速赢得战争。当这把同花大顺摆在斯大林面前时，他自然明白这意味着什么。

因此，在"波茨坦会议"召开的那个周一上午，当三个人坐在阳光明媚的客厅里时，杜鲁门和丘吉尔已经非常清楚这其中的利害关系了。这是一场危险的外交游戏，成功取决于至关重要的两点。第一点是要到最后的那一刻才能将原子弹的事告诉斯大林，因为如果斯大林先一步知道的话，他也许就会更早发起对日军的进攻，在美国用原子弹迅速结束战争前尽可能多地捞取利益。第二点也许更直接：原子弹必须试爆成功。

格罗夫斯和奥本海默约定在凌晨两点与哈伯德碰头，留给哈伯德的时间同样极其有限。这位 31 岁的首席气象学家缩在原爆点附近的一所移动小屋里，此时他正忙着记录最新读数。小屋里塞满了最新、最先进的设备。这里有两座陆军航空兵气象站、无线电探空仪（radiosonde）以及测风气球。哈伯德的桌上摆着新墨西哥州近 50 年的气象报告，他还有14位经验丰富的气象学家担任顾问，包括选择了诺曼底登陆日期的那位气象学家。所有这些训练有素的人以及所有尖端的设备都得出完全相同的结论：天气很恶劣。

大家几乎不可能用最近的读数做出准确预报。首先，风向正以让人目不暇接的速度改变。在过去的12个小时里，风向转了整整360度。风向不定的潜在后果也许是灾难性的。一旦原子弹爆炸（**如果**它爆炸的话），必然会有成百上千吨碎片和尘埃被吸入一团巨大且极其致命的放射云中。这团放射云将跟随当时的风向移动。如果风向东吹，放射云将直接飘向罗斯韦尔镇（Roswell）和卡里索索镇（Carrizozo）。如果它们飘向西北，那么索科罗首当其冲。要想这个巨大的放射云不将它包含的物质倾泻到任何大市镇沉睡的居民头上，唯一的机会是风向东北吹。除了几个零星的牧人、几千头牲畜以及数量不详的响尾蛇、捕鸟蛛和长耳大野兔外，那个方向没有城镇。

此时，哈伯德连风在接下来的几分钟里会怎么吹都无法确定，更别提后面的几个小时了。夜里11点，它们刮向北方，威胁着索科罗。凌晨1：15，它们刮向南方，直指控制掩体和营地。几周前，测试总指挥肯尼思·班布里奇曾坐上吉普车，外出勘察发生灾难时从霍尔纳达撤离的可能路线。他只发现了三条：一条西南走向，是通往象山村（Elephant Butte）的烂路；一条向北的支路；一条西班牙人和印第安人走过，是弯弯曲曲向南穿过嘲鸫山口的小道。对控制掩体和营地的人员来说，哈伯德在凌晨1：15分的发现不仅事关学术兴趣，还意味着他们一条关键的撤离路线被堵死了。

风向只是问题的一部分，雷电也来作梗。它可能会意外引爆原子弹，这一点唐纳德·霍尼格再清楚不过了。也许最危险的还是雨。两个月前，即5月11日，奥本海默本人写了一份高度保密的备忘录给格罗夫斯将军，谈到在他所谓的“高湿度条件”下试爆原子弹的风险。这可能会导致一场放射雨，奥本海默写道：“大部分放射性物质将被雨水带到目标区附近的地面。"这段文字也许很干瘪，但传递出的信息却令人不寒而栗。如果在这些条件下引爆原子弹，几乎可以肯定会是何种结果：一团致命的放射性混合物等着将它的毒素倾泻向地面。蜷缩在移动式气象观测棚里时，哈伯德没有忘记奥本海默的那些话。广岛人未来也不会忘记，仅仅三周后，他们将经历与此完全相同的放射雨，只是他们的语言将更为直接，他们把它称为"黑雨"。

为防止同样的灾难降临到数百万美国人头上，一队队核爆沉降物监测员正在霍尔纳达全境和周边地区驻扎。其中一些人开着吉普车，这样一来，不论放射云飘向哪里，他们都可以一直追踪它。他们用从电影《绿野仙踪》（*The Wizard of Oz*）里借来的名词作为代号，所有监测员都用无线电保持联系。监测主任是驻扎在霍尔纳达北部卡里索索的"铁皮人"（the Tin Woodsman）。一些监测员远在圣安东尼奥（San Antonio）和萨姆纳堡（Fort Sumner），三个距测试塔一万码的混凝土掩体里也驻扎有监测员。监测指挥部设在营地，这次核爆测试的高级军医将担负起那里的指挥职责。高级军医还会与一个待在北边 160 英里外圣塔菲一个酒店房间的副手保持热线联系。如果原子弹或放射云摧毁了营地，这名副手将自动接替指挥，同时负责指挥村镇和城市的所有大规模疏散行动。

军队也出动了。20 名安保军官被部署在半径 100 英里的区域内，必要时协调疏散行动。125 名宪兵奉命在测试期间守卫测试场，封闭所有进入测试场的通道。另外 160 人配备了卡车、吉普车和额外给养，冒雨等在"三位一体"测试场以北，随时准备援救核爆沉降物移动方向上的任何偏远社区。阿拉莫戈多（Alamogordo）和柯特兰（Kirtland）机场的基地指挥官接到命令，要他们建立救援避难所，储存食物和数以百计的行军床，以备大规模疏散之需。没人告诉他们原因，也没人说明为什么他们这一夜要暂停所有军民飞机的起降。

在这个暴风雨之夜，整个新墨西哥州的居民都在沉睡中，完全没意识到围绕在他们身边的这场潜在危险。虽然没意识到危险，但他们还是受到了一定程度的保护。毕竟没人希望这颗美国原子弹夺去美国人的性命。毕竟造它的最终目的是杀日本人。

第4章
弗兰肯斯坦的怪物

7月16日，星期一
日本驻莫斯科大使馆

佐藤尚武（Naotake Sato）这些天喝了很多酒。这位日本驻苏联大使知道，秘密警察在日夜不停地监视着他的一举一动。理论上，他的国家与苏联还处于和平状态，但两国间一度存在的温情已经冷却到冰点。日本败局已定，它的城市正在化为废墟，帝国正在瓦解，军队正在溃败。佐藤尚武很清楚，苏联人从两国互不侵犯的条约里捞不到油水了。两天前，斯大林和外长维亚切斯拉夫·莫洛托夫（Vyacheslav Molotov）离开莫斯科前往波茨坦。大事不妙了。在这个潮湿的上午，当佐藤尚武在莫斯科红场附近的使馆里工作时，他知道结果已经不可避免。斯大林知道他未来的利益在哪里，这些利益不在日本身上。

所有这些信息让桌上不断累积的、来自东京的电报更令人沮丧。几乎每天都有新的电报，有时还不止一封。发电报的是日本外相东乡茂德（Shigenori Togo）。这个精明的前外交官时年63岁，本来已经退休，但天皇又把他召了回来，重新起用他的目的只有一个：寻求一个体面的方式来结束战争，而苏联是关键。

四天前，即7月12日，天皇在皇宫接见了一位亲密的政治盟友：前首相近卫文麿（Fumimaro Konoye）亲王。进宫后，近卫文麿很快被领进天皇私殿。他向这个在日本被敬若天神的人深深鞠躬。裕仁(Hirohito)天皇是天子，是太阳女神天照(Amaterasu)的后代。1926年，天照开创了裕仁统治的昭和时代。但是现在，站在近卫文麿面前的这个人看上去不像神，只像他本来的样子：一个44岁的失眠症患者，面容疲惫、憔悴且惊恐，右脸颊在不断地抽搐。一个生活在他心爱城市的废墟上，无能为力、被人裹胁的“神”。

天皇不同寻常地直奔主题，他任命近卫文麿作为帝国特使出访莫斯科。近卫文麿的任务很明确：他必须竭力说服苏联人为停战斡旋。天皇的名字将为近卫文麿的行动背书，确保他的权威并保证他的请求确有效力。届时苏联人会明白，帝国特使是郑重其事的。也许他们会同意斡旋并达成和平，天皇和他的子民依然可以不失体面地结束战争。

这是一个很冒险的策略。内阁中一些强大势力依然认为，战争应该打到最后一刻，即使这意味着日本民族的大规模自杀。拥护和平的人是这股势力仇恨的对象，他们遭到宪兵的持续监视，面临着生命危险。但天皇、东乡茂德和近卫文麿知道，他们必须另辟蹊径。每有一颗炸弹被投向一座日本城市，对和平的追求就变得更加紧迫，而每天都有炸弹从空中落下。

在莫斯科，佐藤尚武桌上的电报代表了东乡茂德拉苏联人下水的最新努力。近卫文麿依然等着离开东京。一次又一次，东乡茂德催促佐藤尚武说服苏联人接见近卫文麿，但苏联人一直都在拖延。三天前，7月13日，佐藤尚武在克里姆林宫会见了苏联的副外长亚历山大·洛佐夫斯基（Alexander Lozovsky）。佐藤尚武向洛佐夫斯基提交了一封天皇的信，信上要求苏联同意近卫文麿访问苏联。洛佐夫斯基对此闪烁其词，称苏联政府不太清楚近卫文麿访问的用意，希望日方能做出更清楚的说明。他还说所有位高权重的苏联部长当晚都将启程前往波茨坦，只有等他们回来后才能做出决定。

佐藤尚武垂头丧气地回到使馆。洛佐夫斯基的外交辞令背后隐藏着赤裸裸的真相：苏联人不感兴趣。这位 63 岁的外交官在外交游戏上经验颇丰，不会看不到他的国家所面对的现实。佐藤尚武曾被派驻到多个欧洲国家的首都担任大使，也许比任何人都了解日本以外的世界。他块头很小，身高勉强有 5 英尺，却以异于一般日本人的坦率而闻名。他从未喜欢过这场战争，现在也不喜欢。东乡茂德的电报走上了正确的方向，但还不够远。他们太犹豫不决，没有抓住要点。在佐藤尚武看来，通向和平的路只有一条：无条件投降。他已经在最近一封电报里向东乡茂德解释了这一点。"战争，"他写道，"已经将我们逼上绝路。政府应该做出那个重大的决定。"如果他的政府仍不做出这一决定，日本将面临非常可怕的后果。然而佐藤尚武想象不出到底会有多可怕。

亨利·史汀生的公寓与杜鲁门位于巴伯尔斯贝格的行营隔湖相望。这位美国陆军部长正在查看桌上的文件。他已经 77 岁了，眼神大不如前，但文件里的信息写得非常清楚。每份文件的抬头都是"'魔术'[①]外交情报摘要"，并且附有编号和日期，里面各有一札打字机打出的文件：东乡茂德和佐藤尚武往来于日本和苏联的密电副本，每一封都经过精心解密和细致的翻译。

美国人早就破译了日本的外交密码。他们时刻监视着这场游戏的每一个进展。无论是东乡茂德要求苏联人调停的活动，还是佐藤尚武会见洛佐夫斯基的失败，所有这些孤注一掷的电报来往都被美国人一一截获。每隔两三天，"魔术"摘要就会更新并被提交给总统及其重要顾问，包括陆军部长。问题是，这些电文意图何在？

7 月盛夏的某个上午，坐在桌前的史汀生突然生出一阵与陆军部长身份不相称的感觉。他生于林肯遇刺两年后的 1867 年，有一头精

① "魔术"（MAGIC）是美国情报部门截获并破译的日本外交通讯情报的代号。

心梳理的白发和贵族般优雅的气质，活脱脱一个老派绅士，几乎是旧式美国价值的典范。然而这样一个如此优雅的人却在这场战争期间着手打造一件史无前例的武器。早在 1911 年，这位职业外交官就在塔夫脱[①]（Taft）总统手下担任陆军部长。现在他是原子弹的重要缔造者之一，是连接总统和格罗夫斯将军的桥梁，是指挥链上关键的一环。这根链条从波茨坦一直延伸到此时在新墨西哥州等待雨停的原子弹制造者们。史汀生组织成立了一个名字平淡无奇的“临时委员会”（Interim Committee），这个委员会的任务是决定美国的原子弹政策。作为委员会主席，他曾毫不犹豫地建议对日本使用原子弹。就在六周前，即 5 月 31 日，委员会在史汀生的五角大楼办公室召开了一次重要会议。委员会的八名核心成员中既有政府要人又有著名科学家，几乎都是从原子弹项目一开始就与之有联系的那些人。总统的特别代表吉米·伯恩斯是委员会的一员。这个强硬的南卡罗来纳人不久将出任杜鲁门的国务卿，后来还会陪他前往波茨坦。一个四人科学小组也受邀参加会议，奥本海默是小组成员之一。军方也出席了会议，参会人包括陆军参谋长乔治·马歇尔将军，他也许是美国陆军最有权势的人物。当然还有格罗夫斯。还有一个有趣的额外人物：美国电话电报公司（AT & T）公关部负责人阿瑟·佩奇（Arthur Page）。即使到了当下这个阶段，会议的一个中心问题仍然是原子弹爆炸后在公众中将会产生的影响。

委员会的结论坦率而坚决。史汀生以他独特的简洁做出总结：轰炸日本无须事先警告。轰炸目标不应集中在平民区，但目标选择应“对尽可能多的居民产生深刻的心理影响”。没人指出这两个说法可能的内在矛盾。甚至在哈佛大学校长詹姆斯·科南特（James Conant）建议“最理想的目标应该是一家雇佣大量工人并且周围密布工人住房的重要兵工厂”时，也没人提出问题。没人提到那些工人的家属。先向敌人展示原子弹的威力再进行轰炸的策略只讨论过一次，而且是在

①威廉·霍华德·塔夫脱，1909—1913 年间任美国第 27 任总统。

饭桌上。这个提议被否决了，因为无法排除日本人无动于衷的可能性，尤其是当那颗展示用的原子弹最终是哑弹的时候。

次日，委员会的另一次会议结束后，伯恩斯向总统汇报了结果。杜鲁门接受了会议的决议。伯恩斯后来回忆说，“虽然不愿使用这种武器”，但他“没有其他替代方法”。距离下达投放原子弹的最终命令又近了关键一步，这一步是史汀生帮助踏出的。

史汀生也痛恨原子弹。在 5 月 31 日会议开场的正式讲话前，史汀生把它形容为弗兰肯斯坦①的怪物，有能力吞噬人类。他热爱这个养育了他的世界，而原子弹的存在威胁到这个世界的文明价值。凭着那一代人中少有的敏锐，史汀生意识到原子弹关键的一点：它改变了一切，甚至改变了人与宇宙关系的本质。如果有一线机会可以不使用它，那么不抓住这个机会将会是丧失人性的。也许现在摆在史汀生桌上的这堆秘密电报正提供了这样一个机会。

不同于围绕在总统身边的其他政客和外交官，史汀生了解东方。作为前菲律宾总督，他曾在 20 世纪 20 年代两次访问日本。许多美国人认为日本人无一例外都是近乎异类的狂热分子。但史汀生不这么看，他相信这个国家中存在追求自由主义的势力，有像他自己这样文明、体面的人。他们厌恶杀戮，想找到一条出路。日本外相的请求让人看到了可能的希望。四天前，7 月 12 日，东乡茂德在给佐藤尚武的电报中说：“天皇陛下极其不愿意看到双方再有任何流血牺牲。为了人类的福祉，陛下愿意尽快恢复和平。”无条件投降是通向和平的唯一障碍。如果同盟国继续要求日本无条件投降，日本将别无选择，只能“为祖国的荣誉和生存继续竭力奋战”。

即使现在，离原子弹在新墨西哥州试爆只剩几个小时之际，和平的机会也许仍然存在。一切取决于向日本人提出的条件。史汀生非常

①《弗兰肯斯坦》（*Frankenstein*），又译作《科学怪人》，是英国作家玛丽·雪莱在 1818 年创作的长篇小说。小说主角弗兰肯斯坦是个热衷生命起源的生物学家，用不同尸体的各个部分拼成一个巨大的怪物。

清楚，这里的关键是日本人的神。史汀生相信，如果保证他们依然保有天皇，日本人肯定会拱手送出美国人要的胜利。这么想的不止他一个。他的陆军部助理部长约翰·麦克洛伊（John McCloy）持同样的观点。“如果拒绝考虑政治解决方案，”他说，“那我们该看看自己的脑子是不是出了问题。”海军部次长拉尔夫·巴德（Ralph Bard）甚至因为这个问题退出了临时委员会。“利害攸关，”巴德在6月27日的辞呈中写道，“要想知道是否可行，唯一的办法就是试一试。”

在随后几天里，杜鲁门将给日本政府发布最后通牒。麦克洛伊已经草拟了一项允许日本在战后“保留现王室基础上的君主立宪制”的条款。现在史汀生必须说服总统接受那项条款，尽快接受。在两周前提交的一份备忘录中，史汀生敦促杜鲁门允许日本人保留他们的天皇，并且认为“这将大大增加日本接受最后通牒的可能性”。无须进攻，无须原子弹，无须弗兰肯斯坦的怪物。

史汀生这些天睡眠很差，胸口疼痛，还时刻担心着妻子梅布尔(Mabel)。她最近摔伤了，伤情严重。但他的职责很明确。这个老迈而性格顽固的陆军部长认为祈求和平尚有一线可能，他将在弗兰肯斯坦的怪物将人类全部吞噬前努力追求那份和平。

5000英里外，在创造了那个怪物的人中，有些人正在努力摧毁它。当新墨西哥州的原子弹制造者在暴风雨中彻夜等待时，芝加哥大学一位参与“曼哈顿计划”的科学家正在同事中四处活动，为一份请愿书拉签名。这份请愿书强烈呼吁永不使用原子弹。请愿书的不寻常之处在于它是直接写给总统本人的。

写这份请愿书的人是利奥·西拉德（Leo Szilard)。这个流亡美国的匈牙利犹太人时年47岁，身材矮胖，腆着大肚子。他个性坚强，是一位杰出的核物理学家。西拉德过着四处漂泊的生活，坚信自己担负着一项改变世界的使命。他反对使用原子弹是为了拯救世界，但特别讽刺的是，12 年前，即 1933 年 9 月 12 日，在伦敦一条街边等红绿灯由红转绿的时候，正是他第一次想到了原子弹这个主意。

这个主意吓坏了西拉德。但在随后的十来年里，更让他害怕的是，德国人也许有同样的想法。1939 年，他在说服美国政府制造自己的原子弹方面发挥了重要作用。他和阿尔伯特·爱因斯坦共同起草了一封给罗斯福的信，警告罗斯福纳粹可能在研发原子弹这一巨大的危险。在这封信中，西拉德认为有证据表明德国人正在开展原子弹研发项目，而希特勒将毫无顾忌地使用核武器。对付德国原子弹的唯一办法是美国原子弹。罗斯福被说服了。"'老爹'，"他对秘书埃德温·"老爹"·沃森[①]（Edwin "Pa" Watson）准将说，"我们需要采取行动！""曼哈顿计划"（此时尚未开始）也有了推动力：从根本上说，它的诞生是由于德国可能存在的核威胁。而日本的原子弹计划只有一个雏形，从未真正实施过。

到 1945 年春，形势彻底改变了。德国人实际上已经战败。显然，他们没有原子弹。希特勒对他所谓"犹太物理学"的憎恶蒙蔽了他的眼睛，使他无法感受到几乎拥有无穷伟力的原子弹的诱惑。"曼哈顿计划"的特工跟随盟军涌入德国，他们发现纳粹的进展比美国人落后了很多年。当科学家在新墨西哥州忙于准备"三位一体"测试之际，美国拥有核武器的所有**理由**正在快速消散，至少在利奥·西拉德看来是这样的。突然之间，他从原子弹的最大支持者（实际上也是最初推动者之一）变成它的死敌。他发起全面阻止原子弹研发的运动，其他一些科学家也加入了这项运动。

这些支持者大部分都是人称"MetLab"[②]的芝加哥大学冶金实验室的科学家。早在 1942 年，该实验室就在学校的壁球场建立了世界

---

①时任罗斯福的军事顾问和职位秘书（Appointments Secretary），后者相当于现在的白宫幕僚长。在西点军校就读期间，沃森由于对同学非常关爱并且才智过人，人送"老爹"的绰号。

②由冶金实验室（Metallurgical Laboratory）两个单词的前三个字母组合而成。

上第一座链式核反应堆。与他们在洛斯阿拉莫斯的同行不同，这些科学家现在要做的工作较少，所以有更多时间思考。随着原子弹项目临近完成，反对它的道德理由也日趋紧迫，因此西拉德催他们加紧行动。5月，西拉德与冶金实验室的两名同事试图说服吉米·伯恩斯中止研制原子弹，甚至想说服他不要进行**测试**。西拉德认为，如果苏联人知道原子弹是可行的，他们将会投入全部资源制造自己的原子弹。结果将是一场没有尽头的军备竞赛，并且可能灭绝全人类。伯恩斯没有理会他的要求。西拉德记得伯恩斯很坦白地说，“挥舞挥舞原子弹”，将使苏联“更驯服”。西拉德后来又做了一次尝试。6月，他加入一个由芝加哥大学科学家詹姆斯·弗兰克[①]（James Franck）担任主席的委员会，探究原子弹对社会和政治的影响。该委员会的总结报告指出，原子弹至少应该“当着所有联合国代表的面，在沙漠或荒岛上”展示一下。报告被送到史汀生的办公室，他的助手乔治·哈里森（George Harrison）接收了报告。后来有证据表明史汀生本人从未见过这份报告。“我们等啊等啊，”报告的作者之一尤金·拉宾诺维奇（Eugene Rabinowitch）后来说，“我们有种不如把报告扔进密歇根湖（Lake Michigan）的感觉。”因此西拉德又尝试另辟蹊径。他试图说服奥本海默加入进来，但是被拒绝了。“原子弹算个屁，”奥本海默说，“虽然它会爆炸，很大的爆炸，但它不是一种对战争有用的武器。”这一评论令人惊讶。也许奥本海默只是不像西拉德那样有先见之明，也许实际制造出一颗原子弹（他曾称之为“技术上极难的问题”）的智力挑战蒙蔽了他的双眼，又或许他被权力和野心所惑。最终，奥本海默选择继续当自己城堡的国王。他支持临时委员会推荐的做法，也就是直接向日本投放原子弹，无须事先炫耀武力。西拉德尝试说服他的努力还没有开始就已经失败了。

---

①德裔美籍物理学家，因“发现那些支配原子和电子碰撞的定律”于1925年获诺贝尔物理学奖。

但西拉德没有就此停止努力。他现在受到格罗夫斯派出的特工的持续跟踪，电话被窃听，信件被拆封，一举一动都被人监视和记录，所以他将全部精力投入最后一次尝试：直接向总统本人呼吁。西拉德再一次恳请总统不要使用原子弹。他的字里行间回响着令人不寒而栗的先知先觉。"如果一个国家开了先例，将自然中这种新释放出的力用于毁灭的目的，"他写道，"那么这个国家未来也许要为开启一个规模无法想象的毁灭时代而负责。"在奥本海默和格罗夫斯在"三位一体"测试营地等待杰克·哈伯德最终天气报告的时候，西拉德共收集到 69 人（大部分是冶金实验室地位颇高的物理学家，还有一些是生物学家和化学家）的签名。距离毁灭时代只剩短短几个小时了，而利奥·西拉德现在已经失去了当局的信任，他甚至都不知道今天是试爆日。

第5章
等 待

7月16日，星期一，凌晨2：08
“三位一体”测试场营地

当哈伯德赶到营地参加凌晨两点的碰头会时，他已迟到了八分钟。他浑身湿透，暴风雨才刚刚开始对营地施展威力。短短几秒内，大雨就将地上的尘土搅成黏糊糊的黑泥浆池。哈伯德刚下吉普车，格罗夫斯就开始呵斥他。“这鬼天气到底是怎么了？”这是他的第一句话，好像下雨是哈伯德的错一样。格罗夫斯要求哈伯德提供一个可以进行测试的确切时间。哈伯德开始解释形成暴风雨的气象过程。格罗夫斯立即打断了他，并说他没有要解释，他要的是一个确切时间。哈伯德辩解说，他正在努力把气象过程和具体时间都讲清楚。哈伯德认为暴风雨会在第一缕阳光到来时消散。黎明时分，天应该会放晴。此时的格罗夫斯已经暴跳如雷，连奥本海默（他自己也不是冷静的人）都来劝解。哈伯德原本很确信格罗夫斯会彻底取消这次测试。但他没有。相反，格罗夫斯命令哈伯德签署他的预报。“你最好给我预报对了，”格罗夫斯告诉他，“不然我会吊死你。”

几分钟后，格罗夫斯给新墨西哥州州长打了电话，将他从睡梦中叫醒。格罗夫斯还是一如既往地强硬，他告诉州长，说他也许需要在这一夜宣布戒严，还有可能会进行全州疏散。两人几周前曾讨论过这种可能性。那时距离可能的危险似乎还很遥远，而现在危险却是真实存在的。如果按计划进行试爆，没人能预测结果。迷迷糊糊的州长知道争论无益。这是格罗夫斯的舞台。

毕竟这正是他大展身手的时候，而且他也擅长此道。虽然面临压力，但格罗夫斯没有被压垮，当周围每个人（包括实验室主任）都没有能力做出决定的时候，他能。非常奇怪的是，他似乎陶醉于这一刻，莱斯利·R. 格罗夫斯的辉煌时刻，肩负世界命运的时刻。在这一刻，他可以呵斥各州州长，可以将一个个居民区的居民从新墨西哥州一端疏散到另一端。格罗夫斯从不惧怕权力，而现在，他的权力几乎超过了当时任何一个人。他的触角无处不在：科学界、政界和军方。在随后的三周里，它们还将延伸到世界各地：从新墨西哥州深处的这片荒野到饱受战争摧残的德国波茨坦，最终一直伸到日本。

格罗夫斯不缺权力，同时也小心翼翼。在他看来，新闻自由也许是美国的不幸。他强烈地意识到，他头顶上高悬着一场可能的公关灾难。短短几小时后，半个新墨西哥州也许会灰飞烟灭，还要搭上许多世界一流的科学家。格罗夫斯无法掩盖这样的故事，所以做好准备至关重要。他一如既往地做好了准备——在他华盛顿办公室的雾谷(Foggy Bottom)牌保险柜里，与机密文件和巧克力块放在一起的是四份新闻稿，分别对应四种不同的测试结果。早在两个月前的5月，一个归他手下管的记者就已经拟好了这些稿件。每篇稿子都描绘了一个偏僻弹药库意外爆炸的事故。这些事故的严重程度各不相同，有这样的：

> 有读者向我们询问今晨在阿拉莫戈多空军基地专用区发生的一次剧烈爆炸。据悉，一个储存有大量高爆炸药的偏僻弹药库发生了爆炸。目前尚不清楚爆炸原因，但正式调查已

经开始。爆炸没有造成人员伤亡，除了弹药库外，其他财产损失微乎其微。

还有这样的：

拟用作一种先进武器的材料今天意外发生了爆炸，导致阿拉莫戈多空军基地专用区数人身亡，包括参与测试的一些科学家。

死者中包括：

（名单）

爆炸的影响在几英里范围内都能感觉到，这次爆炸涉及大量高爆炸药，因此这是正常现象。

当然还有另一种可能性：原子弹根本没有爆炸。这是格罗夫斯每天都在担心的结果。他甚至时不时拿它开玩笑，不过这玩笑一点都不好笑。"如果原子弹最后没法爆炸，"他在"三位一体"测试前几天对一个同事说，"我会在利文沃斯堡①（Fort Leavenworth）的一间地牢里度过余生，那里深到他们需要把阳光泵进去。"

在原爆点西北 20 英里的坎帕尼亚山（Compania Hill）上，写下那些新闻稿的记者正坐在一辆大客车里，看着雨从窗户上滴下来。他叫威廉·L. 劳伦斯（William L. Laurence），来这里是为了采写他职业生涯中最大的新闻。两天前，即 7 月 14 日，他赶到洛斯阿拉莫斯报道"三位一体"测试的最后阶段。他从那里寄了一封信给他在《纽约时报》（*New York Times*）的编辑。"这个新闻，"劳伦斯写道，"比我想象的大

①美国陆军位于堪萨斯州利文沃斯郡的军事基地。

得多。发表后，它将成为一个第八日[①]奇迹，某种耶稣二次降临的故事。发表那天我需要大约 20 个专栏的篇幅。"

劳伦斯是格罗夫斯的另一项发现，一个顽强好斗、精力旺盛的记者。他有一个突出的下巴，操一口浓重的斯拉夫口音。他本人几乎就是美国梦的化身。1905 年，劳伦斯作为难民从立陶宛来到美国，身无分文，通过给富人子女做家教读完哈佛法学院，毕业后成为美国最有才华、最成功的科学记者之一。1940 年 9 月，已经有一个普利策新闻奖在手的劳伦斯将注意力转到核物理这一革命性的新领域，其结果是一篇标题平淡无奇，刊载在《星期六晚邮报》(*Saturday Evening Post*) 上的文章：《原子缴械了》(*The Atom Gives Up*)。这是一篇有着惊人预见性的文章。文中有若干段预言了未来的世界：在这个世界中，人类可以攫取原子中蕴含的近乎无穷的能量，这些能量有可能造福人类，也有可能毁灭人类。

这篇文章当时似乎并没有引起人们的注意，直接消失在了故纸堆里。劳伦斯后来才发现，联邦调查局从美国各地的图书馆中收走了那期《星期六晚邮报》。不仅如此，他们还对每一个在图书馆要求读这期报纸的人进行了调查，后来演变为"曼哈顿计划"的长长触角并且已经伸至美国各个角落，它将注意力转向这篇文章的作者只是个时间问题。劳伦斯知道得太多了，把他留在原子弹研发计划外将非常危险，因此他也被拉进组织，为组织工作。做出这个决定的人正是格罗夫斯将军。

那时比尔·劳伦斯[②]正在《纽约时报》做科学记者。格罗夫斯约见了总编埃德温·L. 詹姆斯 (Edwin L. James)，还带了他情报和反谍报部门的主任助威。格罗夫斯一如既往地单刀直入。他告诉詹姆斯，说他负责的项目需要借用劳伦斯几个月，还说出于保密考虑，劳伦斯

①在《圣经》中，耶稣用七天创造了天地万物，这里用第八日奇迹来比喻原子弹爆炸的巨大威力和将会在大众中产生的巨大影响力。

②比尔是威廉的昵称。

将继续作为《纽约时报》的雇员，《纽约时报》需要偶尔刊登他署名的新闻，以此表明他实际上还在为该报写稿。格罗夫斯这番话决非提议，没有转圜的余地。劳伦斯实际上是被征调走的。

这是个绝佳的选择，人人都各得其所。劳伦斯最终成为“曼哈顿计划”最满意的人选——核爆伟力无比忠实的支持者。他对原子弹满怀激情。人类的才华将把宇宙之火烧到地球表面，当劳伦斯描述所有这些的时候，他简直快乐得无以复加。即便是在较为平淡的工作方面，劳伦斯也非常乐意撰写格罗夫斯交办的全部新闻稿。在第一颗原子弹投向广岛的几个月前，劳伦斯就写好了轰炸后要立即向媒体发布的总统声明的草稿。草稿中唯一的空白是他还不知道的那个词：被轰炸城市的名字。

劳伦斯的获选对《纽约时报》也是个好消息。尽管对将要公开的内容毫无头绪，但他们已经将报道本世纪（20 世纪）最大独家新闻的机会收入囊中。1945 年 5 月 17 日，劳伦斯给格罗夫斯将军写了一篇三页的绝密备忘录，题为《曼哈顿计划未来文章规划》（*Plans for Future Articles on Manhattan District Project*）。当然，所有这些都“有待批准”。关于这句“有待批准”，劳伦斯指的多半不是《纽约时报》编辑的批准。备忘录列出了 29 篇文章。在内容上，这些文章涵盖了从“曼哈顿计划”早期历史到目击核武器首次用于实战等的方方面面。后者有点为时过早，因为第一颗原子弹两个月后才会进行试爆，但格罗夫斯原则上同意了。毫无疑问，劳伦斯将参加一次对日本的原子弹轰炸任务，他将亲眼见证梦想的核力量究竟能给一座城市造成多大的破坏。

试爆时，这些文章里的大部分内容都已写好，被保存在格罗夫斯的保险柜里。现在是凌晨 2：30，劳伦斯坐在坎帕尼亚山山顶的大客车里开始记笔记。东南方向 20 英里外，他能看到一束探照灯灯光射向夜空。他知道那里是什么地方：原爆点。

一部短波电台连接着坎帕尼亚山与营地，时断时续。洛斯阿拉莫斯最杰出的物理学家之一理查德·费曼[①]（Richard Feynman）打着一支电筒，正在设法修好它。如果修不好，山顶上这群科学家谁也不知道原子弹将在什么时候引爆，或者会不会引爆。劳伦斯在大客车车厢里生着闷气，要是他们允许他再靠近点该多好。身处在 20 英里开外的地方，他离原爆点太远了。即使那家伙真炸了，他也看不真切。身处在圈外，他也许会错过职业生涯中最大的独家新闻，一想到这里他就感到抓狂。格罗夫斯到底有没有认真读过那篇备忘录？它白纸黑字，写得明明白白。第 23 篇文章是《第一次原子弹测试目击者的描述（假如目击者活下来的话）》[*An Eyewitness Actcount*（*in case eyewitness survives*）]。他连自己的讣告都写好了。

夜里某个时刻，唐纳德·霍尼格最终等到了电话。他的上司基斯提亚科斯基通知霍尼格，说他可以下来了。霍尼格合上没读完的惊险小说，站起身，从原子弹旁挤过。他踏上梯子最上面的一级阶梯。雨中的钢塔向下延伸，潮湿的桁架和电缆在强烈的探照灯光柱下闪闪发亮。这也是比尔·劳伦斯从他的大客车窗户看到的那束探照灯光。霍尼格转身最后看了一眼原子弹。它一动不动地待在那里，阴冷而安静，鬼鬼祟祟地躲在阴暗的铁皮屋里。霍尼格转过身，开始下塔。

霍尼格在塔底爬上一辆吉普车，车的帆布篷让他不再遭受风吹雨打。他又湿又冷，驱车飞快地穿过灌木蒿丛，回到营地食堂。那里不仅温暖，还有咖啡和同事们。费米还在那里和一群同行打赌，赌塔上那颗原子弹会不会在黎明前的最后几分钟摧毁地球。

①美国理论物理学家，后来因为"在量子电动力学方面的基础性工作，及其对粒子物理学产生的深远影响"于 1965 年获诺贝尔物理学奖。

第6章
笼罩天地的闪光

7月16日，星期一早上
旧金山湾（San Francisco Bay）旧金山海军船厂
（Hunters Point Naval Shipyard）

原爆点西北1200英里，美国最大的海军基地之一。两辆军车在黎明前的黑暗中驶上码头，停在“印第安纳波利斯号”重巡洋舰旁。一队全副武装的海军陆战队员跳下车，端枪围在车旁。卡车后面的厢门被打开，一些水兵站在甲板上，向下盯着这辆车。装卸作业一般不会在夜里这个时候进行，那些卡车里的东西显然不同寻常。

第一辆卡车上露出了一只木板箱。箱子很大，大约高5英尺、宽5英尺、长15英尺。箱子被“印第安纳波利斯号”上的一台吊车钩住吊在夜空中，越过船舷后，箱子被小心地放进通常停放侦察机的机库里。一些水兵开始猜测里面是什么。下得最多的赌注是麦克阿瑟将军的卷筒卫生纸，或者也可能是丽塔·海华斯①（Rita Hayworth）的内衣。

木板箱吸引了所有人的目光，几乎没人注意到从第二辆车里搬出来的物品。它一点也不起眼：一只水桶形的圆柱体，不足2英尺高，

①好莱坞著名女星，20世纪40年代红极一时的性感偶像。

直径不过18英寸[①]。唯一奇怪的是，需要两名水兵才搬得动它。两名水兵扛着一根撬棍，这个物体悬挂在上面，显然非常沉重。两名陆军军官跟着水兵走上踏板，来到船上。这两人也有点蹊跷。他们穿着炮兵的制服，但肩章似乎戴反了。

两名军官跟着水兵和“桶”走进副官舱室，“桶”随后被固定在地板上。两名水兵随后就离开了。一名军官从随身带的旅行包里拿出一台仪器，站在“桶”旁。仪器开始像心跳一样发出缓慢而有节奏的咔嗒声。

舰长查尔斯·巴特勒·麦克维（Charles Butler McVay）正在舰桥[②]上等待着。六个多小时后，他的战舰将启航出港。与这次任务有关的每件事都令他不安。就在一天前，麦克维突然被叫到海军少将威廉·珀内尔（William Purnell）位于旧金山的司令部。少将把他介绍给一名海军上校——威廉·“迪克”·帕森斯[③]（William “Deak” Parsons），40多岁，瘦削，秃顶。随后，他们命令麦克维的军舰立即准备好执行一次高度机密的任务。麦克维需要以最快的速度横越太平洋。他的目的地是日本以南约1500英里的一座太平洋小岛：天宁岛。“印第安纳波利斯号”将独自航行，没有护航，还会装上两件非常特别的货物。

没人告诉麦克维这两件货物是什么，珀内尔和帕森斯只告诉他，它们比舰上包括水兵生命在内的任何东西都重要。如果军舰沉没，第一条救生艇必须留给这两件货物。麦克维还被告知，他在路上每少走一天，战争将早一天结束。

麦克维在舰桥上等候的时候，倒戴肩章的炮兵军官中的一位爬了上来。他告诉麦克维“桶”已经安置好。他还说他用挂锁把它锁上了，他会拿着唯一一把钥匙。麦克维打量了他一会儿，说：“我认为我们不会在这场战争中使用细菌武器吧。”军官没有回答，转身离开舰桥。

① 1英寸≈2.54厘米，下同。

②船舰的指挥驾驶室，船只的主要设备控制界面都集中在舰桥。

③“迪克”是昵称，作者在下文中用了Deak Parsons，故以下统称为迪克·帕森斯。

此时是新墨西哥州凌晨 3 点，格罗夫斯将军刚刚威胁要绞死杰克・哈伯德。唐纳德・霍尼格正坐在营地餐厅享用咖啡和鸡蛋粉①。世界上第一颗原子弹测试需要的最后部件正在被安装到位。但是在旧金山海军基地，完全不同的一幕正在上演。在黎明前的寂静和黑暗中，世界上第二颗原子弹的准备工作正在紧锣密鼓地进行。这一颗，将被投向一座城市。

倒戴肩章的军官在副官舱室守着“桶”，其实倒戴肩章的那两个人根本不是炮兵军官。他们是格罗夫斯手下的詹姆斯・诺兰（James Nolan）和罗伯特・弗曼（Robert Furman）。“印第安纳波利斯号”机库中的大木箱里装的不是卷纸或内衣，而是原子弹的一个关键部件：一架特别设计、重达半吨的高速火炮。固定在两人舱室甲板上的铅衬“桶”里装的也不是用于细菌战的细菌，而是原子弹中大约一半的武器级铀（原子弹中共有 141 磅武器级铀）。三周后，它们将在广岛上空爆炸。

离第一颗原子弹测试不到三个小时的时候，第二颗已经在路上了。

凌晨 4∶00，原爆点的风开始转到杰克・哈伯德一直期待的东北方向。雨势减小，掠过低空的乌云终于开始消散。天气不算完美，但对哈伯德来说还过得去。毫无疑问，他能感觉到格罗夫斯套在他头上的绞索。凌晨 4∶45，哈伯德与测试总指挥肯尼思・班布里奇讨论了他的预报结果。随后两人与格罗夫斯和奥本海默进行了一番仓促的电话讨论，最终做出决定——引爆时间设在半小时后的 5∶30。测试开始了。

原爆点以南 5.5 英里的地方，在一个名为 S10000 的混凝土控制掩体里，班布里奇将一把钥匙插入一只上着挂锁的金属盒。金属盒里是原子弹的激活和定时电路。班布里奇一个接一个地合上开关。最后一

①由鸡蛋脱水制成，制作工艺类似奶粉，有体积小、质量轻、保质时间长等优点。在烹饪时既可以加水，也可以不加水直接烘焙。

个开关控制的是起爆原子弹的电路。从那里，电线蜿蜒穿过数英里的灌木蒿丛，连到测试塔，再通过钢梁到达铁皮屋，最终到达唐纳德·霍尼格的作品：用螺栓固定在原子弹后部的X组件。班布里奇合上开关，接通电路。通往X组件的电路现已畅通无阻。原子弹准备好了。

S10000控制掩体是一个20英尺见方的小房间，但每英尺空间都塞满了仪器、仪表、示波器、测量仪、电线、旋钮、控制盒、控制板和大量的保险丝，还有吃剩的三明治和胡乱扔在桌上、台上甚至地上的空咖啡杯。虽然放着电器，但房间里到处都是雨水坑。摆下这么多物件后，十来名科学家几乎没有立锥之地。在一个角落，霍尼格和班布里奇挤在他们的仪器前。另一个角落，基斯提亚科斯基团着身子坐在桌旁，看着他的仪表。消瘦、羸弱又筋疲力尽的奥本海默站在门口，抬头看着天。虽然西边还有些薄雾，东方的天空却在快速放亮。清风徐来，天上甚至能看到几颗星星。

现在是凌晨5：10。在控制掩体旁的一个小房间里，一个中年人手握话筒坐着。他叫萨姆·阿利森（Sam Allison），将在这次测试中承担一个极其重要的任务。一会儿后，阿利森将开始20分钟的引爆倒计时。他最后一次对了表。阿利森的妻子几天前刚从圣塔菲的一间修理店把表取回来。这块表对他有特别的意义，妻子也知道他迫切需要这块表，但阿利森没有告诉她原因。

阿利森打开话筒开关，外面的扬声器开始嗞嗞作响。他开始倒数计时，突然，他的声音被淹没在震耳欲聋的《星条旗之歌》[①]（Star-Spangled Banner）的歌声里。设在加州德拉诺（Delano）的KCBA电台刚刚开始早间的《美国之声》（*Voice of America*）节目。不知是什么原因，节目的波段碰巧与"三位一体"测试用的波段重叠。现在再改已经来不及了。当科学家、卫兵和放射监测员挤在原爆点北、西、南三个方向的掩体里时，空旷的沙漠中回荡着阿利森的声音和美国国歌，

①美国国歌。

显现出一种奇特的和谐。与此同时，加州KCBA的听众将在接下来的20分钟里听到一个男人倒计时的声音。

格罗夫斯将军在营地注视着北方地平线上射出的那束探照灯光。他和奥本海默已经说好从不同位置观看这次试爆。分开观看有好处：如果他们两人中死掉了一个，原子弹项目还可以继续。如果两人都死了，项目也就完了。离格罗夫斯不远的是菲利普·莫里森，他将装在吸震箱里的原子弹钚核从洛斯阿拉莫斯一路运到这里。现在，他正在一辆广播车里，忙着倾听阿利森的倒数计数，并将其复述给营地的众人。莫里森在中途停了下来，伸手将袜子尽量往上拉，裤脚尽量往下放。他要确保皮肤不会直接暴露在原子弹释放到空中（更准确地说，向他释放）的任何物质之下。他知道钚裂变的瞬间会产生360种放射性很强的同位素，他也知道以每秒18.6万英里的速度直奔向他的紫外线有何种潜在危险。裤子和袜子也许无济于事，但也聊胜于无。

莫里森周围的人都在往堑壕里涌。大部分人都拿着焊工用的护目镜或者颜色染得很深的玻璃。大家得到的建议是背向原爆点趴着，在原子弹爆炸时不要抬头。光肯定会非常耀眼，但到底有多亮，谁也没底。有一个人选择忽略那个建议——恩里科·费米站在一个视野更好的小丘上。他快速地撕着纸片，还在计算尺上飞快地计算。他微笑着对同行赫伯·安德森[①]（Herb Anderson）说："看着吧，我会比其他所有人都先算出爆炸当量。"

原爆点西北20英里的坎帕尼亚山上，比尔·劳伦斯正看着匈牙利物理学家爱德华·泰勒[②]（Edward Teller）在胳膊和脸上涂抹防晒油。其他一些人也在涂。过去两年来，泰勒一直在研究氢弹，它在洛斯阿拉莫斯有个委婉的名称，叫"大家伙"（Super）。眼前的这一幕扰动着

①赫伯特·安德森（Herbert Anderson），犹太裔美国核物理学家，赫伯是他的昵称。
②在原子弹和氢弹的研发中都扮演了重要角色，被誉为"氢弹之父"。

劳伦斯的心绪，也许泰勒知道一些他不知道的事。一些世界知名科学家三更半夜在漆黑的沙漠里戴着太阳镜，往身上抹防晒油，这个景象实在诡异。

不远处，理查德·费曼最终设法让短波电台工作了几分钟，接着它突然又哑了。这一次，谁也无法让它起死回生。不过至少，坎帕尼亚山上的每个人都知道测试为时不远了。对于自己被安排在这么远的地方，劳伦斯依然很恼火。在这 20 英里开外的地方，他永远看不到任何有用的东西。他很不自在地坐在坚硬的地面上。这时，一位原子弹项目的科学家从后面轻声招呼他。“别担心，”他说，“你会看到全部要你看的东西。我们只是希望我们的记录人活下去而已。”

在劳伦斯左右两边，一整条山脊上的人都趴在地上，在黎明前的寒风中瑟瑟发抖。大部分人挤在一起，似乎在寻求安慰。但有一个人却没有与众人在一起，而是孤身坐在一个小丘上。他戴着眼镜，样貌很古怪：面庞瘦削，一脸严肃，前额凸出。他几乎不和任何人说话，开口的时候，话里带着明显的外国口音。其实人人都认识他，他在整个洛斯阿拉莫斯都很出名。他是一个热情的三步华尔兹和爵士乐爱好者，一个极可靠的临时奶爸，而且是原子弹研发项目中一名杰出的数学家。不过关于他，有一点其他人都不知道：他还是一名苏联间谍。他叫克劳斯·福克斯（Klaus Fuchs），已经七次向苏联提供关于原子弹的信息，最近一次是在 6 月 2 日，也就是六周之前。今天上午，在 5000 英里外的巴伯尔斯贝格，杜鲁门和丘吉尔在那间阳光灿烂的客厅里的谈话，很大程度上都是一厢情愿的空想。关于原子弹，他们商量了应该把哪些信息告诉斯大林，哪些隐瞒，但这其实无关紧要。因为福克斯的存在，斯大林已经知道了其中绝大部分信息。

现在，福克斯戴上焊工护目镜，等着看接下来还有什么消息可以告诉苏联人。

在沙漠上空5英里的地方，两架B-29观察机①正在兜着大圈子，机组成员睁大了眼睛寻找几千米下方原爆点的探照灯。在飞机的飞行高度上还覆盖着乌云，几乎什么都看不到。这一夜的暴风雨还留下了一片奇特的景观：似乎有一股奇怪的蓝色火焰在两架飞机的周围燃烧，它们滑过机翼，通过舷窗，在空中留下一道闪亮的尾迹。有时候，两架轰炸机就像是在驾驭炽热的蓝色光波。这种现象被称作“圣艾尔摩之火”（Saint Elmo’s fire），偶尔出现在一场猛烈的暴风雨之后。对两架飞机上的人来说，“圣艾尔摩之火”令人不安，尤其是在原子弹引爆前的最后一刻。

在透过舷窗盯着那些光的观察员中，有迪克·帕森斯。他就是一天前与“印第安纳波利斯号”舰长谈话的那位秃顶海军军官。在原子弹作为一种可投放武器的开发过程中，这位杰出的弹道专家也许是最为关键的人物。他为人安静、严肃，在技术层面上颇有见地，深得奥本海默和格罗夫斯信任。正因如此，两人将一项极为重大的任务交付给他。三周后，他将搭乘另一架B-29轰炸机执行任务，那架B-29与现在这架有一点不同之处：原子弹将被装在那架飞机的弹舱里，而不是放置在地面上。帕森斯的任务是一路照料它到达日本。

今夜进行的是“彩排”。帕森斯需要了解从25 000英尺的高空看原子弹爆炸是什么样子。随着B-29缓慢降低飞行高度向云层靠近，帕森斯从头戴耳机里听到阿利森的倒计时。凌晨5：23，庞大的轰炸机在空中拖着一道美丽的蓝光，缓缓拐向东北方。

试爆前5分钟，一阵短促的警报声响彻沙漠。几秒后，一支绿色火箭乘着烈焰升上天空。

扬声器里，柴可夫斯基的《弦乐小夜曲》（*Serenade for Strings*）

① B-29是美国波音公司设计生产的重型战略轰炸机，绰号“超级空中堡垒”。除了轰炸机外，还以此为基础设计制造了一些担负气象监测等任务的改造型，这里的应该就是改造型B-29。

的空洞乐声与萨姆·阿利森的倒计时声混为一体。《美国之声》的晨间古典音乐节目正播得如火如荼。

霍尔纳达各地，辐射监测员坐在掩体或卡车里，通过无线电听着阿利森的倒计时。被派去指导可能出现的疏散的士兵则在沙漠小镇外孤零零地等待着，他们吸着最后一支烟。摄像师和摄影师在对设备做最后的调整，有人在擦拭着镜头，有人在检查闪光灯能否正常曝光。东方的小巴罗山上已经能看到微弱的曙光。黎明不远了。

S10000 控制掩体外，卫兵持枪坐在吉普车里。车已经发动好了，随时准备疏散掩体里的科学家。掩体内，唐纳德·霍尼格盯着面前一块控制板，板上有四盏灯。现在，它们全都熄着。引爆前整 45 秒时，他的同事乔·麦吉本将合上开关，接通原子弹的自动计时电路。一旦霍尼格看到四盏灯变红，他就知道 X 组件已经充好电了，随时准备向原子弹的 64 个引爆器释放 5500 伏的电压。在那之后，如果出现任何问题，阻止原子弹爆炸的唯一办法是切断通向 X 组件的电力。

霍尼格旁边是控制电力的闸刀。如果出现问题，他估计自己只有半秒钟的反应时间。在半秒钟的时间里中止世界上第一颗原子弹爆炸，这个想法足以让任何人发狂。他转向奥本海默，开了个玩笑。“很有可能发生的事情，奥本[1]，”他说，“是我在引爆前五秒着了慌，和大家说‘先生们，不能这样继续下去了’，然后拉起闸刀。”

奥本海默瞪了他许久。“你没问题吧？”他问。

引爆前 2 分钟，警报再次鸣响。缓慢而长长的号叫似乎永远回荡在沙漠的上空。

引爆前 1 分钟，一颗红色火箭射上天空。时间是凌晨 5：28。

将原子弹核心从洛斯阿拉莫斯一路运来的菲利普·莫里森蹲坐在地上。营地看上去像一座鬼城。模糊的身体躺在四处，一动不动，一

①奥本海默的昵称。

声不响。这一幕给人的感觉是大家一起屏住呼吸，等待着测试塔和扫来扫去的探照灯旁那玩意儿即将带来的最坏结果。莫里森不知道最坏的情况是什么。今晚只是一次测试，顶多只是一个优美的、构思巧妙的科学实验。但是短短几天后，它也许就能被用于实战。莫里森有一点希望原子弹试爆失败，他不是唯一这样想的科学家。和许多人一样，他陷在欲望和恐惧的夹缝里。作为一名科学家，他希望这个实验能够成功，而他人性的一面则希望看到实验失败。与利奥·西拉德一样，他有时甚至对原子弹的必要性产生怀疑。既然纳粹的原子弹威胁已经被解除，它存在的目的也不再明确。唯一能够确定的是，在接下来的一分钟里，爆炸所能释放出的能量将永远地改变世界。

北方 110 英里的桑迪亚峰上，莉莉·霍尼格看着第一缕阳光照亮东方的群山。风停雨住，明媚的一天开始了。测试显然已经被取消了，她想。他们只会在黑暗中引爆。她把睡袋扔进行李箱，完全忘记了一点：与下面的广阔平原相比，在这海拔 10 000 英尺的山上，太阳会升起得更早。

45 秒，一刻不差，乔·麦吉本拨动开关，触发自动计时序列。现在，原子弹的所有电路都接通了。唐纳德·霍尼格盯着他的控制板，等着四盏红灯亮起。基斯提亚科斯基在他身后看着。他的全部声誉，更别说一个月的薪水，现在全都系于这个麻烦不断的 X 组件上，就看它最终是否能正常工作。在他们左边，俯身靠在仪器架上的是托马斯·法雷尔，那位两天前戴着橡皮手套掂量感受钚核的将军。这位一战老兵现在唯一能想到的是，这比冲出战壕糟糕多了。在营地，格罗夫斯将军最后一刻想的是，如果倒计时结束后什么都没发生，将会发生什么。

霍尼格控制板上的红灯吧嗒一声亮了。X 组件已经充满电，准备好了。他两眼紧盯着控制板，手依然放在闸刀上，等待取消的指示。

阿利森的倒计时越过十秒大关。掩体里的每个人都很紧张。法雷尔注意到奥本海默几乎不敢喘气。在最后那一刻，他似乎是为了稳住身体，突然抓住一根梁。有人听到奥本海默在喃喃自语："上帝，这些真让人心脏受不了。"

接着，在引爆前的最后几秒，空中弥漫起一种此前没有的奇怪声音。大家后来才知道那是什么声音。那是成百上千只青蛙在黎明交配时发出的呱呱声。经过一夜大雨，它们爬出地面，滑进沙地上冰冷的水坑。原子弹撕开长空前的那一刻，沙漠里唯一的声音是创世时诞生的生命之声[①]。

原爆点以北 50 英里处，一个 18 岁的女孩坐在副驾驶位置上，开车的是她姐夫乔·威利斯（Joe Willis）。女孩叫乔治娅·格林（Georgia Green），乔正开车送她去阿尔伯克基上早间音乐课。他们还有不少路要赶。当车沿着空旷的 85 号公路通过莱米塔镇（Lemitar）时，一道明亮的闪光突然笼罩着天地。乔治娅一把抓住姐夫的胳膊。"那是什么？"她大声问。

乔转过头惊讶地看着乔治娅，因为乔治娅是一名盲人。

①作者在这里再次将原子弹爆炸与《圣经》中的创世进行对比，说明原子弹的巨大威力。

第7章
第二个“太阳”

7月16日，星期一，早上5:29
新墨西哥州原爆点

它像沙漠里升起的第二个太阳，一个炽热、光辉夺目、不断膨胀的火球，见者无不惊恐万状。在最初的1毫秒里，它像个可怕的怪物，一个巨大、肉质、大脑似的物体，喷吐着烈焰。在它面前，天空好像已经被撕裂开了。同样在那1毫秒①里，在它诞生的那一刻，它的核心温度达到6000万摄氏度，比太阳表面温度高出上万倍，刺眼的闪光远远超过太阳的光辉。群山和沙漠在它的沐浴下显得美丽而清澈，见过这一幕的人将终生难忘。爆炸的影响大得骇人听闻。几秒钟内，那个大脑般的物体就吞噬了万物：成千上万吨沙子、尘土、灌木蒿、刺柏、响尾蛇、长耳兔、交配中的青蛙、已经化为齑粉的钢塔以及大地上各种各样的无机物和有机体。它蜕变成了一只巨兽，一朵急速膨胀的放射云。它以每分钟5000英尺的速度穿透云层，其高度甚至超过最高的山峰，似乎要直抵天际。20英里外的坎帕尼亚山上，比尔·劳伦斯感觉似乎回到了创世纪的那一刻。那一刻，上帝说“要有光”。

① 1毫秒 = 0.001秒，下同。

关于光带来的冲击，离得近的人感觉更为强烈。一些科学家待在13英里外的营地，伊西多·拉比[①]（Isidor Rabi）是其中之一。他感觉到光向他飞速扑来，电钻一般钻进他的眼底。他祈祷这种骇人、痛苦、直戳内心的感觉尽快消失，但它似乎要永远持续下去。实际上它只持续了两秒。对于同样在营地的菲利普·莫里森来说，它给人的感觉像是令人窒息的热浪，似乎有人在他面前几英寸的地方突然打开一架熊熊燃烧的火炉。对于从更近的控制掩体里观看的法雷尔将军来说，它惊人、夺目、可怕，是渺小的人类胆敢摆弄上帝之力的亵渎之举。"那些书呆子把它放出来了。"在火球呈蘑菇状升上天空时，他叫道。有那么一刻，费米的担心似乎成为现实——世界即将毁灭。

原子时代的最初几秒在一阵近乎诡异的寂静中过去了。跟着光之后的是声音，它以每分钟12英里的速度穿过沙漠。法雷尔一辈子都忘不了它末日咆哮般呼啸而来的情形，就像上百万只铁锤砸到霍尔纳达和奥斯库拉的山峰上一样，把人的感觉震得完全麻木了，120英里外的窗户玻璃也全被震碎。声音遇到群山，在沙漠里来回反射，地面如地震般在颤抖。在比尔·劳伦斯听来，它就像新生世界的第一声啼哭。随着声音而来的是冲击波，上千亿个大气压的压力像飓风一样从爆炸中心喷出，只不过这阵飓风一开始时的速度达到每小时数百英里，快得像一架现代喷气式客机，暴击着前进道路上的一切。6英里开外，在堆着沙袋的混凝土控制掩体里，有几名观察员甚至被震倒在地，基斯提亚科斯基便是其中之一。他跳起来，兴奋地拍着奥本海默的后背。"你欠我10美元。"他叫道。奥本海默茫然地掏出钱包。"里面没钱，"他回道，"你得等等了。"

引爆40秒后，冲击波到达营地。费米站在小丘上，将碎纸片投向冲击波，测量它们随风飘走的距离。他拿出计算尺，很快就算出了爆

①美国犹太裔物理学家，因"用共振方法记录原子核的磁属性"于1944年获诺贝尔物理学奖。

炸的当量：1万吨TNT。这几乎是德累斯顿（Dresden）“毁灭之夜”[①]落下炸弹总重的五倍。这一测算结果堪称大师级，但还是错了。实际上，爆炸的当量达到两万吨TNT。如此大当量的常规炸弹可以装满5000架轰炸机。而所有这些可怕的能量都来自一块比网球稍大的钚。

唐纳德·霍尼格在阿利森倒计时数到零的那一刻冲出控制地堡。在闪光照亮沙漠时，他冲上掩体楼梯，抬头向上看。几乎就在他的正上方，不断膨胀的巨大蘑菇云翻滚着冲上天空，像平地上升起的一座山峰。最让人惊叹的是天空的颜色，闪亮的粉色、蓝色和绿色从蘑菇云里溢出，随后展现出覆盖整个光谱的各种颜色，显得异彩纷呈。最终，天空变成一场令人眼花缭乱的盛大“焰火表演”。这是霍尼格一生中见过的最美丽的一幕。

霍尔纳达各地，当这场焰火奇迹在天空怒放时，有些人在欢呼、歌唱，还有些人则惊恐地注视着这一切。参与设计原子弹起爆器的物理学家亨利·林希茨（Henry Linschitz）惊讶地瞪着双眼。“上帝啊，”他自言自语道，“我们要把**那东西**投向一座城市。”平时冷静理性的人们突然迸发出近乎动物般的激情。坎帕尼亚山上，比尔·劳伦斯看到科学家突然三三两两地踩着奇怪而简单的节奏跳起了舞，一边跳舞一边拍手跳跃，似乎是在举行某种古老的篝火节或者迎春仪式。其他地方的一些人也重新展露出了原始本能。在营地，格罗夫斯将军的第一句话就是：“我们绝不能把这事张扬出去。”一名工兵军官盯着他说：“长官，我想五个州的人都听到那声音了。”

实际上，整个新墨西哥州南部，以及亚利桑那州的大片地区和得克萨斯州西部都听到了爆炸声。在40英里外的卡里索索，好几个人认为自己刚刚经历了一场地震。在新墨西哥州的另一边，原爆点以西125英里的银城（Silver City）附近，一名护林员也认为发生

① 1945年2月13—15日，英国皇家空军和美国陆军航空兵（美国空军的前身）对德国东部城市德累斯顿发起了大规模的轰炸行动。轰炸导致大量人员伤亡，很多建筑被夷为平地。2月13日的空袭发生在夜间，这里的“毁灭之夜”应该是指轰炸的第一天。

了地震。巴罗山（Burro Mountain）上的史密森天文台（Smithsonian Observatory）记录到了一次震动，但有些数据不对劲。它们与以往其他任何地震的记录都不同，令人费解。耀眼的强光远至 180 英里外都能看到。莉莉·霍尼格是在桑迪亚峰上的汽车里打开点火开关时看到它的，透过挡风玻璃，她瞠目结舌地瞪着被照得雪亮的大地。圣塔菲铁路公司（Santa Fe Railroad）的工程师埃德·莱恩（Ed Lane）也看到了光，当时他正前往原爆点以南 70 英里的埃尔帕索。那情形就像太阳突然从大地上升起，不过升起的方向不对。许多目睹这一切的人相信世界末日来了。卡里索索居民刘易斯·费里斯（Lewis Ferris）的惊恐却出于别样的原因：他在街上跑来跑去，大喊日本人打来了。

在 B-29 观察飞机上，迪克·帕森斯在爆炸前一刻戴上了护目镜，接着一阵强光突然笼罩了天空。轰炸机这时距离测试塔 25 英里，正在向东北方向飞行。飞机下方天空的云量[①]当时为七成，几秒之内，天空就像被地上一盏巨大灯泡照亮似的，变成强烈的橘红色。一个红色的火球冲破云层，升腾成一个巨大的五彩蘑菇云。蘑菇云很快就超过轰炸机所在的 25 000 英尺高空，直冲到 40 000 多英尺的高空。飞机上的每个人都在对着对讲机叫喊。作为技术专家，帕森斯开始记笔记。48 小时之内，他将启程前往太平洋另一边的天宁岛，那里也是携带致命货物的"印第安纳波利斯号"的目的地。几天之内，他还要向轰炸机机组成员介绍舷窗外这可怕的景象。对他来说，牢牢记住这一切至关重要。下次再看到这样的景象时，他已经在一座日本城市的上空了。

当放射云升到同温层时，四周的空气会发生电离，在空中留下一道明亮的紫色余晖。从地面看去，光就像是透过一面横跨天空的紫色

①视野所及的天空被云所遮蔽的比例，为气象观测的常见数据之一。云量的测量有"十分量"及"八分量"两种，这里采用的是十分量。

滤镜传过来的一样。这是最后的谢幕，并且一如这出戏的所有其他场景，既美丽又可怕。兴奋和激动过后，大家平静多了，也许只是因为疲惫，也许是大家开始意识到他们目睹的这一切意味着什么。

现在，真正的太阳从东方的山上冉冉升起。在许多人看来，它像那个人造太阳的拙劣模仿品。奥本海默和法雷尔将军乘吉普车回到营地。格罗夫斯正在等奥本海默。“我为你骄傲。”格罗夫斯见到奥本海默后说。“谢谢。”奥本海默回答道。法雷尔说战争结束了。“对，”格罗夫斯说，“把两颗这种炸弹投到日本之后就结束了。”

奥本海默给妻子发了一封电报，告诉她现在可以换床单了。洛斯阿拉莫斯今晚将有一场聚会。他的老朋友伊希多·拉比看着他大步流星地穿过营地。奥本海默的步态里有点什么东西让他不寒而栗。“我永远忘不了他走路的样子。”拉比后来说，“就像《正午》[①]（*High Noon*）里那种昂首阔步的样子，我觉得这是我能想到的最恰当的描述了。他成功了。”所有那些无力的自我怀疑都消失了，现在的奥本海默已经与此前迥然不同。现在的他正陶醉在试爆成功为他赢得的实实在在的权力中。

测试总指挥肯尼思·班布里奇显得麻木而疲惫，他走向奥本海默，伸出手说：“奥本，现在我们都成狗娘养的了。”

波茨坦，下午 3：30。鉴于斯大林次日才会到，杜鲁门决定游览一番。他与国务卿吉米·伯恩斯和白宫幕僚长、海军上将莱希[②]（William D. Leahy）一起坐上一辆克莱斯勒敞篷车后座，出发去看柏林的废墟。

杜鲁门停下来视察了美国陆军第 2 装甲师（U.S. Second Armored Division）。部队排列在通往柏林的路上。第 2 装甲师的绰号是“车轮

① 1952 年上映的著名西部片题材电影，被认为是美国电影史上最重要的电影之一。
②威廉·丹尼尔·莱希，美国海军五星上将，二战爆发时已从美国海军退役，但在 1942 年被罗斯福召回，担任白宫幕僚长（又译为白宫办公厅主任）。

上的地狱”（Hell on Wheels），是世界上最大的装甲师。总统车队从头走到尾用了 22 分钟。这是美国力量最强大、最具体的展示。“英勇的士兵和价值数百万美元的装备排成 1.5 英里长的队伍。我们缓缓驶过。”杜鲁门在日记中写道，“他们为攻占柏林做出了极大的贡献。”杜鲁门很快就会再次认识到付出和成效、金钱与力量间的关系。

总统一行继续驶向柏林。迎接他们的是一番可怕的景象。五年多来，盟军的炸弹像雨点般投向这座城市。在欧洲战场的最后几周，苏联人的炮弹和火箭弹连绵不断地倾泻到柏林市中心。这里曾经生活着 400 万人，而现在，这里几乎找不到一栋完好的住房或大楼，毁灭无处不在。每堵墙都遭受过炮火的轰击，每扇窗都是敞开的大洞，每条街道上都散落着弹坑、瓦砾和扭曲的金属。在这里，生长和蔓延的只有野草和疾病。杜鲁门的克莱斯勒缓缓通过的，是一个退去全部色彩和希望的世界。

让这位美国总统感触最深的还是那些幸存者。透过车窗，杜鲁门注视着他们形成的长队，长队没有尽头。人群垂头丧气，一片混乱，他们是没有背井离乡的难民。“我们看到老头、老太、年轻妇女、幼儿，还有少年，”杜鲁门在日记里写道，“背着背包，推着推车，拉着板车……他们带着一切能带上的财产，漫无目的地前行。”这一幕一直萦绕在杜鲁门的心头。“这就是一个野心家不自量力的结果。”他后来说。柏林的毁灭是希特勒犯下的愚蠢错误的结果。

总统的轿车缓缓驶出满目疮痍的柏林，驶向郊外宁静而阳光明媚的巴伯尔斯贝格。尽管柏林断壁残垣的轮廓线和上百万绝望的居民已渐渐向身后退去，但这段经历像一块铅一样压在杜鲁门心上。他当晚的日记罕见地有了些哲学意味。“我希望和平，”他写道，“但我们只是一个星球上的白蚁。也许，如果我们在这个星球上挖得太深，那里就会有某种报应。谁知道呢？”

这个答案，杜鲁门不会等太久。

第一个进入原爆点的是个叫赫伯特·安德森[①]的科学家。他乘坐的谢尔曼（Sherman）坦克衬了铅，重达12吨，自带供氧。早上7点，测试结束一个半小时后，坦克摇摇晃晃地缓缓驶过沙漠，驶向测试塔原来矗立的地方，车上带的盖革计数器[②]当场爆表。坦克停了下来。赫伯特·安德森通过一个严密防护的潜望镜观察着外面的世界。

在坦克四周，一种略带绿色的奇怪物质在朝阳下闪闪发光。这种物质表面光滑，看上去像玻璃，分布在以原爆点为圆心、半径大约400码的区域里。灌木蒿丛完全消失了。安德森从未见过任何类似的景象。他用无线电报告营地，说这块地区变成了“一片绿色”。实际上，这是一种奇怪的化学变化的结果。被吸入火球的成千吨沙子在落回地面前被熔化成玻璃。这种奇怪的绿色物质就是结果。它们包围了安德森的坦克，有如一片石化的绿色海洋。这种物质后来有了一个专门的名字：核融玻璃。与创造它们的火球一样，它们也有致命的放射性。

安德森慢慢旋转潜望镜，扫视整个区域。唐纳德·霍尼格在其上度过爆炸前夜的100英尺高塔已经完全消失了。它曾存在过的唯一痕迹是塔底几座巨大的水泥墩，这些水泥墩也被压进了地面以下7英尺。在半英里外的地方，另一座32吨重、6层楼高的钢塔像小孩玩具一样被抛在地上，爆炸将它变成一堆扭曲变形的梁架残骸。现在围绕着原爆点的是一个直径1200英尺、深25英尺的巨型弹坑。原子弹爆炸的伟力可以说砸开了大地。

原爆点1英里范围内，所有生物都死了。兽虫草木，无一幸免。一个让人觉得几乎是蓄意而为的完美讽刺是，被安置在这里用于测量爆炸相关数据的大量仪器也被爆炸摧毁了。沙漠上横七竖八地躺着被爆炸击碎、烧焦和扭曲的仪器。没有用铅进行防护的照相机大部分也被摧毁了。由于高强度辐射，许多胶卷已经过曝，一团模糊。辐射无处不在。

---

①就是前文中提到的赫伯·安德森，赫伯是他的昵称。

②一种用于探测电离辐射的粒子探测器。

甚至在安德森那辆衬了铅的坦克里，辐射水平也开始上升。他没逗留太久。在弹坑边缘，他迅速向地下发射了一枚系绳火箭，用一只特别设计的爪形机械铲起一些土样和核融玻璃样本。接着他示意驾驶员返回营地。坦克笨拙地掉头离开弹坑，在核融玻璃滑溜溜的绿色表面上缓缓往回行驶。

当晚 7：30，陆军部长亨利 · 史汀生在巴伯尔斯贝格的公寓收到一封来自华盛顿的电报。电报是他的助理乔治·哈里森从五角大楼发来的。

绝密

战字第 32887 号

致胡梅尔森[①]（Humelsine），凯尔[②]（Colonel Kyle）上校亲启。哈里森给史汀生

今晨手术。诊断未完，结果似可满意且已超预期。因招来远方关切，有必要在当地媒体发布。格罗夫斯医生很满意。他明天返回。我会保持与你通信。

史汀生立即做了回复：

自：总站

致：陆军部

致参谋部秘书，乔治 · L. 哈里森亲启。自史汀生。绝密

向医生和会诊医生致最热烈的祝贺。

①疑指卡莱尔 · 胡梅尔森（Carlisle Humelsine），二战期间任美国陆军参谋长乔治 · 马歇尔的助手。

②威廉 · 凯尔（William Kyle），史汀生的副官。

史汀生离开公寓，来到湖对面的小白宫。他看到杜鲁门和吉米·伯恩斯正坐在客厅里打蚊子。这是个温暖的夏夜，客厅朝向湖和花园的窗户开着。总统浏览了哈里森的电报。“我感觉不错，”他说，“心头的一大块石头落地了。”接着他讲了一个堪萨斯州的老笑话：一个女孩声称如果发现自己怀孕了，她就会投水自尽。没有记录显示史汀生和伯恩斯当时有没有笑。

当夜晚些时候，史汀生回到他的公寓。他当天早些时候读过的“魔术”截获的电报还躺在办公室的某个地方。情况明摆着：日本大使的态度很务实，日本外相在尽力寻求一种体面的投降方式。从那些精心翻译打印的文件中，可以看出日本正蹒跚迈向某种和解的最新努力。但现在，局势又有了新的发展。现在美国有原子弹了：不再是一种想象中的威胁，而是实实在在的无情实体。

史汀生觉得，连接美国总统和日本人的桥梁也许仍然存在。他也许还可以说服杜鲁门，让日本人保留他们的天皇，说服他接受日方以日本外相渴望的方式体面地投降。在这个人造弗兰肯斯坦将日本彻底摧毁前，他也许还可以通过推动日本国内不那么狂热的温和势力来实现和平。

史汀生准备上床。在这个衰老、疲惫而高贵的政治家的引领下，经过困难重重又漫长的岁月，美国研发出了原子弹。现在他还将再做一次尝试，尝试阻止它被用于实战。作为陆军部长，他比任何人都清楚，剩下的时间不多了。

太平洋战争时间早上8点整，“印第安纳波利斯号”准时启航，此时距“三位一体”试爆在地上炸出一个巨大的玻璃坑已经过去了三个半小时。36分钟后，水兵们举行了升旗仪式，那时这艘重巡洋舰正从金门大桥下缓缓驶过。

和平时代，它曾载着罗斯福总统出访拉丁美洲。许多人都听说过他在船上餐厅吃新鲜鹿肉和在船上的电影院看劳来与哈代[①]（Laurel and Hardy）滑稽电影的事。现在它载着一只板条箱、一个桶，还有两个冒牌的炮兵军官。两人日夜坐在他们的舱室里，守着一只挂锁、一把钥匙和一个盖革计数器。

在舰桥上，麦克维舰长下令全速前进。在10.7万马力发动机的驱动下，四支巨大的螺旋桨在水里越转越快。军舰没有护航舰只，孤身劈波斩浪，驶出公海，航线上留下一条泡沫翻滚的白色尾迹。

"彩排"结束了。

①劳来（Stan Laurel）与哈代（Oliver Hardy）是世界喜剧电影史上最出名的二人组合，曾师从卓别林，是好莱坞颇有声望的喜剧演员，演出了一系列著名的默片喜剧。

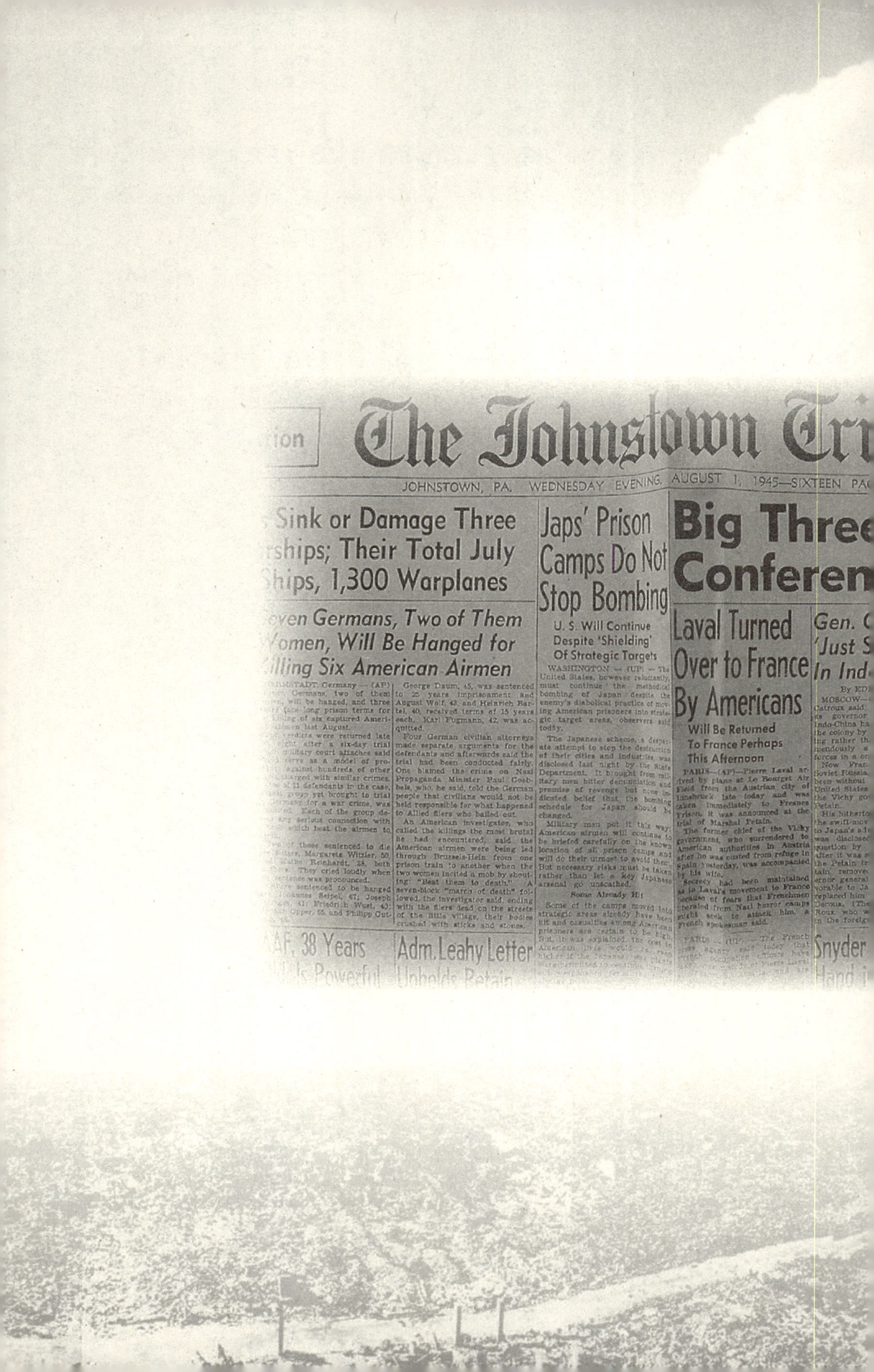
The Johnstown Tri
JOHNSTOWN, PA. WEDNESDAY EVENING, AUGUST 1, 1945—SIXTEEN PA
Sink or Damage Three
rships; Their Total July
Ships, 1,300 Warplanes
even Germans, Two of Them
Women, Will Be Hanged for
Killing Six American Airmen
Japs' Prison
Camps Do Not
Stop Bombing
U. S. Will Continue
Despite 'Shielding'
Of Strategic Targets
Big Three
Conferen
Laval Turned
Over to France
By Americans
Will Be Returned
To France Perhaps
This Afternoon
Adm. Leahy Letter
Snyder

第二部

决　定

1945年7月18—28日

SHOCKWAVE

我认为，杜鲁门先生承担的责任本质上相当于某个外科医生。当病人的腹腔被打开，阑尾露出并被切掉一半后，这个医生走进来，然后说："行，我认为应该切除他的阑尾。我决定了。"

——**莱斯利·格罗夫斯将军**

投原子弹不是什么"重大决定"……这个决定没什么需要你担心的。

——**哈里·杜鲁门总统**

第 8 章
与众不同的第 509 混成大队

7 月 18 日，星期三上午
西太平洋马里亚纳群岛天宁岛以北

鲍勃·卡伦（Bob Caron）又点了一支烟，他透过防弹玻璃盯着一望无际的空旷大海。从高高的海面上方看去，大海似乎会一直延伸下去，没有东西能打破这无尽而单调的视野。有一两次，他看到那座奇怪的火山岛，和刚刚练习投弹的小岛一样，它就像大洋中的一个小疙瘩。在其他时候，陪伴他的只有四面的万里海天，在头顶轰鸣的四台赖特 R-3350（Wright R–3350）发动机，以及穿过炮塔风挡照进来的火辣阳光。难怪卡伦执行任务的路上一直在抽烟。其实飞机上一半的人都在抽烟，他们实在没多少事可做，只能待在距驾驶舱 90 英尺的机尾。

只有小块头才能钻进炮塔。卡伦只有 5 英尺 5 英寸高，体重不足 120 磅，即使是他也把炮塔塞满了。毫无疑问，这不是幽闭恐惧症患者待的地方。炮塔里还塞了通用电气的机炮瞄准器和回转马达、直径 5 英寸的汽车烟灰缸，以及用一条链子挂在氧含量对照表下的凯（Kay）和宝宝茱迪（Judy）的合影。机舱内其他人也会感到孤独，尤其是在 30 000 英尺的高空，机舱内必须加压的时候。此时的你与飞机上其他人处于完全隔绝状态，只能连续几小时独自挤在加了压的斗室里，看着世界向后退去，直到驾驶舱里的某个人决定你可以从炮塔下来为止。

但卡伦永远不会感到孤独。他觉得待在零乱的小炮塔里很自在，而且凯一直在眼前，明眸黑发，美艳动人。他自己给照片染了色。看不出他们结婚还不到一年，更看不出他们现在已经有了个宝贝女儿。凯怀里的茱迪看上去非常可爱。卡伦还记得两个月前，机组战友在盐湖城的丰特奈尔酒店（Fontenelle Hotel）庆祝她出生的情景。他们不断地把空威士忌酒瓶从八楼的窗户扔出去，直到酒店管理人员把他们赶走。那是他们训练快结束的时候。他只见过茱迪一面。在他们离开美国，飞越 6000 英里到达天宁岛之前，他只能挤出一点点时间赶到孩子出生的道奇市（Dodge City）。他经常会想，自己什么时候才能再见到茱迪，或者还能不能再见到茱迪。

他们花了四天时间，从犹他州文多弗（Wendover）的基地一路经停岛屿，飞过太平洋。出发那天，即 6 月 27 日，他们的机长鲍勃·刘易斯（Bob Lewis）侧着机翼，呼啸着飞过控制塔。飞机飞得很低，你甚至能看到塔里的人奔跑躲避。刘易斯总是做出这种疯狂的惊险动作。他是个伟大的飞行员，但卡伦经常觉得他也许努力过头了。许多人不喜欢他。刘易斯才 26 岁，与卡伦同龄，有时会有点桀骜不驯。有一个流传很广的笑话，讲的是刘易斯如何在飞机上装了一批走私威士忌，一路飞过太平洋。除了威士忌，飞机上还装了一箱避孕套和从盐湖城某个女孩那里弄来的吊袜带。

不过他们的 B-29 轰炸机，呼号“维克多 82 号”（Victor 82）完美无瑕地飞完了全程。这是一架漂亮的飞机，一只崭新的银色大鸟，锃明瓦亮，机身侧面涂着号码“82”，机尾上画着一支大大的黑箭。世界上没有什么轰炸机能和 B-29 相媲美，它的航速更快、航程更远、最大飞行高度更高，载弹量比有史以来建造的任何轰炸机都大。这种轰炸机有三层楼高，从空气动力学的角度看，它称得上是一件完美的战争武器——四台强大的发动机，逐渐收缩的修长机翼和巨大而透明的机鼻。驾驶舱中的视野好得惊人。有时飞行员甚至有种自己骑在一块魔毯上的错觉。

卡伦永远忘不了上司挑中“维克多 82 号”的那一天。保罗·蒂贝茨（Paul Tibbets）上校飞到格伦·L. 马丁飞机公司（Glenn L. Martin）位于奥马哈市（Omaha）的飞机制造厂。25 块足球场大的地方停着处于各个装配阶段的 B-29 轰炸机，工头直接将手指向 82 号。“相信我，”他说，“那就是你要的。它是一周的中间几天造的，不是星期一[①]。”连飞机上马桶座圈的螺钉都多拧了一圈。几个月后，鲍勃·刘易斯被派来接机。厂里的一个女孩亲吻了飞机，祝它好运。刘易斯欢叫着驾机低空飞回文多弗，激起一路灰尘。选中它的是蒂贝茨，它是他的孩子。现在它只缺一样东西：名字。

随着飞机开始下降，发动机的音调发生了变化。他们已经飞了近五个小时。在飞行中，他们唯一需要完成的任务只是向一座火山岛投下几颗 500 磅的通用炸弹。今天的目标是古关岛（Guguan），上周是马库斯岛[②]（Marcus）和罗塔岛（Rota）。从 6 英里高的地方往下看，这些岛都一个样。卡伦开始怀疑这一切有什么意义。他们在犹他州空旷的盐滩上训练了十个月，在那里做过各种各样奇怪的事情。他们曾经从 30 000 英尺的高空将奇怪的球形炸弹投到沙地上用同心环标出的目标。他们曾练习高空急转弯，将这些大型轰炸机转到竖起来，再以惊人的速度向地面俯冲。他们甚至将 B-29 飞到古巴，在加勒比海上空飞来飞去，无休止地进行低空导航训练。他们曾经高强度地飞行数天、数周甚至数月。现在，他们准备好了。卡伦还记得去年 9 月，他们刚开始训练的时候，蒂贝茨上校站在文多弗一座机库前的肥皂箱上告诉

①一般认为星期一工人刚上班，还没进入状态，做事马马虎虎。
②又名南鸟岛。

他们，说他们的任务将结束战争。他们不能问任务是什么，只知道自己被选中执行一项极其特别的绝密任务。但现在，他们却跑到半个地球外的茫茫大洋中间，向藏在小岛上的几个饿得半死的日本人扔炸弹。

这架大型轰炸机在海面上做了低空转向。在飞机上的炮手中，卡伦是唯一的一个近视眼。通过近视太阳镜，他可以看到一片绿色在翼尖下滑过，浪花拍打着海岸。他来这里才两周，天宁岛的景色总是让他惊奇。它像一艘巨大的航母，六条卡伦见过的最大的跑道割开了没有树木的平坦台地。每条跑道长 8500 英尺，由碾碎的珊瑚铺成的跑道像笔直的彩带，在太阳下闪闪发光。这一切显得相当壮观，现在尤其如此。鲍勃·刘易斯操纵银色的轰炸机缓缓落向其中一条跑道，直到机轮触及地面。

这是世界上最大的空军基地。这个太平洋中的小点位于日本以南 1500 英里，往返飞行需要 12 小时。一年前，即 1944 年 7 月，经过七天恶战，美军从日军手中夺取了天宁岛。日军士兵被逼到天宁岛最南端后，一部分投降了，另一部分则跳下悬崖自杀了。美国人后来把那里称作自杀崖。岛上唯一的一座山是拉索山（Mount Lasso），少数残敌躲在山中的石灰岩洞里，注视着岛上发生的一场惊天巨变。

海军工程部队，即“海蜂”工程营[①]带着挖掘机和吊车紧跟进攻部队，负责建设道路、营地、仓库、排污系统和燃料库，并安装发电机。现在，“印第安纳波利斯号”重巡洋舰正载着衬铅的铀桶全速驶向他们兴建起来的码头。他们还建了跑道。几个月内，“海蜂”工程营建起了所有六条跑道，两条在西坪（West Field），四条在鲍勃·卡伦选择降落的北坪（North Field）。

北坪相当独特。平行的跑道从东到西，像印在光秃秃的台地上的

① Seabees，美国海军工程营（United States Naval Construction Battalions）的绰号。

巨大网格，数英里的滑行道[①]和数百块硬质地面将它们连接起来。无数油库、弹药库和辅助设施为265架几乎天天飞行的B-29轰炸机提供补给。这些轰炸机首尾相连排在滑行道上，发动机轰鸣着，机翼颤抖着，等候轮到自己从A、B、C、D四条跑道中的一条起飞。它们携带着凝固汽油和燃烧弹，间隔整一分钟逐架起飞，轰炸目标是以木建筑居多的日本城市。持续不断起飞的飞机使大地一直在颤抖。3月9日，它们与来自附近塞班岛和关岛的B-29轰炸机一起，在一夜之间摧毁了东京，空袭导致大约10万人死亡。然而那仅仅是开始。随后的四个月里，轰炸接连焚毁了另外57座日本城市。一夜又一夜，这些轰炸机穿梭在所谓的"裕仁公路"[②]（Hirohito Highway）上，完美实现了司令官柯蒂斯·"铁驴"·李梅[③]（Curtis "Iron Ass" Le May）将军将日本城市"烧焦、煮熟、烤死"的目标。短短几个月，位于北坪的原日军小型机场的规模迅速扩大，膨胀成一份美国人决心和蛮力的可怕证明。

天宁岛上每一支轰炸机大队都成了这台大规模毁灭机器的一部分，只有一个例外，即鲍勃·卡伦所在的大队。这个大队的成员从不与别人一起飞行，他们甚至从未飞去过日本。他们有神秘的权力和特权：到天宁岛没几周，他们就把"海蜂"工程营撵出岛上最好的营房。他们想要的任何享受和每个心血来潮的要求都会得到满足。他们有最好的淋浴、最好的威士忌，还有烧得一手好牛排的一流厨师。他们有五台冰箱、好几台洗衣机，甚至有自己的私人影院——能容纳上千个座位的南瓜剧场（Pumpkin Playhouse）。据说如果他们想吃冰激凌，他们会在一架B-29的弹舱里放上一桶制作材料，然后把飞机飞到30 000英尺高空冻出冰激凌，这些冰激凌被人称作"价值2.5万美元的甜点"。这个大队还有一个非常奇怪的名字：第509混成大队（The

①供飞机滑行的、连接跑道到停机坪的道路。
②二战后期，日本防空能力很差，美国轰炸机在日本上空如入无人之境，因此飞行员将飞往日本轰炸的航线称作"裕仁公路"。
③美国空军将领。二战后期指挥陆航战略轰炸机部队。

509th Composite Group）。人人都知道轰炸机大队是怎么回事，但混成大队是什么？

谣言始于5月，那时这个大队的先头部队刚到达天宁岛。当大队第一批机尾画着大大黑箭的B-29轰炸机远道飞越太平洋抵达天宁岛时，谣言已经如瘟疫般传遍全岛。突然之间，人人都在谈论第509混成大队。几天之内，似乎整个岛都知道了他们是来这里赢得战争的。大家都在猜测他们要如何做到这一点，但有一点很确定：这个大队不同于其他任何大队。连他们的飞机都与众不同。它们看上去像B-29，但有一些非常奇怪的特征。例如，这些飞机上几乎没有安装武器，唯一的自卫手段是一门尾炮。飞机有气压驱动的弹舱门，眨眼之间就能开关。更让人惊讶的是，飞机能向后滑行！因为它们有其他飞机没有的反距螺旋桨（reversible pitch propellers），有时飞行员会用这种螺旋桨像跑车一样倒回停机库，而普通飞机则要笨拙地转一大圈。这种飞机的挂弹钩也很奇怪，它们使用的英国G型挂钩（Type G attachment）仅在携带巨型炸弹的英国兰开斯特轰炸机（Lancaster）上使用过。炸弹更奇怪，是一个重达五吨的臃肿庞大的椭圆形炸弹。

至于他们的安保措施又是另一回事。他们B-29的停放区位于基地一个单独隔开的角落，进出受到严格控制。那里的卫兵接到严格的命令，可以射杀任何企图靠近的人。约翰·“斯基比”·戴维斯（John “Skippy” Davies）将军曾尝试靠近停放区，他是第313联队司令，从理论上说，他也负责第509混成大队。但当他接近该大队的一架B-29轰炸机时，一个哨兵立即让他不要靠近。戴维斯问哨兵知不知道他是谁。哨兵回答说知道，同时表示如果戴维斯再往飞机走近一步，他不得不开枪打死戴维斯。那是戴维斯离第509混成大队轰炸机最近的一次。

真正的讽刺是，与第509混成大队内部流传的谣言相比，岛上流传的根本算不了什么。鲍勃·卡伦不是唯一不明白自己在这里做什么的人。他所在机组的全部其他成员也不明白，大队内所有其他14个机组的全部成员也不明白，大队的数百名空勤人员也不明白。他们中没人知道花费那么长时间训练是为了什么。知道的人只有一个：他们的指挥官保罗·沃菲尔德·蒂贝茨上校，但他守口如瓶。

第9章
不二人选

7月18日，星期三
天宁岛，第509混成大队作战室

蒂贝茨口风很紧。这是他被选中执行这项任务的原因之一。他同时也是陆航部队中最优秀的B-29轰炸机飞行员之一。鲍勃·卡伦曾说，蒂贝茨能像有些人与动物交流一样与飞机交流。他身材矮胖，方脸，蓝眼睛，生着乌黑浓密的眉毛和坚毅的下巴。他话很少，但很有分量。有些人崇拜他，也有人不喜欢他，但只消看一眼他的脸，你就会知道他是个不容置疑的人。没人叫他保罗，他永远是上校。

在第509混成大队作战室里，坐在蒂贝茨旁边的两个人比任何人都了解他，即便如此，他们也绝不会叫他保罗。汤姆·费雷比（Tom Ferebee）是大队的投弹手，追求时髦，爱玩扑克，有一副迷死女人的埃罗尔·弗林[①]（Errol Flynn）式的外表，执行过63次作战任务。他曾与蒂贝茨一起驾B-17“空中堡垒”轰炸机（B-17 Flying Fortress）在纳粹占领的欧洲和北非执行任务。另一位是“荷兰人”范·柯克（ Dutch

①澳大利亚演员，后来前往好莱坞发展并成名，相貌英俊，扮演的大都是惊险片和军事片中浪漫而勇敢的人物。

Van Kirk)，大队的领航员，一个聪明的化学专业毕业生。从他的娃娃脸上，你看不出他到 24 岁时已经执行过 57 次作战任务了。他也和蒂贝茨一起在欧洲执行过轰炸任务。一次又一次，三人坐在冰凉的 B-17 轰炸机里飞越北海[①]，执行这场战争中最危险的轰炸任务。三人都幸存了下来。和大队中其他机组一样，他们也是一支团结紧密的队伍。蒂贝茨选择他们，主要是因为他知道他们都是杰出的飞行员。但即使在他们面前，蒂贝茨还是上校，是头儿，是目光严厉的上司，他要求手下每个人，包括自己，做出 110% 的努力。

这三人一起坐在第 509 混成大队大院入口附近的作战室里。警卫森严的大院占了很大一块矩形区域，院内整洁匀称地排列着匡西特半筒式铁皮屋[②]（Quonset hut）和热带花卉花坛，珊瑚铺成的整齐道路在阳光下发光。这里完全符合蒂贝茨的要求：舒适，离空军基地很近，而且与外界隔绝。从空中看去，天宁岛有点像曼哈顿，因此思乡心切的工程营以纽约街道的名字命名他们修的道路。这里有百老汇，与真正的百老汇大街不同，这是一条六英里长的笔直公路。有一条第 42 大街和华尔街，岛中央甚至还有一个名为中央公园（Central Park）的牲畜养殖区。第 509 混成大队位于天宁岛北面第 112 大街和第 8 大道交界的地方。在纽约，那是哥伦比亚大学（Columbia University）的校区，而哥伦比亚大学正是最初启动原子弹研究的几个重要机构之一。蒂贝茨很会选他的总部所在地，"曼哈顿计划"最终又重新回到了"曼哈顿"。

他们面前的桌上零乱地摆着侦察照片和地图。它们显示的不是太平洋上的无名火山岛，而是位于日本的目标。这些目标包括炼油厂、列车编组站、工业区以及制造厂、钢铁厂和铝厂。蒂贝茨完全了解格罗夫斯将军正在实施的计划的实情。虽然没有现场观看"三位一体"测试，但他知道测试非常成功。蒂贝茨知道，格罗夫斯拼图般复杂计

①对应其南方的须德海得名。是大西洋东北部边缘海，位于欧洲大陆西北，大不列颠岛、斯堪的纳维亚半岛、日德兰半岛和荷兰、比利时的低地之间。

②用瓦楞铁制成的轻型活动铁皮屋，横截面呈半圆形。

划的最后几步终于完成了。他手下的机组将不再练习向几乎没有防守的小岛空投 500 磅通用炸弹。两天后，即 7 月 20 日，第 509 混成大队的焦点将首次对准日本本土，他们的训练即将迎来高潮。

机组成员需要将轰炸目标、航线和各自特定的训练目标一起装进大脑：领航员需要熟悉航线，直到闭着眼睛也能进行领航；报务员需要学习在正确的频率进行无线电通信，直到不用思考也能做到这一点；雷达操作员将首次接触敌方的雷达环境；飞行员将学习在敌方上空，甚至在敌方炮火下做疯狂的侧倾 60 度急转弯；投弹手要学习将那些奇形怪状、圆滚滚的炸弹投向真正的目标。日本人也将习惯看到一架美国轰炸机从高空飞过，每次只投下一颗炸弹。

当然，那些炸弹都是真正的炸弹。因为形状臃肿，它们被称作“南瓜”，里面装着 6300 磅威力巨大的高爆炸药，每一颗的造价相当于一辆崭新的凯迪拉克轿车。按当时的术语，它们是非常高效的“重磅炸弹”。如果那些造谣生事者暗示这些就是第 509 混成大队凭以赢得战争的炸弹，蒂贝茨不会纠正他们，毕竟他是大队里极少数知道实情的人之一。他知道使用这些炸弹训练是为了模拟另一种炸弹的弹道特征，而后者将装填比高爆炸药威力大得多的东西，连汤姆·费雷比和范·柯克都不知道这些。

那一天，他们制订好计划。第一次任务将于 48 小时后开始，将有 10 架轰炸机参与这次任务。鲍勃·卡伦所在的机组不在其中，他们还需要完成入门训练。蒂贝茨也不去。陆军航空兵司令亨利·“哈普”·阿诺德（Henry “Hap” Arnold）将军明令禁止他飞越敌方空域。他知道得太多了。

实际上，蒂贝茨是天生的轰炸机飞行员。他第一次飞行经历是跟一个叫道格·戴维斯（Doug Davis）的巡回表演飞行员乘机上天的，那年他才 12 岁。当时戴维斯为柯蒂斯糖果公司（Curtiss Candy

Company）工作，开的是一架红白两色的小型韦科（Waco）双翼飞机。蒂贝茨的任务是在飞机后座向迈阿密海滩（Miami Beach）空投鲁思宝贝（Baby Ruth）巧克力棒。巧克力棒上挂着小降落伞，将它们从座舱边扔出去是蒂贝茨最快乐的时光之一。许多巧克力棒直接落在海厄利亚（Hialeah）赛马场的看台上。蒂贝茨后来开心地说，他的准头很好。对于这个让他名垂青史或者遗臭万年的任务来说，这段经历无疑是很有用的。这段经历还让他首次体会到飞机和炸弹间可以产生的邪恶联系。在蒂贝茨的余生中，他将一直是飞机和炸弹这两者的坚定信奉者。

蒂贝茨是为这项任务特地挑选出来的。1944 年夏的某一天，阿诺德将军拿到一份短名单，上面列着陆航部队三名最优秀的轰炸机飞行员。他们中的一人将会领导原子弹轰炸任务，蒂贝茨也在其中。他有许多合适的品质：29 岁，年轻又不会太稚嫩；他有大量在欧洲和北非的作战经历；他也许是陆航部队中经验最丰富的 B-29 轰炸机试飞员——每周 6 天，每天飞 16 小时，在如何操纵飞机对付敌军战斗机方面，他是一本活教科书；他严格，必要时也能变通，前一刻是坚持己见的权威，下一刻又打破陈规；他英勇、固执、不恪守传统、不讲情面、自大，全心全意追求完美。最重要的是，他的工作卓有成效。在阿诺德将军拿到的短名单上的三个人中，他是领导全世界第一次原子弹轰炸任务的不二人选。唯一的问题是，能不能放心将这场战争中最大的秘密交付给他？

1944 年那个夏天的几个星期里，格罗夫斯将军的特工把蒂贝茨生活的方方面面调查了个遍。他们与蒂贝茨的许多朋友和家人谈话，搞得他父亲打来电话，问他是不是惹上什么麻烦了。“我不知道有什么麻烦。”蒂贝茨说。1944 年 9 月的某一天，蒂贝茨接到命令，要他到科罗拉多斯普林斯（Colorado Springs）去见第二航空队（Second Air Force）司令乌扎尔·恩特（Uzal Ent）将军。刚一到达，一名保密军官就把他带到卫生间，开始问一系列非常私人的问题。他对蒂贝茨的了解似乎比蒂贝茨自己还多。军官的最后一个问题可谓单刀直入：你有没有被捕过？蒂贝茨想起了那一次。十年前，在佛罗里达一处海滩，他因为在汽车后座与人发生关系被警察逮捕。保密军官等着。一切都取决于蒂贝茨的回答。他会撒谎吗？

最后蒂贝茨说了真话，这一决定确定了他将在历史上占有何种位置。几分钟后，他被带回恩特将军的办公室并被介绍给两个人。其中一个人是面相很年轻的科学家诺曼·拉姆齐[①]（Norman Ramsey），另一个是迪克·帕森斯，那个后来在一架 B-29 座舱里观察“三位一体”测试的海军军官。拉姆齐给蒂贝茨讲了原子弹，说它是有史以来威力最大的武器。拉姆齐还说，到来年夏天，原子弹就可以用于实战了。而蒂贝茨被选为那个将要投放它的人。恩特将军加了最后一句：“如果成功，你就是英雄；但如果失败，你会去坐牢。”

一如既往地，蒂贝茨没有浪费时间。按照后来他特有的简洁说法，他得到的简短指示是发动核战争。他几乎立即就被派到洛斯阿拉莫斯去了解原子弹的奥秘。在那里看到的一切让他震惊。人们谈论的这颗炸弹威力巨大，相当于 2000 架轰炸机的满载载弹量，这简直难以置信！他见了奥本海默。奥本海默告诉他，海军上校迪克·帕森斯将与他一起执行第一次原子弹轰炸任务。蒂贝茨面带微笑地看着迪克·帕森斯。“好啊，”他说，“那样的话，出了任何差错，我都可以推给你。”帕森斯没有回以微笑。“如果出了任何差错，上校，”他说，“我们俩谁也没机会活下来被人责怪。”

几天之内，蒂贝茨就来到一座训练基地并拥有了一支受训中队。基地位于文多弗，位于盐湖城以西 120 英里的一片空旷盐滩上。这个地方偏僻荒凉，大风呼啸，一个住在这里的绝望家伙甚至想在门上挂

①美国物理学家，后来因“发明分离振荡场方法及其在氢激微波和其他原子钟中的应用”于 1989 年获诺贝尔物理学奖。

个牌子，写上：欢迎来到阿尔卡特拉斯岛①（Alcatraz）。后来参加过两次对日原子弹轰炸的电子对抗军官杰克·贝塞尔②（Jake Beser）对此有过简短的总结。“如果北美大陆还需要一次灌肠，”他写道，“那么管子会塞在文多弗这里。”

贝塞尔说出了许多人的心声。基地的生活并非井井有条。单身军官宿舍是一片供热不足的营房，沙漠平原上呼啸的大风将它们吹得咔嗒作响，看起来颇为荒凉。基地的铁丝网外是文多弗镇，它本身就是由破败不堪的建筑聚集而成的一条街，全镇只有 103 人。关于文多弗，唯一值得一提的是这条街正位于犹他州和内华达州的分界线上。实际上，两州边界正穿过州界酒店（State Line Hotel）的大堂，这意味着空军基地的住户可以先在犹他州享用不含酒精的一餐，然后走上两步，穿过大堂，进入内华达州，喝得酩酊大醉，再赌上一把。那几乎是文多弗的全部娱乐了。鲍勃·霍普③（Bob Hope）曾对这里做过一次短暂的访问，并把它称作“剩地”，这赢得了驻扎在这里的人们的长期喜爱。和他们不同的是，他可以随时离开这片“剩地”。

人人都恨文多弗，蒂贝茨除外，他喜欢它。在这里，他可以神不知鬼不觉地打造和准备他的队伍。这地方实在太偏僻了，没人愿意溜达到这里。避开窥探的目光，每个人都可以专注于自己的工作。在蒂贝茨决定搬来的那一刻，几乎是同一时间，“曼哈顿计划”的滚滚车轮也开始转动。格罗夫斯将军做了保证，蒂贝茨的所有需求在陆航部队中都有最高优先权。蒂贝茨只需说出“银盘”（silverplate，为该计划选用的独特暗语）这个咒语，王国的大门就会打开。

咒语一出，比这个一副坚毅面庞的矮胖上校军阶高得多的军官也得乖乖俯首。他要文多弗？给他文多弗，马上给他。他要一个轰炸机

①俗称恶魔岛，位于美国加州旧金山湾内，四面峭壁深水，对外交通不易。1933—1963 年岛上曾建有联邦监狱，关押过不少知名重刑犯人。

②雅各布·贝塞尔（Jacob Beser），杰克是他的昵称。

③美国电影、电视、广播喜剧演员，电台与电视主持人、脱口秀谐星及制作人。

中队？给他第393轰炸机中队。这支经验丰富的骨干飞行员队伍正准备开赴太平洋，突然之间被扔到犹他州。他需要专业人员？全给他。这些人中有他的老搭档汤姆·费雷比和“荷兰人”范·柯克，还有鲍勃·卡伦、鲍勃·刘易斯以及一个快活的爱尔兰裔美国飞行员——抽雪茄的查克·斯威尼[①]（Chuck Sweeney）。所有这些人都曾在B-29试飞项目中与蒂贝茨共事。

“银盘”赋予蒂贝茨可怕的权力。随后数月里，这个核心轰炸机中队迅速膨胀成一个规模可观的王国。这里有一个机修中队、一个空勤组、一个宪兵连、一个物料中队、一个专用军械中队和一个运兵中队。所有这些团队构成了第509混成大队，于1944年12月成军，由蒂贝茨直接指挥。那时，蒂贝茨在文多弗已经有了数量可观的飞机，他的手下把它称作蒂贝茨的私人空军。他甚至有自己的“航空公司”，绰号“青蜂侠”（Green Hornet）[②]，这是当时一档热门电台节目的名字。蒂贝茨可以随时指派那些飞机飞往指定地点。他拥有各种最新装备，包括与总统座机同款的巨型四引擎C-54运输机，当然还有后来在天宁岛引来艳羡目光的专门简化改装的B-29。1945年3月，当他的机组用旧了第一批特别改装的B-29时，他直接又订购了一批，新一批的B-29经过了进一步的改装。大队立即得到了这些飞机，包括鲍勃·刘易斯一路低空飞回文多弗的那架无名飞机。

蒂贝茨像驱使奴隶一样督促手下训练。日复一日，他们飞到阿拉莫戈多或索尔顿湖[③]（Salton Sea）的靶场，从离地面6英里的高空投下练习弹。1944年，高空投弹还是一个全新的领域。在开始的几周，大家投下的练习弹几乎都没有命中沙地上标出的靶圈。蒂贝茨让他们反复练习，直到训练有了成果：大家始终命中目标200英尺范围之内。

①查尔斯·斯威尼（Charles Sweeney），查克是他的昵称。

②青蜂侠是一个虚构的蒙面侠士，最初是乔治·特伦德尔（George W. Trendle）和弗兰·斯特赖克（Fran Striker）创作的同名广播剧的主角，后来出现在电影、电视、连环画等各种媒体中。

③位于加利福尼亚州的咸水湖，面积974平方公里。

即使这样，他仍不满意。按蒂贝茨后来的说法，那时他做的，就是让机组训练、训练、再训练，直到其中的佼佼者能命中地面靶心 25 英尺之内为止。他们中最出色的是汤姆·费雷比，这也许在意料之中。要不是战争作梗，这个棒球明星差点就去圣路易斯红雀队（St. Louis Cardinals）打球了。与费雷比才能相仿的是来自欧洲前线的另一个老兵克米特·比汉（Kermit Beahan）。这个得克萨斯人冷静老辣，投弹技术准得惊人，令同机组的成员佩服得五体投地。他们甚至用他的绰号来命名 B-29 轰炸机——“大师号”。

没人敢问为什么他们要从高高的同温层中间投弹，或者为什么他们要不断练习紧随投弹之后的那些疯狂的急转弯。后一项技术要求用 28 秒时间做侧倾 60 度俯冲转向，将速度提升到超过每小时 350 英里，这可不是一架如此庞大的飞机在设计时要求拥有的机动能力。急转弯时，整架飞机会在失速的边缘尖叫战栗，每一颗铆钉都在一种极端形式的空气动力学环境的折磨下呻吟颤抖。如果操纵杆拉得稍重了一点，导致飞机多转了几度，机翼会在瞬间折断。蒂贝茨从未操作失误过。“这比花 25 美分坐的康尼岛旋风过山车(Coney Island Cyclone)还刺激，上校。”气都喘不过来的卡伦会从机尾呼叫蒂贝茨。蒂贝茨则会笑着告诉卡伦，说卡伦欠他 25 美分。

当然，蒂贝茨没告诉卡伦或其他任何人，他们到底为什么会用一架重型轰炸机在空中玩这种特技。但蒂贝茨知道为什么。他第一次去洛斯阿拉莫斯时，奥本海默直截了当地告诉蒂贝茨，他不能保证蒂贝茨能活下来。即使从最大高度投弹也不一定能保护他和他的机组成员。原子弹的冲击波也许会像巨人的手拍死一只蚂蚁一样震碎 B-29。蒂贝茨无疑准备好了为祖国冒这样的险，但他也不想死。战后，他写了一篇标题很直白的文章，叫《怎样投下一颗原子弹》（*How to Drop an Atom Bomb*）。在这篇文章中，蒂贝茨说出急转弯的奥秘。这里的关键是赶在爆炸前飞离杀伤区域：尽可能大角度地做急转弯，在超音速冲击波击中飞离的轰炸机前摆脱它。这完全是非常规的机动动作。蒂贝茨让各个机组一次次地进行练习，因为没人知道到时会有多少颗原子弹，也许他的 15 个机组都要投下一颗。不止一次，蒂贝茨告诉他们，说他们的性命全都有赖于把急转弯做好。

最后还有重中之重的保密。文多弗半数建筑上都刷着提醒所有人管好嘴巴的标语。出口处也有一幅。“你在这里听到的和看到的，当你离开时，也把它们留在这里。”醒目的黑体字这样写道，语调显得郑重其事。除了自己的私人空军，蒂贝茨还有自己的私人“盖世太保”（他自己的用词）：30 余名特工在疾风劲吹的空军基地逡巡，偷听谈话，发现那些最不经意的大嘴巴。有几个人没通过保密考验。不到几个小时，这些倒霉蛋就被打发到阿拉斯加州北部这类地方，坐等战争结束。蒂贝茨后来写道，这些人在那里可以“把他们的心里话掏给任何愿意倾听的北极熊或海象”。他的“盖世太保”保存着第 509 混成大队每个成员的详细心理和个人档案。蒂贝茨尽可能详尽地掌握了关于他们的一切：饮酒习惯、性生活、朋友、家人、政治观点以及容易受到何种诱惑,所有这些全都记录在案。他以判断自己的标准判断每一个人：他有能力吗？能守口如瓶吗？其余都不重要。他能忍受严格的指挥官避之犹恐不及的各种过失。对私贩的威士忌、姑娘们盛怒的父亲、关于酒吧斗殴和醉酒驾驶的大量警察投诉，他都睁一只眼闭一只眼。一个滑稽感十足的夜里，在盐湖城一家酒店，有人看到他手下一帮喝醉酒的飞行员沿着走廊追逐一个裸体的红发女郎。如此荒唐的事，他都没有追究。只要他们管好嘴并做好工作，蒂贝茨就会保护他们。

这便是他对整个大队的管理哲学。在第 509 混成大队，他用了一个定了罪的杀人犯、三名过失杀人犯和几个重罪犯人。所有这些人都是从监狱里逃出来，然后用假名入伍的。现在，他们作为技术人员在文多弗做着有益的工作。他们都没意识到，蒂贝茨知道他们的真实身份。直到有一天，蒂贝茨把他们叫来，对他们说如果工作做得好，他会在战后交还他们的档案，还会给他们一盒火柴，他们可以将档案付之一炬。蒂贝茨还说，在文多弗，有价值的不是他们的犯罪记录，而是他们的技能。他一点也不关心这其中涉及的道德问题。蒂贝茨的这些想法都源于实用主义。在投下原子弹的时候，他也是这么想的。这也是蒂贝茨的工作能如此卓有成效的原因之一。然而他肩负的压力也必定无比沉重：近 2000 人中，他是唯一知道秘密的人。他的妻子露西（Lucie）生于佐治亚州，漂亮，好交际。保密压力成了他们婚姻的可怕负担。战后，这场婚姻最终破裂，也许它以自己的方式成为原子弹的又一个牺牲品。

然而事实是，秘密保住了。大约在第 509 混成大队开赴天宁岛的时候，日军参谋本部整理汇总了一份有关美国国内外军事单位的详尽评估报告。这份日期为 5 月 8 日的报告写道："另有一支部队，身份仍未确定。"那支部队就是第 509 混成大队。直到最后一刻，日本人都不知道即将对他们发起打击的是怎样一支部队。

7 月 18 日，星期三，蒂贝茨为自己所指挥的部队首飞日本的任务制订计划。同一天，在巴伯尔斯贝格，杜鲁门总统到湖对面的斯大林公馆拜访。这是他们的第二次会面。前一天在小白宫，斯大林礼节性地拜访了杜鲁门。这位苏联领导人最近刚刚将自己从元帅提拔为大元帅，他穿着崭新的浅黄褐色制服，佩戴着红色肩章。杜鲁门留他吃饭，一起享用了一顿有炒肝和熏肉的丰盛美国大餐，还有一瓶佐餐的加利福尼亚葡萄酒。斯大林对葡萄酒赞不绝口。杜鲁门很快对斯大林的特点做出了自己的总结。杜鲁门认为，乔大叔[①]显然"很诚实，但非常聪明"。他觉得身高 5 英尺 5 英寸的斯大林看上去很小，觉得这个 1.8 亿人的绝对统治者实际上"有点妄自尊大"。

今天轮到斯大林做东。杜鲁门已经忙了一上午，他先是检阅苏格

①美国人对斯大林的称呼。

兰卫队（Scots Guards），然后与丘吉尔共进午餐。这对盟友同意推迟向苏联提及任何关于原子弹的消息。下午 3 点，杜鲁门已经在斯大林的公馆面对无数轮俄罗斯式的祝酒了。他饶有趣味地注意到这个“铁人”一直偷偷用白葡萄酒换掉杯子里的伏特加。

“我得把这个消息告诉你。”两人站在俯视湖面的窗前时，斯大林说。他在杜鲁门面前挥舞着一张纸，这是日本天皇来信的副本。天皇在信上敦促苏联尽快同意帝国特使近卫文麿访苏。这就是五天前佐藤尚武在克里姆林宫提交给洛佐夫斯基的那封信。杜鲁门看了一眼，一点也没表现出已经知道信中内容的样子，更别说他知道日本向苏联人发出和平试探的全部故事了。他不会把密码破译员每天发来译文的事告诉这位苏联领导人。

斯大林催问杜鲁门，他要不要答复这封信。杜鲁门谨慎地回答说他“不相信日本人的诚意”。斯大林说，也许最好的办法是对这封电报做“一个一般性的模糊答复”。他可以指示他的政府回复日本说日方需要进一步解释清楚帝国特使的访苏使命。也许，“让日本人放松戒备”倒不失为一个善策。

让日本人放松戒备，这一点极合二人之意。斯大林可以多争取点时间，将上百万军队和坦克调到中苏边境。昨天，两人吃着炒肝和熏肉时，斯大林告诉杜鲁门，苏联将在八月中旬，也就是三周后加入对日作战。至于杜鲁门，他最不想要的就是苏联斡旋的和平。数十万美国青年付出生命代价，为的不是**这个**。和平将按美国人的条件达成：**无条件投降**——日本外相在给驻莫斯科大使的所有那些密电里明确拒绝的投降方式。斯大林让日本人放松戒备的提议正中下怀。它给了杜鲁门准备原子弹的时间。一旦准备好原子弹，他就可以向日本发出无条件投降的最后通牒。原子弹袭击的重压将快速打垮日本的战斗意志，战争也将在苏联人的脚步跨过中苏边境前结束。因此杜鲁门点点头，告诉斯大林，说他的提议“令人满意”。

会面结束后两人站在阳台上拍了张照片。两人都笑得很开心，尤其是杜鲁门，一副充满魅力和信心的慈父形象。他有很多值得开心的事。“三位一体”测试成功，战争已经胜券在握。他在当晚日记里这样写道：“相信日本将在苏联介入前投降。我确信，当‘曼哈顿’现身他们国土上空时，他们就完了。”

日本人可以向苏联人发出他们想发出的全部和平试探，但却没有人听。

第10章
轰炸皇宫

7月20日，星期五，上午
东京皇宫

在护城河围绕的禁宫里，裕仁天皇等待着来自苏联的消息。过去一周，他的驻莫斯科大使试图引起苏联对任何形式的和平斡旋的兴趣，但大使的多次努力均告失败。苏联“推迟”了任何允许帝国特使近卫文麿访苏的决定。与一个他们认定已经战败的国家启动谈判，他们表现得极不情愿。不过裕仁天皇依然抱着形势兴许有变的希望。说不定近卫文麿还能获准进入克里姆林宫。说不定在日本城市被炸光前，与美国人谈判达成某种协议的可能还存在。

裕仁天皇的胃疼病日趋严重，夜里几乎无法入睡。偶尔，他会沉浸在收集蝴蝶标本和海洋生物学的嗜好里，暂时忘却烦恼。在早年的和平时期，他是出了名的海洋生物学家。大部分时间里，他穿着旧衣服和软拖鞋在金碧辉煌的宫殿里漫无目的地游荡。少数获准晋见的助手看到的是一个对自己的外表漠然处之的人。连他的仆人有时都会看到他在浴室里，手拿牙刷，茫然地盯着镜子自言自语。他的右脸颊无法抑止地抽搐着。在这些日薄西山的日子里，裕仁关于自己并非长生不死的想法确实是有现实基础的。也许他的悲剧在于，当死亡的感觉最具伤害性时，他感觉到了。

他知道自己在苏联人身上下的是重注，也知道这次冒险很可能会要了他的命。他知道有些狂热分子为了维护国家荣誉，甚至会不惜杀了他——天皇。这种事以前差点发生过。1936 年，一群陆军军官发动了一次未遂政变。成百上千的叛乱分子叫嚣着冲过东京街道，一路滥砍乱杀。其中一人居然突入皇宫内殿，威胁到他的生命。裕仁凭借他的权威之力才逃过一劫。他毫不畏惧地站在那人面前，责问他怎敢惊扰圣驾。那名士兵拜倒在地，切腹自杀。而现在，赌注比那次要高得多。这一次天皇面对的是他自己战时内阁里的狂热分子，他们最后也许不会乖乖挥刀自裁。

裕仁踏出的是史无前例的一步。作为天皇，他需要做的不是决策，而是授权政府做出决定。作为被公开宣扬的神，他高高在上，超脱了人和政治的浊世阴谋。因此在六周前的 6 月 8 日，当最高战争指导会议（Supreme Council for the Direction of the War）将他们继续战斗的蓝图交给裕仁时，他只是循例接受了它。这幅蓝图有个名字，叫作《关于未来战争行动的基本政策》（*Basic Policy for the Future Conduct of the War*），这项基本政策归根到底就是毫不妥协地拼死抵抗。政策公开支持使用妇女和儿童作为人体盾牌，支持将日本转化为一个巨大的堡垒，让每个日本国民都成为士兵。在日本本土，敌人将面临全体日本国民的攻击。装备汽油弹、步枪、弓箭和竹枪的 7000 万男女老少将打一场空前伟大的战争。英美将无力抵御。自 16 世纪以来，日本还从未输掉过一场战争。形势依然有利！胜利即将到来！为实现胜利，每个有荣誉感的日本人都该甘心为天皇献身。

唯一的问题是天皇并不想他的子民为他而死。为“基本政策”盖上橡皮图章的四天后，天皇在皇宫接见了他重要的海军顾问之一——海军大将长谷川清（Kiyoshi Hasegawa）。大将毫不隐讳地概括了日本的绝望处境。事实就摆在眼前，长谷川清告诉裕仁，国家不再拥有打一场现代战争的装备。唯一实际增长的战备工业是竹枪的生产。日本已经没有任何可战之资。“基本政策”的必然结果是全民自杀。有一个笑话在私底下广为流传：即使大本营被赶到富士山顶，他们依然会说形势有利。

天皇最终发声了。6 月 22 日，他出人意料地对军事参议院声称将取消“基本政策”，取而代之的是对和平的追求。仅仅用了 35 分钟，天皇就推翻了最根深蒂固的皇室传统。神从天而降，来到人间，这是翻天覆地的一步。裕仁之所以这样做，是因为他知道别无选择，是因为他知道军事参议院里有一部分私底下支持他的人——外相东乡茂德，海军大臣、海军大将米内光政（Misumasa Yonai），可能还有首相铃木贯太郎（Kantaro Suzuki）。即使自己的决定可能让他们所有人都付出生命的代价，裕仁依然这样做了。

在战争最后的几个星期里，过于公开谈论和平的人都面临死亡的威胁。东乡茂德给日本驻莫斯科大使的电报里表露出的担心绝非空穴来风。在这种形势下，他无疑需要公开反对无条件投降。公然尝试促成无条件投降几乎是一份必然的死刑判决。东乡茂德的反战倾向已经使他成为军内狂热分子仇恨和怀疑的对象。他每走一步都必须极为谨慎：他对和平的可能性做出暗示和提出建议，在幕后进行操纵，在言语上尽量模棱两可和旁敲侧击，而不是公开直白地表露自己的观点。也许悲剧在于，对方没人有能力或者意愿解读那些信号。最终连亨利·史汀生都没看出。

与此同时，天皇摆弄着他的蝴蝶，盯着浴室的镜子，徒劳地等待着永远不会到来的和平。空战前线的最新统计数据触目惊心。单就前一天晚上，美军向日本各地的城市投下 4280 吨炸弹，其中大部分是以点燃整座木结构城市为目的的集束燃烧弹。日本正在真真切切地被焚毁为一片平地。这些就发生在天皇眼前。今天上午，一颗炸弹甚至落入皇宫的花园里。虽然只有一颗炸弹，但在那时的情势下，这相当不寻常。所幸炸弹没炸到皇宫，天皇在里面度过了一个不眠之夜。

那不是一颗普通炸弹，而是一颗“南瓜”弹。6300磅的高爆炸药在花园里炸出一个大坑。投下它的是第509混成大队最狂放的人物之一克劳德·“巴克”·伊萨里[①]（Claude “Buck” Eatherly）上尉。他这是刻意要做出这场战争中最惊人的举动，是典型的伊萨里做派：惊天一击，天皇殒命，历史将永远记得那个拯救了世界的巴克·伊萨里。这只是他的计划，事情的结果完全是另一副样子。

从一开始，天气就在与他们作对。7月20日凌晨，当巴克·伊萨里在北坪长长的跑道上猛踩B-29的油门时，零星的云块低低地压在天宁岛上空。45分钟内，另外9架B-29也起飞升空。这些是蒂贝茨选来执行第509混成大队首飞日本本土任务的10架飞机。每架飞机都携带了7000加仑[②]燃油，前弹舱里装了一颗“南瓜”弹。为了节约燃料，轰炸机贴着海面飞行，以250英里的时速掠过云层，北上飞往日本。“大师号”上，报务员阿贝·斯皮策（Abe Spitzer）在日记里写下“天气糟透了”的短评。他还坦陈了自己的恐惧。“人的脑子，”他写道，“显然可以在很短的时间里想很多。”当夜参加飞行的90多人中，大部分都是第一次在这场战争中执飞作战任务，斯皮策也是如此。轰炸不设防小岛的日子结束了。

分配给伊萨里机组的目标是工业城市郡山市的铁路编组站，位于东京以北120英里。他们的航线经过精心规划，将会在太平洋上空飞行7小时，其间会行经硫磺岛。众人有点紧张，航程也单调得无聊。九个人的机组中，一些人在打扑克消磨时间。伊萨里将轰炸机切到自动驾驶状态，也加入了游戏。飞行时，他总是带着一副扑克。

①克劳德·伊萨里上尉，“巴克”是他的昵称，作者在下文中省去了引号，故以下也简称巴克·伊萨里。

② 1加仑≈3.785升，下同。

这个疯狂的飞行员是得克萨斯人，27 岁，穿着牛仔靴，笑起来像个孩子。飞机上每个人都喜欢他，与他打得火热。他 6 英尺高，相貌英俊，酷爱喝酒、飙车、赌博、女孩和飞行。他的通讯录上记着美国各地几十个女友的电话号码，如果在这方面不那么成功的机组成员有需要，他总是乐于帮忙安排一场约会。"他喜欢女人，"有人回忆说，"她们也喜欢他。"他的嫖和赌出了名。在文多弗州界酒店，他掷骰子时经常一押就是 100 美元，而他最喜欢的消遣是以 80 英里的时速在通往盐湖城的双车道公路上一边疾驰，一边将威士忌酒瓶从车窗递给另一辆车里的战友。如果是在夜里，那就更刺激了。

对伊萨里的荒唐举动，连蒂贝茨的"盖世太保"也没办法。6 月初离开美国赴天宁岛时，他留下一大堆超速罚单和一长串失望的女友，喝掉的酒达到犹他州每人许可量的 15 倍[①]。蒂贝茨的保密头子把伊萨里描绘成"精神病"，但蒂贝茨决定继续留用他，因为他是杰出的飞行员，这才是最要紧的。所有人，特别是蒂贝茨本人，都忘不了那天发生的事情。当时伊萨里驾驶着他的 B-29 即将降落，1 号螺旋桨突然开始反向旋转，飞机出现了严重的侧倾，翼尖离跑道只有几米的距离。难以置信的是，伊萨里设法驾机安全地降落了。不管他是怎么做到的，想要有飞行技术如此卓越的手下是要付出代价的。

今天，伊萨里需要那样的技术。当他飞到郡山市的铁路编组站时，天气愈加恶化。一团厚厚的高层云[②]爬到 1 9000 英尺的高空，掩盖了地面上的一切痕迹。一个多小时里，庞大的 B-29 在日本上空清澈的蓝天中漫无目的地兜着圈子。它的正式呼号是"维克多 85 号"，但第 509 混成大队都喊它"直下马桶号"[③]（Straight Flush）。它银色的机头

①犹他州有很严格的饮酒、售酒管控法律。

②在 2000 米以上高空形成的一种云，像一种带有条纹的幕，颜色多为灰白色或灰色，有时有一点微蓝色，有时较为均匀，但云底没有明显的起伏。

③有一些中文文章和刊物按 Straight Flush 在扑克牌领域中的意思译作"同花顺号"，这种译法完全曲解了取这个名字的原因，详情请见下文。为了尊重原意，本书译作"直下马桶号"。

上画着一幅山姆大叔将日本士兵冲进马桶的漫画。除了“恶臭号”(Big Stink)，这也许是第 509 混成大队飞机的名字中最不好听的一个。这个名字不是伊萨里起的，而是他的助理机师杰克·毕文斯（Jack Bivans）想出来的。毕文斯今年 19 岁，曾经是一名电台童星，还曾在全国广播公司（NBC）的热播节目《午夜机长》(*Captain Midnight*) 中扮演过一个胆大妄为的恶棍。在这次任务的大部分时间里，他都在想一件事：给飞机取这个名字也许不是个好主意。“如果我们被击落，”他告诉报务员，“他们会把我们的蛋蛋割下来的。”这话倒也不一定错。几周前，6 月 30 日，八名被俘的美国飞行员在福冈被公开斩首。现在毕文斯突然灵机一动，与其在这里游荡寻找云隙，还不如去轰炸皇宫。说不定他们能炸死天皇，赢得战争。伊萨里没有多想就同意了**那个想法**。

东京上空也覆盖着厚厚的云层，投弹手不得不靠雷达来指引投弹。气动弹舱的门倏地打开，将 5 吨重的“南瓜”释放到冰冷的同温层中。炸弹翻滚着往下落，伊萨里则操纵飞机做出他们在犹他州练了无数次的侧倾 60 度急转弯。炸弹加速着落向飞机下方的云层，直到最后消失在云里。伊萨里和机组成员大呼小叫着掉头返航。当然，他们一点也不知道是否命中了目标。如果炸弹命中了目标，后果也许将是灾难性的。用美国的炸弹炸死日本天皇不是杜鲁门赢得战争计划的一部分，它也不在蒂贝茨的计划里。这就是“直下马桶号”最终回到天宁岛后，蒂贝茨把伊萨里从北坪的一头痛骂到另一头的原因。

对这样一支应属一流的部队，这是个糟糕的开始。厚厚的云层影响到了每个人。在那天出动的十架 B-29 中，对于轰炸结果，有七架的报告是“没有观察到”，一架的报告是“差”，一架的报告是“很差”。唯一什么都没报告的机组是“大师号”，因为他们完全取消了任务。当飞机飞到距日本沿海六分钟的地方时，一台发动机失灵了，他们被迫将昂贵的炸弹直接扔进了太平洋。

蒂贝茨的沮丧可想而知。不管以什么标准，第一次任务都是一场惨败。一夜又一夜，天宁岛上其他 B-29 高效而无情地摧毁着日本一个又一个城市。与此同时，为这场战争中的最大任务练了十个月的中队[①]在第一次出击中却没能取得一个明确的战果。笑话几乎传遍了天宁岛，连敌人都被搞糊涂了。那一夜，东京广播电台明确提到伊萨里在首都上空的荒唐之举。“来袭敌机的战术，”播音员说道，“已经变得相当复杂，既无法以经验也无法以常理来推断。”岛上其他机组对第 509 混成大队的挖苦已经够糟了，当日本人也开始这样做时，事情简直糟透了。

教训很明显。他的部队需要再次出击，而且他们将不断出击，直到接到执行真正任务的命令为止。剩下的时间不多了。作为大队指挥官，蒂贝茨要对手下机组的成败负全责。他清楚地记得十个月前，当他接下这项任务时，乌扎尔・恩特将军的威胁，他可不想蹲大牢。

在芝加哥，利奥・西拉德的时间也不多了。他的请愿书敦促总统“在未认真考虑相关道德责任的情况下”不要向日本投原子弹。69 名科学家签了字。现在的问题是如何让杜鲁门看到这份请愿书。情况急迫，西拉德别无选择，他没有通过白宫渠道提交请愿书，如果通过这种方式提交，请愿书可能会在辗转波茨坦的途中被延误。西拉德把它交给了阿瑟・康普顿[②]（Arthur Compton）。康普顿是“曼哈顿计划”的重要科学家，奥本海默的亲密同事。随请愿书还附了封信，信上请康普顿将请愿书封在一只信封里，立即寄给杜鲁门。西拉德还附上了六份副本。他在给康普顿的信中写道：“也许你希望把这些副本提供给其他你认为应该得知其内容的人。”在伊萨里向日本皇宫投下炸弹的那天，康普顿收到了请愿书。

康普顿也许是西拉德能想出的最坏人选了。这个顽固、粗暴、专横的家伙几乎没空去想西拉德的那些道德顾虑。与奥本海默一样，他

①指第 509 混成大队下辖的轰炸机中队。

②美国物理学家，因发现原子物理学中“以其名字命名的康普顿效应”于 1927 年获诺贝尔物理学奖。

也是向临时委员会提议“军方直接使用”原子弹的那个科学小组的成员。不同于西拉德，康普顿认为原子弹无须先在某个孤岛上进行展示。他还认为如果日本拒不投降，那么无须事先警告就可以向日本投下原子弹。不过在一个方面，康普顿完全遵照了西拉德的请求，他确实将请愿书提交给了他认为应该提交的其他人。他把请愿书转给了格罗夫斯将军。

格罗夫斯叫康普顿将请愿书交给自己的副手肯尼思·尼科尔斯上校。康普顿不慌不忙地照做了——实际上又花了五天。尼科尔斯直到7月24日才收到那份请愿书。他转手又交给格罗夫斯，还附上一份建议，说应该促请那些签署它的科学家“将他们的活动限制在不致危及项目保密的合适渠道内”。至此，距西拉德最初寄出请愿书已经过去了一周，而它离杜鲁门还是那么遥远，并且在未来相当长的时间里，它也不会更近一步。格罗夫斯将这叠纸很随便地塞进一个抽屉里，再也没动过。利奥·西拉德，这个发明原子弹的人，完全无力阻止事态的发展。

第11章
原子弹“给总统和首相撑了腰”

7月21日，星期六
西太平洋，国际日期变更线

正午前，“印第安纳波利斯号”快速驶过国际日期变更线，这是一个晴朗的夏日。速度至关重要。麦克维舰长正严格执行他接到的秘密指令。从旧金山到珍珠港有2405英里航程，这艘重巡洋舰只用了74.5小时，创下一项至今仍未被打破的纪录。在珍珠港，全体船员被禁止下船。仅用了5小时，它就加满燃料，得到补给，重新启程上路。一切都为速度让路。所有人都被要求用海水洗澡，因为八台怀特-福斯特锅炉（White Forster boiler）消耗了船上的全部淡水。伴随着发动机的轰鸣，整艘船都在颤抖。它以29节[①]的航速航行，像摩托艇一样劈波斩浪，直径15英尺的螺旋桨在船尾搅出一股有八车道公路宽的尾波。

下面的副官舱室里，詹姆斯·诺兰躺在铺位上，流着汗，旁边搁着上了锁的铅衬桶。他晕船晕得厉害。在海上疾驶的巡洋舰起伏摇摆，把他晃得脸色苍白、无精打采。离开珍珠港后，他几乎成天躺在铺上，那件有颠倒的假炮兵肩章的制服皱巴巴地扔在椅子上。他是放射专家，

①航速单位，1节约为1.852公里/时。

不是水手。平时，他在洛斯阿拉莫斯实验室的医院工作，专业是 X 射线治疗。他了解盖革计数器，不了解船。

不管怎么说，躲在舱室里更明智。同行的罗伯特·弗曼的真实身份是陆军工程师，诺兰则没有一点军事经历。这一点逐渐暴露了出来。许多船员曾经好奇地盯着他，尤其是在他应邀观看一次操炮练习时。毕竟他表面上的身份是炮兵军官。“印第安纳波利斯号”上大炮林立，有用于近战的 20 毫米和 40 毫米口径炮，更有那些庞大的 5 英寸和 8 英寸口径炮，如果这些巨炮齐射，后坐力能把船掀翻。当一名海军军官向诺兰问及他在陆军操作的大炮口径时，他一句也答不上来。一阵可怕的沉默后，他像比画一条鱼一样伸出手，说：“噢，大概有这么大。”自那以后，待在他的舱室里度过余下的行程似乎是个明智的选择。

两个押运员 24 小时不间断地轮流监守他们的货物，衬铅桶从未离开过他们的视线。时不时地，他们会用盖革计数器检查它的放射性。机库甲板上，武装卫兵守卫着那个装着 6 英尺炮的大板条箱。诺兰和弗曼不顾别人的目光和谣言，像舰桥上的麦克维舰长一样高效执行着他们的任务。他们的工作非常出色。格罗夫斯将军知道手下人的素质。和其他时候一样，关于两人押送的货物，格罗夫斯只告诉了他们需要知道的，一句不多。诺兰和弗曼无须知道最终的秘密：被他们称作“小男孩”（Little Boy）的武器到底是如何工作的。

实际上，“小男孩”是一颗与“三位一体”测试中大获成功的“那玩意”截然不同的原子弹。它采用了一种不同的裂变材料：不是钚，而是一种极为罕见的铀同位素——铀 -235。这些铀 -235 是格罗夫斯另一处高度机密的工厂提炼出来的。工厂位于田纳西州的橡树岭（Oak Ridge）。躺在“印第安纳波利斯号”那只板条箱里的高速炮被设计成仅能使用一次。高速炮的“炮弹”是一个长度超过 1 英尺的铀 -235 空心圆筒，它的目标是一个同样由铀 -235 制成的活塞。活塞在两者唯一一次结合时能够紧贴圆筒内壁。目标会被固定在炮筒末端。这是一个密闭系统，“炮弹”永远不会打偏。

开炮后，圆筒形的铀“炮弹”会以音速划过炮筒直抵活塞目标。活塞将嵌入空心圆筒，两块低于临界质量的铀块会合为一体。这场几乎在瞬间完成的可怕拥抱将立即使铀块的质量超过临界质量。不到一百万分之一秒后，原子弹就会爆炸。

至少理论上是这样的。不同于钚弹，“小男孩”从未被测试过。一个原因是当时世界上只有足够制造一枚原子弹的铀-235。另一个原因是铀弹的物理原理更简单，成功概率相当高。按温斯顿·丘吉尔的形象取名为“胖子”（Fat Man）的钚弹则复杂得多。“三位一体”测试之前，没人保证它能成功。

两种类型的原子弹将共同确保美国核武库的效力。更直接的是，两者都可用于打击日本。生产日程决定了两种类型原子弹的使用次序。现在，华盛顿州汉福德的巨大钚加工厂正夜以继日地生产“胖子”核心所需的足够材料，而“小男孩”所需的大部分铀-235已经准备就绪，做好了率先投弹的准备。

弗曼和诺兰守护着的衬铅桶里，是这颗原子弹的铀-235“炮弹”。数百万年来，提炼它所用的铀矿石深埋在非洲某处的地下，那里现在位于比属刚果[①]（Belgian Congo）境内。在过去几个月里，这些铀矿石在橡树岭的工厂被处理、分离、提纯、浓缩。几天前，武器级的铀被运到洛斯阿拉莫斯。现在它成了“小男孩”原子核心的一半，被装在固定在舱室甲板上的桶里，等着完成它的使命。与此同时，运载它的军舰独自行驶在大洋上，保持着无线电沉默。

“印第安纳波利斯号”穿过国际日期变更线的那个星期六，一份8页的文件被直接从机场送到亨利·史汀生波茨坦办公室的桌上。这份文件是由专人乘一架C-54运输机，从华盛顿一路越过大西洋送来的。

① 1908—1960年比利时在非洲的殖民地，现为刚果民主共和国。

文件的内容太过机密，用密码电报也不够安全。因为这份在“三位一体”测试 5 天后送来的精心打印的文件，是格罗夫斯将军对测试的第一份完整详细的描述。文件的内容具有惊人的影响力。

格罗夫斯不是这份报告的唯一作者。他的副手法雷尔将军也撰写了一部分，法雷尔就是那位戴着橡皮手套掂量过钚半球的将军。应陆军部长要求，两人在星期三花了半个晚上写完了这份报告。杜鲁门的胃口被吊起来了。在收到证实测试成功的第一封电报后，他一直想了解详情。他比以往更迫切地想衡量这件武器的真正威力。现在拥有这件武器的是他，也只有他。格罗夫斯对此求之不得。

两位将军在雾谷的格罗夫斯办公室里写这份报告。格罗夫斯的秘书琼·奥利里（Jean O’Leary）啃着三明治，和一个助手反复打印、重打送来的报告文稿。35 岁的琼是个寡妇，也是陆军部打字组里唯一敢对抗格罗夫斯的人。每次格罗夫斯对她态度粗暴的时候，她直接拒绝和他说话。这种胆识的结果却是格罗夫斯一直在用她。自 1941 年起，奥利里就跟着格罗夫斯，已经成为他工作中不可或缺的一部分，以至她经常被人称作奥利里少校。格罗夫斯信任她，尊重她，需要她。1945 年夏，这个曾经的打字组秘书对原子弹计划的了解已经超出格罗夫斯本人以外的任何人，她知道的远远比奥本海默、陆军部长或者美国总统还多。

报告于星期四凌晨两点写完。中间经历了一次小的耽搁。法雷尔将军突然诗意大发，决定引用《圣经》里的某句话来表现引爆前最后一刻的那种疑惑感。但他想不起来这句话具体是什么了。办公室里也没人记得。格罗夫斯给女儿打电话，她也毫无头绪。最后格罗夫斯的一名助手给自己的姐姐打了电话。她是华盛顿浸信会教堂（Temple Baptist Church）主日学校的老师。五分钟后，她找到了那一句，《马可福音》9 : 24 :“主啊，我信；但我的不信之处，求你帮助。”奥利里飞快地将这段文字打了出来，把文件别在一起，将报告火速送到机场。

一架飞机正在机场上等待着，准备开始这趟前往柏林和陆军部长公馆的长途飞行。

史汀生在午饭前读了报告。他在当晚的日记里写道，它是“一份威力无比的文件”。测试的全面影响突破了一切界限。史汀生应该感到骄傲。过去三年来，他一直监管着原子弹的研发工作。是他哺育了原子弹，看着它长大，小心守护着它的秘密。杜鲁门在这年 4 月当上总统后，是史汀生第一个告诉杜鲁门他拥有史上最强大的武器。史汀生有理由感到骄傲。读完报告后，他抛开了自己的一切怀疑和恐惧，也许还忘记了所有那些为弗兰肯斯坦的怪物担心的不眠之夜。他大步绕过门前那片湖,准备从头至尾再读一遍报告。这次是读给他的“老板”听。

不巧总统没空，他正忙着购物。一个助手给杜鲁门拿来一份要送回国内的礼物清单。在随后的半小时里，杜鲁门一直在清单上挑挑拣拣，而史汀生则手握关于全世界威力最大炸弹的报告坐在办公室外。直到下午 3 点过后，史汀生才进入杜鲁门的办公室。杜鲁门把礼物放在一旁，微笑着迎接他的陆军部长。在杜鲁门身旁的是国务卿吉米·伯恩斯，他也面带微笑。四天前，史汀生曾试图说服伯恩斯接受自己深信不疑的观点：如果允许日本人保留天皇，他们就会投降。史汀生读过东乡茂德的电报，知道无条件投降无疑是和平的唯一障碍。但伯恩斯不同意。在伯恩斯看来，那是姑息政策，他没兴趣。伯恩斯也不相信日本人，他的兴趣是赢得战争，并且在苏联人介入前赢得战争。在他身上没有一丝史汀生的踟蹰不定，也没有那些不眠之夜。伯恩斯的想法清晰明确又直接。使用原子弹是美国目前的最佳选择，它将结束战争，而且就像他曾对利奥·西拉德指出的那样，它将使苏联人“更容易对付”。那些迷人的微笑是骗人的。伯恩斯是在波茨坦的美国人里最强硬的，更重要的是，总统听他的。

三人在总统那间能俯瞰格里兹湖（Lake Griebnitz）的阳光房里落座。午后的阳光透过窗户，斜照在不协调的家具上，照在法式和齐彭代尔式[1]（Chippendale）桌子和几天前才从德国人家里征用来的椅子上。史汀生开始读报告，他的兴奋溢于言表。这一次有些不同寻常，他读得结结巴巴的。杜鲁门和伯恩斯一言不发，好奇地听着。总统的采购被忘在了九霄云外。原子弹的可怕现实隐含在史汀生说出的每个字眼里。“主啊，我信；但我的不信之处，求你帮助。”法雷尔将军完美地预判到了报告读到这里时应该触发的情绪。这些情绪全都融入在奥利里夫人细心打出的字句里：一种宗教敬畏和人类胜利的奇怪混合，一种恐怖、美丽和新墨西哥州沙漠那惊天动地的几秒钟里释放出的无穷力量的诱人结合。现在这份力量完全掌握在与亨利·史汀生相向而坐的这个人手里。与这份报告相比，华盛顿最初发来的那封宣布测试成功的电报不值一提。这一次，总统没有讲堪萨斯州的老笑话。没什么可戏谑的。杜鲁门和伯恩斯的反应是纯粹的快乐。“他们极为满意。”史汀生在当晚的日记里写道，“总统听到后精神异常振奋，一次又一次和我谈到它。他说它给了他一种全新的自信感。”史汀生的语言难得如此奔放。对于一位菲利普斯学院[2]、耶鲁大学和哈佛法学院培养出的贵族来说，这些情感上毫无保留的言语颇为罕见。在这个分享胜利的时刻，他暂时压下自己的所有恐惧。这一次，他们没有讨论让日本人保留天皇的事。

史汀生离开小白宫去做按摩和吃晚饭。杜鲁门和伯恩斯乘车去塞琪琳霍夫宫参加当晚“三巨头”都会出席的会议。这次会议的议题是波兰问题[3]。杜鲁门一上来就主导了会议。丘吉尔惊讶地看着他直接向斯大林发起攻势。那位羞怯的前副总统，那位前不久还在伟大的英苏领导人面前缩手缩脚、一脸愧疚的罗斯福的继任者不见了。现在的他完全是一个全新的人物：犀利、自信、固执、坚定，完全掌握了主动权。“他直接告诉苏联人，哪里归他们，哪里不归他们，总体上主导

①一种家具风格，源于著名英国家具设计家托马斯·齐彭代尔。
②美国著名私立高中。
③指波兰政府的管辖区域、战争赔偿等问题。

了整个会议。”丘吉尔在第二天说道。这一点也不奇怪，丘吉尔那时已经看过了格罗夫斯的报告，他也为之精神一振。“火药算什么？”他用低沉的嗓音对史汀生说，“不值一提。电力算什么？毫无意义。原子弹是‘愤怒的二次降临’①。”原子弹的威力盖过所有其他因素。这份情绪传染性很强。史汀生的陆军部助理部长约翰·麦克洛伊的评论极其精准。“原子弹，”他写道，“给总统和首相撑了腰。得到格罗夫斯的报告后，他们像身上藏了一只大红苹果的小男孩一样赶往下一场会议。”

麦克洛伊应该理解了那个来自《圣经》的隐喻，常去教堂的史汀生也是。原子弹的诱惑非常大，出于同样的原因，它也很危险。史汀生日益强烈地感受到这份诱惑正在把他向两个方向拉扯。一方面，他感到恐惧：不该让人类掌握的知识给人类带来可怕的长期后果；另一方面，他又觉得有必要快速果断地使用原子弹，正如他自己的临时委员会在 7 周前的 5 月 31 日向总统推荐的那样：无须展示威力，无须事先警告。这个疲倦老迈的陆军部长日日夜夜（尤其是夜里）都在与自己的心魔搏斗。怀疑折磨着他，而他仅有的解决办法是一种奇怪的道德双重思维：当现实太过令人不快时，他的良心直接与现实撇清关系。也许这种思维是这个可敬却脆弱的人的唯一救赎。它使不堪忍受的事物变得不那么难以忍受，也让他在面对伯恩斯和杜鲁门之流时无能为力。他们两人对使用原子弹可没感到多少良心不安。遗憾的是，这个有可能拯救世界免遭原子弹祸害的人可能连自己都救不了。

现在时间已经所剩无几。就在那晚，当杜鲁门在会议室对斯大林指手画脚的时候，格罗夫斯将军从华盛顿发来的另外两封电报被送到史汀生手里。和往常一样，两封电报是通过史汀生的特别助手乔治·哈里森转来的，这可以避免由于陆军部长与“曼哈顿计划”负责人间直接通信而招致怀疑。其中一封电报谈到了京都。格罗夫斯早先

①指《圣经》中基督的第二次降临。

曾将这座漂亮的前日本首都定为原子弹轰炸的首选目标。史汀生痛恨轰炸京都的主意。他和妻子梅布尔曾经两次访问京都，一次是在1926年，另一次是在1929年，他为它的寺庙和优美的建筑所陶醉。而且他认识到，京都是日本的精神和文化中心。它的毁灭不仅不能迫使日本投降，还有可能适得其反，坚定日本与美国蛮夷战斗到底的决心：战斗到最后一个男人、最后一个女人、最后一个儿童。格罗夫斯不这么看。他对寺庙和精神中心不感兴趣。在他看来，这座城市是个极好的轰炸目标。它有100万人口，“面积大到足以让我们全面了解原子弹的威力”。如果所有那些古迹对格罗夫斯有任何意义的话，它们只意味着一件事：京都是个知识中心，其居民“更聪明，因此能更好地理解这件武器的意义”。于是有了这封最新电报：

> 总站
>
> 战字第35987号
>
> 陆军部长亲启，自哈里森
>
> 你所有参与准备工作的地区军事顾问均明确支持你心爱的城市。如果陆航从4个备选地点中选出它，他们希望不受约束地以之为首选。

史汀生立即做了回复：

> 自：总站
>
> 致：陆军部
>
> 绝密亲启
>
> 请知悉，无论什么情况都不能改变我的决定。相反，这里的新情况趋于让我的态度更加坚定。

史汀生不会被人吓倒。他有时也像格罗夫斯一样强硬固执且毫不动摇。京都最终得免毁灭纯属好运。要不是陆军部长夫妇碰巧在18世纪20年代访问过它的神社和寺庙，在那里度过了快乐的几天，这些神社和寺庙无疑会与城市的其他部分一起被夷为平地。

来自华盛顿的第二封电报关系更大。它是格罗夫斯报告的最新进展：

> 总站
>
> 战字第35988号
>
> 陆军部长亲启，自哈里森
>
> 病人恢复很快，准备好于8月第一个晴天做最后手术。为使用而做的复杂准备进展迅速，计划如有任何变化，请于7月25日前告诉我们。

格罗夫斯在催要确认了。一切都在向前推进，试爆已经成功。“印第安纳波利斯号”已经穿过国际日期变更线。第509混成大队正在做最后阶段的训练。这天下午早些时候，杜鲁门亲耳听到他的陆军部长告诉他新武器有用。现在格罗夫斯给了他们一个日期。几乎可以肯定，杜鲁门会在25日（距现在只有4天）后向日本发布最后通牒。如果史汀生还想劝总统在最后通牒里加上保留天皇的承诺，那他需要赶紧行动。时间在流逝，史汀生、杜鲁门以及日本人的时间都不多了。他们都得看格罗夫斯计划的脸色。

第12章 戒备森严的组装车间

7月22日，星期日
天宁岛第509混成大队大院

在难耐的酷暑中，鲍勃·卡伦坐下来给妻子写信。

我最亲爱的凯：

嗨，宝贝，今天感觉如何？我心情很好，因为昨天下午降落后，我收到你三封信……

很高兴莱迪的洗礼很顺利。真想也在那里……要是你能寄点《读者文摘》（*Reader's Digest*）来就好了，这里的人都会喜欢的，因为这里什么书报杂志都买不到。代小莱迪的爸爸给她一个甜蜜的吻，给你自己一百万个。给我写信，亲爱的，因为没有你的信，我没法活下去。先写到这里。

全心爱你的，鲍勃。

和所有人一样，鲍勃·卡伦也撕掉了卡其布裤子的裤腿。这里的士兵没人费心穿上正式的制服。所有人都穿着他们所谓的“天宁岛短裤”

和短袖衫来来往往。即使这样，汗珠还是从他们身上滚下来，刺痛了眼睛，浸湿了衣服。高温没有一刻缓解过，一天又一天，温度计都定格在 90 华氏度[①]上下，连每天下午准时到来的雨水都难以缓和高温的不适。潮气侵蚀了一切。卡伦有时会去南瓜剧场看电影，那是第 509 混成大队的露天影院。他总是会带上雨衣，因为每次电影放到中间时都会下雨。这里的雨与别处不同，雨会突然从天而降，就像天上有人刚刚打开了一个水龙头一样，热乎乎的瓢泼大雨很快就能把第 509 混成大队的大院变成一片沼泽。蚊子喜欢雨。老鼠也喜欢，它们已经啃掉了卡伦放在行李袋里的大部分巧克力。营房里有人将一张网固定在铁皮天花板上，把多余的补给全放在网里，防止被老鼠吃掉。

除了没有《读者文摘》，这里的生活倒也不算差。作为兵营，第 509 混成大队大院还是很舒服的。营房有不错的卫生间和淋浴室，外面有漂亮的花坛，甚至有谣言说，为了让他们睡好，所有人都将会有**充气床垫**！他们每人每月有 24 瓶啤酒，每周有 7 包烟。他们在后院有自己的垒球场，还有自己的爵士乐队和影院。他们的司务长威廉·佩里（William Perry）总能端上令人惊讶的美食，一些飞行员偷偷运来的威士忌也派上了大用场。没人清楚他是如何做到的，佩里没用多久就与岛上所有批发食品的“巨头”建立起灰色关系网。结果是他们每天的早餐都有新鲜鸡蛋、牛奶和牛排。佩里吹嘘说，第 509 混成大队的列兵“吃得比将军还好”，这话一点不假。当官兵们最终开始执飞那次绝密任务时，他们是吃饱喝足了的。

这是一种奇怪的作战方式。与岛上其他部队相比，第 509 混成大队过的是神仙般的日子。没人向他们开火。到目前为止，他们只飞过那一次无惊无险的轰炸日本的任务，每个人都安全返回了天宁岛。其他部队很自然地开始嫉恨他们了。一夜又一夜，其他部队的人冒着生命危险，驾驶轰炸机排成密集队形去轰炸日本。他们不像第 509 混成

①约为 32.2 摄氏度。

大队那样在 30 000 英尺以上飞行。他们需要飞得很低，只有 5000 英尺。在那样的高度，这些飞机成了日本防空火力的活靶子，有许多飞机被击落。有一些被击伤的飞机在艰难飞行 1500 英里后回到基地，这些飞机的发动机冒着烟，驾驶装置被击碎，机组人员死的死，伤的伤，还有的奄奄一息。

天刚亮的时候，鲍勃·卡伦有时会起来看他们返航。景象非常震撼。数百架飞机像聚集在天空中的一大群鹅，它们在曙光中闪烁着前灯，一个接一个轮流降落。一些飞机会发射彩色信号弹，表示机上有伤员。少数几架会在降落时坠毁。这种事情发生时，B-29 就成了地狱，因为燃烧会非常剧烈，并且飞机很快就会焚毁殆尽，这导致机组人员很难从机上逃出。起飞时的坠毁情况还要更糟，而且由于起飞时飞机装满了燃烧弹和凝固汽油弹，这种事经常发生。能够活下来的人不多。推土机会紧跟在救护车和消防车之后，将依然留在跑道上的尸体和扭曲的铝一股脑地推走。任何事情都不能阻止正在等待起飞的轰炸机。

由于这些原因，第 509 混成大队开始讨人嫌恶、受人奚落也就不奇怪了。大家开始给他们取各种诨名：他们是“光荣战士”，是一堆不打仗的“纨绔子弟”。其他机组有时会在去空军基地的路上向他们的铁皮屋扔石头。石头把铁皮屋顶砸得当当作响，吵醒里面的人。不久，一首不知什么人作的打油诗开始在岛上流传。这首诗吐露出了其他人当时的情绪：

秘密随风消逝，
他们要去哪里，没人知道。
明天他们还会回来，
但我们永远不知道他们去了哪里。
不要问我们结果，
除非你想自找麻烦。

但是消息灵通人士说，
第 509 大队正在赢得战争。

第 509 混成大队的人也厌倦了这一切。他们迫不及待地想要显显身手。蒂贝茨计划在 7 月 24 日进行第二次“南瓜”弹轰炸任务，之后还有两次，但这依然令人难堪。他们还要在太平洋上进行多久的练习弹带弹飞行训练？他们还要忍受多少投到屋顶的石头？无尽的等待把每个人都快闷得发疯了。一些人成天喝酒、赌博、追女人或者疯狂地恶作剧。

连蒂贝茨上校都被拖下水了。一天夜里，他和“荷兰人”范·柯克、汤姆·费雷比去海滩，发现一辆空吉普车停在一处偏僻的地方。大队的两名地勤军官正在附近某个地方与女孩鬼混，他们把制服留在车里。蒂贝茨一伙开开心心地偷走了制服，拆掉了吉普车配电器的控制臂。最后两名军官一丝不挂地走了好几英里才回到驻地。一路上只要有车经过，他们就慌忙跳进灌木丛中。两人的脚被尖锐的珊瑚割得血肉模糊。天晓得他们的女孩是怎么回去的，但蒂贝茨一伙觉得这是一个令人狂笑不止的玩笑。

最闷得发狂的要数“直下马桶号”的机长克劳德·伊萨里。他与至少**五名护士**打得火热，他的机组简直乐不思蜀。“我们来了，看了，征服了。”他的机师尤金·格伦南（Eugene Grennan）说，但他的大话说错了地方。一个更坦诚的看法也许来自“大师号”的报务员兼记录员阿贝·斯皮策。他写道，我们“不过是又一支等着完成一次任务的部队，但似乎没有人认为这一任务会到来”。

然而岛上其他人却没闲着。为了完成世界上最秘密的武器的最后准备工作，他们正夜以继日地加紧工作。鲍勃·卡伦给凯写信的那天，留给他们的时间只剩两周了。

那座俯瞰大海的钢结构建筑前停着一辆车，从表面上看，这辆车没有什么不同寻常之处。它显然是被设计来运输大件物品的，但在这些日子里，在天宁岛上，这没什么不正常的。那栋建筑也没什么特别之处，它长 100 英尺、宽 70 英尺，从外面看它像个仓库，也可能是座机库，或是一座没有特征的预制建筑[①]。一个偶然经过的旁观者几乎不会看它第二眼。不过几乎可以肯定的是，任何偶然走到这里的人都会被开枪射杀，这座矗立在天宁岛西北海岸一块孤立悬崖上的建筑虽然外观稀松平常，却由至少五个机枪阵地守卫。所有通道入口都设了检查点，由武装宪兵守卫。这里是岛上戒备最森严、巡逻最频繁的地方。

有几个线索可以表明这栋建筑的重要性。一个是三面围绕它而建的土制防爆墙。它们又厚又高，显然是为承受一场大规模意外爆炸而建的。另一个是起重机。那辆车的驾驶员正小心地把车停在起重机下方选好的位置上。这台起重机紧靠在建筑的钢滑门外，一条双头铁链从起重机梁上挂下来，铁链末端有只钩子。粗壮的铁链足以吊起很重的物体。最大的线索也许是那声音，一阵连续的、低沉的电流嗡嗡声，似乎来自旁边一间小房。那是一套空调装置，在天宁岛上非常罕见。不管放在那栋建筑里的是什么，它显然需要保持恒温和恒湿。

当那些钢滑门最终打开时，可以看到一群人七手八脚地围着一个 10 英尺长的铁灰色物体。按某个旁观者的说法，它看上去像个巨大的垃圾筒。但误解仅限于此。首先那些人都穿着特别的无钉鞋。他们用的工具由极其昂贵、不会产生火花的铍制成。他们站的地面上涂了橡胶，一尘不染的表面在阳光下闪闪发亮。他们做起事来也忙而不乱。那东西被挂上起重机，然后放到等在下面的汽车上。在摆动到位的时候，它的高合金钢头部闪闪发亮。与这个“垃圾筒”的其他部分不同，它的头部打磨得如镜子般光可鉴人。

这天是 7 月 23 日，星期一。6000 英里外的波茨坦，丘吉尔正在

①预先制造构建并能方便地运输和拼装的建筑。

为宴请斯大林和杜鲁门做准备。客人们将听到英国皇家空军（Royal Air Force）联合乐队演奏的《带我回到绿色的草原》（*Carry Me Back to Green Pastures*），吃到特地从英国空运来的冷火腿。在相隔 5000 英里外的洛斯阿拉莫斯，奥本海默正在为第一颗实战原子弹做最后的引信设置。以“三位一体”测试的最新记录为基础，它的起爆高度暂定为 1850 英尺。“这个数据，”奥本海默写道，“非常适合最大化地摧毁轻型建筑。”在天宁岛，距那座建筑半英里以外的地方，鲍勃·卡伦和“维克多 82 号”的机组成员正在享受这个休息日。明天它们将首次执飞用“南瓜”弹轰炸日本的任务。

但在这里，在海边这个秘密地点，一场不同的戏正在上演。那栋嗡嗡作响的钢梁加固的仓库是一个原子弹组装车间（岛上一共有三个这样的车间），而那只铁灰色“垃圾筒”则是一颗炸弹。它是一个各方面几乎都与即将投向日本的“小男孩”完全相同的复制品。它的正式名称是“L1”。真正的原子弹投放前，一共计划试投四颗这样的练习弹，这是第一颗。它只缺一个关键部分：将它变为一颗原子弹的铀 -235。

练习弹被装在机动台架上，盖上了油布，避免被人看见。司机将车开上一条通往空军基地的路，开出四分之一英里后，道路突然扩展成一块足球场大小的心形混凝土停机坪。停机坪的南面是北坪宽阔的跑道和滑行道。武装卫兵封锁了基地出口。停机坪两侧各有一个坑，像地上挖出的两个空的小水箱。运输车停在西侧的坑边，油布被掀开。一台液压起重机将练习弹慢慢放到坑里。整个操作进行得极其小心，其中一些操作步骤几个月前就已经计划好了。任何意外都不能发生。和它的“兄弟”L2、L5 和 L6 一样，投放 L1 的目的是为 L11 的投放摸索条件。L11，也就是“小男孩”，是他们所谓的“热”弹，那颗他们将投向一座城市的原子弹。

停在坑边的是一架 B-29，弹舱门敞开着，露出里面巨大的两段式弹舱。它的右轮停在一个固定于地面的小转台上。一辆牵引车拉着这架 B-29 的前轮转了 180 度，直到轰炸机的弹舱转到坑的正上方。接着练习弹被慢慢吊进轰炸机的机腹，紧紧地安在弹舱里。现在 L1 已经做好投放准备。通常情况下，驾驶这架 B-29 的飞行员是汤姆·克拉森（Tom Classen）中校，他是第 509 混成大队经验最丰富的飞行员之一。但今天驾驶它的不是克拉森，而是蒂贝茨。作为将要执飞第一次原子弹轰炸任务的飞行员，蒂贝茨需要尽可能多地积累经验。

他们已经准备了好几个月。准备工作差不多是从 2 月份开始的，也就是天宁岛最初被选为原子弹轰炸基地的时候。排列在天宁岛偏僻西北海岸的那三栋钢结构原子弹组装车间是一个庞大工业王国的最后一环，是原子弹的前敌装配区。不久后第 509 混成大队的 B-29 将把它带到日本。飞行只是这个等式的一半，另一半是原子弹本身，它就像是一个买了单程票的贵客。随着它的不同部分从美国用船或飞机运来，最终它们需要被组装起来，经检查测试后，做好投放准备。在蒂贝茨带着 L1 升空前，天宁岛上有个极其复杂的组织在执行这项任务。它相当于一条原子弹组装生产线。制造和投放核武器正在快速转变为一场简单直接的行动，就像制造汽车或者缝纫机一样。

这场行动的规模令人叹为观止，原子弹组装车间只是它的一部分。离这里四分之一英里的地方是另一个院子，这个由没有窗户的小屋和铁丝网组成的院落没有名字，那些有权知道情况的人将它称为“技术区”。技术区里有一片被双重围栏圈起来、配了巡逻哨的区域，像是某个圣地中的圣地。原子弹组装生产线的关键部门就位于这里的建筑内，这些部门包含引信组、击发组、核心组以及观察组。最初阶段的组装就在这里进行，原子弹的核心在这里第一次合为一体。最终阶段的组装则在那些有空调的原子弹组装建筑里进行。正因如此，这里成为岛上最机密、最偏僻和戒备最森严的地方。

打造出这条组装生产线只用了 4 个月的时间。做到这一点的是埃尔默·柯克帕特里克（Elmer Kirkpatrick）上校。他是格罗夫斯挖掘的另一个人才，一个严格务实、直言不讳的陆军工程师，他有能力打破官僚主义的羁绊，就像用刀切开黄油一样。自 4 月份动工兴建技术区以来，柯克帕特里克就成为格罗夫斯得心应手的工具。他坑蒙拐骗、威胁恫吓，并且不择手段，但确实富有成效。凡事都要加强保密这个事实并没有使他的工作变得更容易。他们会给工程营送去这样的备忘录："运送 X 袋水泥给我们。这是一个尚未通知你们并且以后也不会通知你们的项目。""海蜂"工程营会不声不响地送去这些物资。

那些建筑奇迹般地拔地而起，速度令人难以置信。整整一个炎热的夏天，柯克帕特里克都在他的木屋里挥汗大干，无数电报在太平洋上穿梭往来。电报塞满了公文箱：粉红和绿色的三联纸上写满了要求各种材料的申请，从制冷机到西屋电气（Westinghouse）的电炉，从匡西特半筒式铁皮屋到螺丝刀，再到原子弹组装所需的全副工具包。这是一项惊人的组织成就，是一个以无比的效率跨越半个地球的供应系统。更惊人的是，这些工作进行的时间与"三位一体"测试的准备工作趋向高潮的时间完全一致。这是格罗夫斯这个管理天才的登峰造极之作。每个参与这项秘密工作的人都能看到这一点。不仅这些人，就连那些还躲在拉索山洞穴里的日本人都在惊讶地注视着悬崖上的新建筑。在他们看来，它就像一座巨大的监狱。

随着建筑的纷纷落成，入驻工作的人也日渐增多。这些人来自洛斯阿拉莫斯，正式称谓是第一技术服务分队（First Technical Services Detachment），但在遍地代号的曼哈顿王国，他们还有一个名字：阿尔伯塔计划（Project Alberta）。其中一些人从 5 月起就来到了这里，更多的则是在"三位一体"测试后陆续抵达的。其中一位是迪克·帕森斯，他带来了一部记录"三位一体"测试的16毫米影片。另一位是菲利普·莫里森，他将原子弹的核心放在汽车后座，一路从洛斯阿拉莫斯运到麦克唐纳的牧场。还有一个人是亨利·林希茨，这位引爆器专家曾惊恐地瞪着“三位一体”试爆时产生的巨大蘑菇云，不停地想：这就是他们打算投向一座城市的武器！加上其他一些人，分队共有51人，有的负责组装“小男孩”，有的负责组装以“三位一体”测试的“那玩意”为基础的钚弹“胖子”。几乎每天都有分队成员抵达天宁岛，站在一箱箱螺丝刀、制冷机和炸弹工具箱旁的有物理学家、化学家、工程师、雷达专家、高爆炸药专家。“三位一体”测试后，他们几乎连收拾行李的时间都没有，就被人催命似的赶着飞越6000英里来到天宁岛。在格罗夫斯将军排得满满当当的日程表上，时间一刻也不能浪费。当这些人还在陆续到达的时候，蒂贝茨已经驾驶着载有L1的“恶臭号”升到了30 000英尺的高空。此时距他载着真正的原子弹飞往广岛还有整整13天。

格罗夫斯的办公室在华盛顿弗吉尼亚大道（Virginia Avenue）上的陆军部新大楼（New War Building）五楼。他每天工作18个小时，早上5：30起床，经常忙到午夜过后才爬上床。他妻子偶尔会在门厅桌上留下抱怨的小纸条。“我老公哪去了？”有一张这样写道。老公没空。格罗夫斯的助手弗雷德·罗兹（Fred Rhodes）上尉确保永远不缺巧克力棒，而格罗夫斯则以无穷的精力坚持工作。48岁的格罗夫斯精力充沛，将他的年轻下属们远远抛在身后，他甚至偶尔会挤出时间打一场网球。虽然体重可观，但他却出人意料地精于此道。打完网球后，格罗夫斯会回到办公桌前，主持会议、撰写报告，或者通过电话发号施令。他的秘书琼·奥利里会把每天的电话记录整理成表格，这些表格在一刻不停地增长。这份清单几乎没有尽头，电话一个接着一个，从清晨到深夜，从美国的一头到另一头。这份冗长累人的清单是一份记录，记录下了曼哈顿王国里每个最偏远部分被施加上的压力。格罗夫斯现在不需要再拿着听筒打电话了。他有了一个专用的头戴式通话器，通过与它相连的话筒，他可以大声发号施令，驱使部下更努力、更好、更快（尤其是更快）地工作。

格罗夫斯拥有的是绝对的权力，但行使这种权力并不是为了满足庸俗的权力欲。他全身心地扑在他的原子弹计划上。可以说这个计划渗透进了他的血液，最终成了他的一切，或者说与在门厅桌上给他留下那些小纸条的妻子不相上下。他对原子弹充满信心，就像一个爱国者对自己的祖国，一个工程师对自己的发明，更像是一个父亲对自己的孩子一样。原子弹是他的孩子，他会确保它的成功。对格罗夫斯来说，这不是投向一两座日本城市的一两颗原子弹，而是一笔庞大的智力、资金、工业能力和军事力量的国家投资。他深知，政府期望从20亿美元的投资中获得的回报远不止是新墨西哥州沙漠里的一颗巨大焰火。他做好了持久战的准备。在蒂贝茨进行第一次“小男孩”试飞的那天，格罗夫斯制定了一份对未来原子弹投放的预估计划。投放的数量很能说明问题：在随后的4周里投放3颗，9月再投放3颗，每月逐渐增加，到12月时增加到每月7颗——到年底时总数将达到23颗。这是一条疯狂的原子弹生产流水线。格罗夫斯的孩子不仅会活下来，还会增加。在格罗夫斯看来，只要日本人不投降，美国人的原子弹雨就将不断落到他们的头上。

现在，在华盛顿这个湿热的星期一，格罗夫斯坐在办公桌前，开始给在波茨坦的陆军部长起草一份新的备忘录。这也许是他写过的最重要的一份备忘录。它的标题叫《指令》（*Directive*），别看语言平平常常，它实际上相当于一份使用原子弹的书面授权。备忘录表面上的收件人是新任命的太平洋战略航空兵（Strategic Air Forces in the Pacific）司令卡尔·斯帕茨（Carl Spaatz），它真正的接收人是史汀生以及史汀生后面的美国总统：

致：美国战略航空兵司令卡尔·斯帕茨将军

1. 1945年8月3日后，一旦天气条件允许目视投弹，第 20 航空军（20th Air Force）第 509 混成大队将投放第一颗特殊炸弹，目标为如下之一：广岛、小仓、新潟、长崎……

2. 其他的炸弹将在项目人员准备好后立即投放到以上目标……

3. 与该武器对日使用有关的所有信息的发布由陆军部长和美国总统决定……

4. 以上指令根据陆军部长和美国陆军参谋长的指示并经他们批准后发给你……

四座城市，四个目标。为了不将京都列为目标，史汀生已经与格罗夫斯争论过了。陆军部长大笔一挥，这座日本古都以及它的上百万居民、美丽的神社和著名的寺庙得以幸免被原子弹毁灭的恐怖灾难。随着京都被移出清单，下一座城市移上来代替了它的位置。这座原子弹轰炸的首选目标城市远不及京都闻名，然而出于极可怕的原因，它的知名度将远远超过京都。

第 13 章
“这座城市很安全”

7 月 24 日，星期二
广岛

和广岛其他所有同龄女孩一样，中前妙子（Taeko Nakamae）也辍了学。3 月的某个上午，老师将全班同学叫到操场，告诉他们说，从这天起，他们都将开始为赢得战争而工作。从那以后，妙子就再没上过学。她被派到广岛市电话局，每周工作六天，在电话交换机前从清晨守到深夜，履行着对国家和天皇的义务。4 月，她们全家疏散到叔叔的农场。农场在城市西面的山里，她每天都要坐很远的车往返电话局。她的课本躺在卧室里蒙尘。除了工作，其他事她都无暇顾及。两个月前，她的父亲被征召入伍。离开那天，他叫妙子照顾妹妹惠美子（Emiko）和四个弟弟。她现在才 14 岁，战争一下子把她变成了大人。

中前妙子毫不怀疑祖国将会取得最后的胜利。战斗将是长期而艰巨的，但美国佬终将被打败。在每天去广岛的路上，那些贴在每一面墙上的每一张海报都让她对此确信无疑。每一篇重要新闻也都是这么说的。7 月 16 日，广岛当地报纸《中国新闻》[①]（*Chugoku Shimbun*）的双页大字标语是："胜利一定属于我们！我们神圣的国家必将赶走仇敌！"随后的几栏寸[②]罗列了仇敌会被赶走的全部理由。当然，作者不知道当天在半个地球外的新墨西哥州沙漠里发生的事情。他不知道世界上还有爆炸时可以释放出相当于几个太阳所拥有的热量的炸弹，也不知道下一颗这种炸弹将会被投向他所在的城市。

如果妙子曾想过战争的结局的话，那她一定和所有人一样，认为日本必将赢得胜利：这就像白天之后是黑夜一样毋庸置疑。也许她根本没想过去看报纸，把报纸用作燃料要有用得多。大家都知道，四页《中国新闻》可以维持一壶水沸腾十分钟。毕竟当时的燃料十分短缺，什么都缺，尤其是食物。美军有效地封锁了整个日本，他们的轰炸机和军舰给包括广岛在内的每个港口布上了水雷。日本内阁做了秘密的预测，预计日本对大米的需求到仲夏时将短缺 1400 万吨，而妙子对此一无所知。现在仲夏已过，日本正处于饥荒的边缘。

在人口超过 30 万的广岛，居民们已经开始忍饥挨饿。两年前，市中心有 2000 家食品店。而现在食品店不足 150 家，它们的货架上经常空空如也。居民转而依靠自己的资源挣扎求生。他们吃能找到、能打到或者能种的任何东西。他们吃黑莓苗、蛴螬[③]、蚯蚓、甲虫，甚至吃草。《中国新闻》热情洋溢地对那些草做了描写："每天，广岛的好儿童们爬到山上采草为食。这些草在晒干后被磨成粉，或切碎后和到其他食物里。"对于如何做好草食，该报提出了极好的建议。同一页上还刊登了大量胃药广告和痢疾疗法。

妙子的弟弟文夫（Fumio）[④]死了，夺走他生命的是痢疾。他总是

①此处的"中国"指"中国地方"，为日本本州岛西端的一片地区，含广岛县、冈山县、岛根县、鸟取县、山口县等地。
②报纸等出版物内容多少的度量单位。1 栏寸相当于 1 栏宽、1 英寸长的版面。
③金龟子的幼虫。
④ Fumio 同时对应"文夫""文雄""文男"等多个名字，由于缺乏更多的信息做参考，本书统一译作"文夫"。

很饿。两周前的7月12日，他去乡下找吃的。妙子和12岁的妹妹惠美子去市里工作。文夫和五个朋友跑进了一片树林，看到一些树上挂着诱人的枇杷。他们爬上树，各摘了一大把。但这些枇杷还没熟，不能吃。到了晚上，所有六个孩子全得了严重的痢疾。妙子一家人想方设法给文夫调治，有两个孩子家里还有点多余的米，他们用这些米换来了药。那两个孩子得救了。但妙子的妈妈没有多余的米，没法换来药给文夫治病。他躺在小床上，一家人轮流在床边照顾他。十天后，年仅五岁的文夫死了。

文夫死后的第二天，格罗夫斯将军给陆军部长起草了那份对广岛投放原子弹的指令。第二天夜里，文夫被放进一口小棺材，由村民抬到山上。妙子也跟去了。村民们点上火，烧掉了尸体。次日早晨，妙子和妹妹用筷子夹起弟弟的骨头，放在家族骨灰瓮里。在“小男孩”被投向广岛前的最后几周里，文夫的悲剧似乎是生活中最大的苦难。那时广岛死去的居民基本上都是饿死的，而他们的城市几乎没遭受过轰炸的破坏。实际上，它是日本受轰炸最轻的城市。

广岛也是一座美丽的城市。不算辉煌壮丽，不算古老，也许不及亨利·史汀生钟爱的京都，但它依然有一种宁静的乡村之美。它的美部分在于三面环山，一面向海的地形。它的河也美，七条河如手指般伸向濑户内海宽阔的蓝色海湾，即使在战争年代，它也有天堂般的宁静。广岛赖以闻名的柳树排列在河的两岸，柳下的人行道依然是恋人爱去的地方。坪井直和玲子，也就是那对一起度过1945年夏天大部分时间的情侣，经常漫步在这些柳树下，乘着清凉的晚风，谈论他们在战争结束后要做的无数事情。也许在这里，人们可以暂时忘记战争，忘记饥饿和标语，忘记让皮肤长出令人难以忍受的疹子的代用肥皂，忘记每天嗡嗡嗡掠过天际的美国B-29轰炸机。

没人搞得清是怎么回事，但那些轰炸机似乎从不袭击广岛，或者说几乎从不袭击广岛。3 月，这里曾遭受过一次美国海军战斗机的小规模低空空袭。4 月 30 日，一架 B-29（大家都把这种已经司空见惯的闪亮的银色轰炸机叫作“B 君”）在大手町地区投下几颗 500 磅的炸弹，炸死了 11 个人。从那以后，广岛再没有遭到过炸弹的轰炸。市里一座 16 世纪城堡的院子里有一个民防掩体，由几乎清一色与中前妙子同龄的女学生守着。她们连续轮班，收听关于飞往日本沿海的“B 君”轰炸机群的报告。但这些轰炸机总是飞到别处。突袭警报仍会拉响，也只是以防万一。较真的市民会躲到防空掩体里，大部分人经常头都懒得抬一下。生命短暂，这些轰炸机又从不投弹。不管怎么说，还有更重要的事要操心，比如说，下一顿饭的着落。

到 1945 年 7 月后期，“B 君”实际上几乎已经夷平了每一座重要的日本城市，除了广岛——日本第七大城市。广岛还是一个重要的军事中心，有 4.3 万人的部队驻扎在这里，其中许多正在为坚守日本和抵御美国人做准备。自 4 月起，第二总军①（the Imperial Second Army）司令畑俊六（Shunroku Hata）元帅就将司令部设在广岛，他的职责是在美军最终登陆时防守日本西部。市里到处都是军队，有的在西部和东部的兵营，有的在那座护城河围绕的城堡里，那里有弹药和补给部门、步兵训练学校和掩体。十三四岁的女学生就挤在那些掩体里，等着从未到来的轰炸机。

虽然不复往日的拥挤和繁忙，但这里仍有一个港口。宇品岛伸进濑户内海，岛边建有大量防波堤、码头和仓库。现在已经很少有船从这里出发了。同样一去不返的还有“常胜第五军②”在成千上万市民的欢呼声中离开码头的日子。他们是去攻占新加坡等众多敌军重地的。宇品岛现已日薄西山，成为一潭死水了。半数防波堤沦为菜地。巨大的凯旋馆（Gaisenkan）一片空寂，再也没有欢呼的人群在这里迎接征

①总军是日本陆军在第二次世界大战中部队的最高编制，下辖数个方面军。
②此处有误。攻占新加坡的是第 25 军。

战凯旋的部队了。1945年7月，已经没有什么值得欢呼了。

虽然近似鬼城，但它依然是座港口，一座大城市的港口。广岛同时还是一个制造基地。虽然算不上是工业中心，但它也为战备做出了自己的贡献。大部分工作都集中在小型居家作坊和地下室工场，每个这样的作坊和工场往往雇佣十来个人，多半都是学生。它们什么都做，有给军队的牛肉罐头和酒精饮料，有坦克履带，有用于对付即将入侵之敌的饵雷和汽油弹。这座城市忙忙碌碌，7条河和49座桥之间无处不在的活动模糊了平民和军队、学生和士兵、非作战人员和作战人员的区别。

在炎热7月的最后几个星期，许多广岛居民开始奇怪，为什么轰炸机还没来空袭。市长粟屋仙吉（Senkichi Awaya）做了最坏的打算，不情愿地下令隔出三条从东到西贯穿城市中心的巨大防火带。广岛90%的建筑都是木质结构的，是美国“B君”空投下的凝固汽油弹和燃烧弹的完美燃料。市中心实际上是一只13平方英里[①]的引火盒[②]，平均每平方英里的土地上挤进了26 000人。广岛的消防装备不仅陈旧不堪，而且整个地区只有16辆消防车。面对美军轰炸机点起的烈焰，防火带和市内的7条河是唯一的防护。正因为如此，市长才下了那条命令。过去的两个月里，街道上回响着建筑轰然倒地的声音。餐厅、办公楼、商店、公共大楼、住屋……所有处于防火带上的建筑统统被拆除。到小文夫因为吃了没熟的枇杷死掉的时候，已经有七万多座建筑被拆除了。

8000名学生每天都在参加广岛的这场壮士断腕行动。一队队学生将绳子拴在每栋建筑的梁上，再一起将它拉倒。腾起的浓重尘土就像是悬在城市上空的一个问号：它能挺过一场空袭吗？这个措施管用吗？市长本人确信这些措施是有用的。这是粟屋仙吉发布过的最艰难

① 1平方英里≈2.59平方公里，下同。

②木质或者金属的盒子，内装打火石、火柴、纤维等容易产生火星或者易燃的物质，帮助引火。

的命令。然而在这个 7 月的最后一周，他有充分的信心，甚至把小孙女带到广岛一起生活，因为他相信这座城市很安全。

看上去也确实如此。也许最后广岛和它著名的柳树将挺过这场战争。关于为什么没有 B-29 来轰炸广岛，甚至有一个传言。据说杜鲁门总统的母亲实际就被囚禁在市里。在武装卫兵的看守下，她秘密生活在广岛。这就是这座城市从未被轰炸，而且永远不会被轰炸的原因。美国总统亲自下达了不轰炸的命令。

实际上，广岛已经被特别选中，将走向一条完全不同的毁灭之路。自 7 月初起，这座城市就被特意留出来供原子弹去摧毁。没有一架美军轰炸机可以碰它。连蒂贝茨手下执飞“南瓜”弹任务的 B-29 都接到命令，不许轰炸它。广岛成了一个禁区。它的谣言工厂白白忙活了一阵：杜鲁门总统的母亲根本不在这里，她住在 7000 英里外密苏里州的格兰德维尤（Grandview）。

原子弹目标的选择曾经大费周章。其中一个问题是留给它轰炸的地方已经少得可怜了。早在原子弹就绪前 3 个多月的 4 月 27 日，格罗夫斯将军就召集了一个目标选择委员会（Target Selection Committee）。第 20 航空军参谋长劳里斯·诺斯塔德（Lauris Norstad）准将向一群“曼哈顿计划”的科学家、天气预报专家和空军高级军官列出冷冰冰的最新数据。自东京于 3 月 9 日被毁后①，在短短的六周里，有 178 平方英里的日本城市被夷为平地，2200 万人无家可归，这几乎是日本人口的三分之一。到目前为止，估计有 90 万人死于轰炸，明显超过死于太平洋战场的 78 万**参战**日本军人。这是真正的全面战争。世界上从未出现过这样的情况，连汉堡和德累斯顿都没有。柯蒂斯·李梅将军的低空轰炸没有一天不在展示美国战争机器不容置疑的威力。在经过

①指美军的“火牛”轰炸行动。这次行动共派出了 334 架 B-29 轰炸机，对东京进行了持续 2 小时的地毯式轰炸。轰炸造成近 10 万人死亡，东京有约四分之一被夷为平地。

润滑、调试完毕之后，这台战争机器现在已经达到了完美的程度。在那个晚春的上午，围坐在桌边的目标委员会成员要解决的问题，说白了就是要找到任何还可以轰炸的地方。

他们还是找到了一个。会议记录的第 14（c）部分第（i）段的文字枯燥无比，却决定了这座城市的命运：

> 在未被列入第 21 轰炸机司令部（21st Bomber Command）轰炸优先名单的城市中，广岛是最大、最完好的城市。该市应列入考虑。

该市确实得到了考虑。两周后的 5 月 10 日，目标选择委员会再次开会，这一次是在洛斯阿拉莫斯“Y 地点”[①]的奥本海默办公室。主持会议的是格罗夫斯忠心耿耿的副手法雷尔将军。列出供讨论的城市有五座：京都、广岛、横滨、小仓和新潟。根据会议记录，所有五座城市都是“陆军航空兵将乐于留给我们使用的目标”。名单上的第一个城市就是格罗夫斯个人最希望被选中的京都，紧随其后的便是广岛。

广岛满足所有的标准。它有重要的军事意义，有军用补给站和港口，足以减轻因为原子弹对 30 万居民的可能影响而带来的任何良心不安。将广岛描述为“一个城市工业区”更为恰当，而陆航无一夜不在将这类地区炸成一堆堆阴燃的灰烬和瓦砾。这座城市还有其他优势，从会议记录中也能看出广岛入选背后的深层次“考虑”。首先，城市大小完全适合投放原子弹，它的大小正属于那种“可以被大规模破坏”的规模。其次，它有“邻近的山冈，它们可能产生一种聚焦效应，从而显著增大爆炸的损害”。这些山冈赋予了广岛优美的田园风光，却也将为它的毁灭助上一臂之力。

“考虑”还不止这些。房间里的所有人都知道这件武器的主要意图：

①洛斯阿拉莫斯国家实验室当时为保密用的代号。

它的震撼力。会议记录的第七段对此做了直白的陈述，以防有人意识不到这一点。以“目标选择的心理因素”为标题，其论据罗列如下：

> 与会者认为，目标选择的心理因素极其重要。此点有两个方面：
>
> 1. 取得针对日本的最大心理效果；
>
> 2. 爆炸做到一鸣惊人，在投放该武器的信息被公开之际，使他国意识到其威力。

广岛未受损坏这一点实际上保证了核武器的使用将是一鸣惊人的。这就是选它作为轰炸目标的最大原因。当时，除京都外，没有一座城市像广岛一样未被破坏。这是现代战争最大的讽刺：实施历史上最为惊人的爆炸，然后将结果公之于众。从一开始，宣传和原子弹就密不可分。

委员会不允许任何事情削弱原子弹的惊人效果。在会议期间，讨论转到是否要在原子弹爆炸后立即进行一次全面的燃烧弹轰炸上。支持这一建议的理由非常充分，其中之一是“‘那玩意’也许会导致敌方的灭火能力陷于瘫痪，因此（紧接着进行一次轰炸）可能会使广岛成为一片火海”。所有这些都对（考虑到消防设备的匮乏，这一点对广岛尤其适用），却偏离了最根本的一点。原子弹爆炸后不应该有任何后续轰炸行动。如果又进行一次燃烧弹轰炸，就会模糊原子弹爆炸的威力，那就没人（尤其是日本人）清楚哪儿归哪儿了。必须让敌人知道，刚刚摧毁他们一座城市的武器与众不同，不同于他们或整个世界见过的任何武器。

但在另一个意义上，这次讨论也发人深思。居然有人**考虑**原子弹和燃烧弹袭击的双重打击，这一点充分说明坐在那个房间里的人的心态。和以往一样，会议记录没有太多细节，用词也很谨慎。类似**“那**

玩意”或者**燃烧弹协同袭击**之类的词汇掩盖了它们背后的恐怖现实：成千上万吨燃烧弹落向一座刚被原子弹摧毁的城市。这样的景象是无法想象的，是没有人性的。无论怎么说，这些人都不是没有人性的。他们是正在履行一项职责的能干、勤奋、聪明的专业人士，他们不认为自己是满怀恶意或者残忍的人。他们只想结束战争。美国人都想结束战争，他们只不过是其中的一员罢了。四年的战争已经麻木了人的感官。日本人是仇恨、恐惧、厌恶或鄙视的对象，他们很少被看成人类。

报纸和新闻短片几乎每天都在将同样的信息迅速传遍美国各地：日本人与众不同，是异教徒，是**另类**，是残忍而狂热的虐待狂，他们的行为更像猴子或猩猩，不像人。甚至有一款在售的襟章上写着：“猎杀日本人许可证——进入猎杀季了——无限制”。正是在此背景下，南太平洋战区司令、海军上将威廉·哈尔西（William Halsey）催促他的战士“杀日本人，杀日本人，多杀日本人”。“唯一的好日本人，”他曾宣称，“是已经死去半年的日本人。”没人能忘记珍珠港，忘记那个日本人残忍地从背后捅了美国一刀的“国耻日”。现在，在战争的最后几周里，关于盟军战俘在日本战俘营遭遇可怕虐待的故事开始流传。许多正派美国人的反应是咬牙切齿，这种态度渗透到每个社会阶层。约瑟夫·史迪威（Joseph Stilwell）将军给妻子写信说：“一想到这些O形腿的蟑螂是如何毁了我们宁静的生活，我就恨不得把日本人的肠子绕在亚洲的每根路灯杆上。”对整个民族的愤恨都集中在这一句话里。蟑螂不值得人类同情，相反，它们应该被弄死。

第 14 章
这“不是什么‘重大决定’”

7 月 24 日，星期二
德国波茨坦附近的巴伯尔斯贝格，小白宫

这是一个晴朗的夏日，上午 9：20，亨利·史汀生如约来到小白宫面见总统。他的公文包里装着来自华盛顿的最新电报：格罗夫斯将军为原子弹制定的最终时刻表。在刷成黄色的总统行营前门等待的史汀生知道，第一颗原子弹将在一周后的 8 月 1 日准备就绪。他还知道，要想说服总统考虑使用原子弹以外的另一个选择，今天是他最后的机会。那个选择便是在盟军要求日本投降的最后通牒中，允许日本人保留他们敬爱的天皇。

杜鲁门在办公室迎接史汀生。今天，总统情绪不错，在波坦茨的活动进展顺利，尤其是三天前陆军部长给他读了那份激动人心的关于“三位一体”测试的报告之后，他的信心极速膨胀。他从来没有这么像一个世界领导人，从非常现实的意义上说，他现在确实成了世界的领导人。他的精力似乎用之不竭。他每天早早起床，穿好衣服，准备好绕湖做健身散步。虽然是扁平足，但他走得很快，每分钟可以走 120 步，助手跟着还有些吃力。世界形势对他有利。波茨坦这里的会议也在快速接近尾声。幸运的话，到这个周末，这里的事情可以全部结束，他也可以打道回府了。

那个晴朗的上午，坐在那间办公室的两个人之间形成了鲜明的对比。一边是强壮自信、充满活力的总统，另一边是虚弱疲惫的陆军部长。和杜鲁门一样，史汀生也是每天早早起床，但并不是因为他精力充沛。他饱受失眠的折磨，以至一夜好觉都值得他在日记里特别提及。最近几周，这类提及已经很少了，而关于迫切需要休息以及反复发作的恼人胸痛这类内容倒有很多。史汀生渴望回国。他想念妻子梅布尔，想念在他们位于长岛[①]（Long Island）的漂亮庄园高堡（Highhold）的生活，那些在雪松下度过的舒缓宁静的夏日傍晚。他是个疲惫的老人（按他的说法，“年龄过大，体重过重”），而过去几周的压力让他感觉更老、更疲惫了。

最终，疲惫打垮了他。不管正确与否，史汀生相信（他在当晚的日记中是这样写的）保留天皇的保证“也许会促使或妨碍”日本接受最后通牒。但不管怎么说，与总统会谈期间的某个时候，他失去了抗争下去的勇气。史汀生几乎没有再为自己的主张辩解。他只是遗憾而无奈地接受了总统的决定，即最后通牒里不会出现保留天皇的保证。杜鲁门和国务卿吉米·伯恩斯一样，对他来说都太强硬了。让史汀生在床上辗转反侧的良心不安，杜鲁门一点都没有。他对良心不感兴趣。他感兴趣的是迅速地、决定性地赢得战争，并且最好赶在苏联人插手之前赢得战争。自史汀生首次出任陆军部长以来，已经过去40个年头了。这个老朽顽固的绅士所属的维多利亚时代已经一去不复返。是时候让他回到梅布尔身边，回到雪松树下，让总统来继续这场战争了。日本人要么无条件投降，要么死。死亡人数将相当惊人且不断增加，直到他们投降为止。

在巴伯尔斯贝格那个星期二上午的短短几分钟里，不用原子弹而

①美国东海岸的一个岛，隶属于纽约州。

达成和平的最后机会之一也许就这样悄悄溜走了。我们不由得设想，要是情况是另一个样子，要是史汀生更强硬一些，更年轻一些，或者说服力更强一些，历史的进程也许会为之改变。史汀生认识到，日本政府里还有些如外相东乡茂德那样的“开明”分子，盟国的一个信号也许会对他们产生影响，促使他们起而反对那些铁了心要决一死战和全民自杀的陆军领导人。天皇本人也许会插手阻止更多的流血牺牲。这样原子弹也许就永远不会被使用。但这些不是历史事实。无条件投降的要求只能导致一个结果，像一场古希腊悲剧里的演员一样，主要人物要将他们的角色一直演到最后。杜鲁门向这位忠实的、不自信的、认真过头的老陆军部长露出宽容的微笑，然后把他打发走了。

现在，历史的车轮正滚滚向前。当晚 7：15，在结束了当天在会议厅的会议后，杜鲁门收起文件，起身缓步走向斯大林。斯大林和他的翻译站在一起。“我离他们大概有 5 码远，”丘吉尔后来说，“我目不转睛地注视着这一切。我知道总统要做什么。”伯恩斯也在看着。他也知道总统要做什么。就在那一天，亨利 · 史汀生离开房间后，伯恩斯和杜鲁门几乎紧接着就进行了商量。“我随口对斯大林提到，”杜鲁门后来说，“说我们有了一件破坏力惊人的新式武器。斯大林没表现出特别的兴趣，只是说他很高兴听到这个消息，希望我们用它好好对付日本人。”“以这种方式告诉斯大林，”奥本海默后来写道，“也太随意了点。”

丘吉尔满怀希望地在外面等着杜鲁门。“情况怎样？”他问。“他一个问题也没问。”杜鲁门回答说。离开会议厅时，两人就像一对刚刚搞出一桩绝妙恶作剧的学生，深信斯大林对这件即将投向日本的武器的性质一无所知。他们大错特错。这只老狐狸把他们彻底愚弄了。克劳斯 · 福克斯，也就是那个藏身于洛斯阿拉莫斯、戴着眼镜、爱跳华尔兹、从坎帕尼亚山上目睹“三位一体”测试火球的间谍，多年来一直在向苏联人提供情报。在苏联位于中亚的山区，矿工们正在开采大量的铀矿矿石。苏联特工已经从柏林废墟上的威廉皇帝研究所[①]（Kaiser Wilhelm Institute）运走了两吨氧化铀，一起被带走的还有众多德国顶尖科学家。在离莫斯科不远的波多利斯克市（Podolsk），一个绝密的核武器研究中心正在一所废弃的农场上拔地而起。这是一个洛斯阿拉莫斯风格的独立实验室，有自己的测试场、机场和一个以克劳斯·福克斯提供的数据为基础的铀分离工厂。那里甚至有一个苏联的“奥本海默”。这个杰出的核物理学家叫伊戈尔·库尔恰托夫（Igor Kurchatov）。这台苏联的原子弹研发机器正在日益加速运转。现在斯大林准备将它开到最大马力。杜鲁门透露那个消息后不到一个小时，斯大林就开始与外长莫洛托夫密谈。斯大林将杜鲁门的话告诉了他。“我们都得与库尔恰托夫好好谈谈，”莫洛托夫说，“让他加快速度。”核武竞赛开始了。利奥·西拉德曾向总统发出过警告，但他的警告还锁在格罗夫斯将军的办公室里。

亨利·史汀生没看到杜鲁门和斯大林之间的互动。晚饭前，格罗夫斯的电报被送到他的办公室。电报的内容是授权使用原子弹的指令草案。史汀生立即准备回复。现在所有的事情都已经决定了，没有任何可讨论的。午夜过后不久，他将答复电报发回华盛顿。

绝密

紧急

自：总站

致：陆军部

胜 281 号

1945 年 7 月 25 日

①参与纳粹德国核武项目的是威廉皇帝物理研究所，也就是今天的马克斯·普朗克物理研究所。

关于你7月24日的战字第37683号电，陆军部长批准格罗夫斯的指令。

完

波茨坦此时是凌晨00：35。华盛顿则是下午6：35，一个美丽的仲夏黄昏。格罗夫斯得到了他想要的答复。虽然电报只有一句话，但实际上史汀生已经签署了投放第一颗原子弹（及必要情况下，随后的任何原子弹）的命令。核武器的控制权已经从政治家的手中转到了军方的手中，后者实际上就是格罗夫斯。现在只有一样东西横在日本和核毁灭之间：日本人对要求无条件投降的最后通牒的答复。最后通牒计划在36小时后发出。至于史汀生，他启程去了布伦纳山口[①]（Brenner Pass），去度一个迫切需要的假期。在那里，他捕到了一条鳟鱼。

当然，这个决定无论如何都是不可避免的。它太确定了，几乎都谈不上是一个决定。所有事件都指向这样的决定。投放原子弹的急迫理由太多了，就像一杯鸡尾酒一样，当所有这些理由结合到一起时，这样的决定变得无法抗拒。如果最后决定不投放原子弹了，那才叫极不寻常。但不同的声音依然存在，除了史汀生（尽管他的信念没有贯彻始终），还有其他重要人物认为原子弹并不是非投不可。盟军最高司令艾森豪威尔（Eisenhower）在道德上强烈反感使用原子弹的想法。“我不想看到我们成为第一个使用这类武器的国家。”他后来写道。白宫幕僚长、海军上将威廉·莱希也持反对意见，他的理由非常明确：相比屠杀睡梦中的无辜妇孺，美国人还有更体面的事可做。“没人教我那样打仗。”他说道。还有些人则是纯粹出于实际原因反对投放原子弹。柯蒂斯·李梅将军不会对妇女儿童大发善心，他的燃烧弹每夜都在屠杀他们，但他看不出原子弹的意义何在。有了他自己的轰炸机群，投放

①一个沿奥地利及意大利边境穿越东阿尔卑斯山脉的隘口。

原子弹纯粹是多余之举。再过几周，日本又将没有一座城市——广岛也将不复存在。无须一粒放射性同位素来污染空气，日本就会投降，战争就会结束。

所有这些都没有切中要害。无论多么恐怖，对日本的夜间空袭毫无新意，只是比以往的空袭规模都大而已。相反，原子弹是个全新的事物，它的震撼力无法估量。“三位一体”测试已经生动地展示了这种炸弹的巨大威力。它可以将沙地变成玻璃，让盲人感受到光明。原子弹的惊天威力中蕴含着某种近乎魔鬼般的（或者神一般的，这取决于你的视角）元素。这种威力是促使日本投降的关键：以一种完全不同以往的更致命的毁灭方式摧毁日本人的意志。按马歇尔将军曾经的说法，日本人需要经历**巨大的震惊**才会投降。这是停止战争和挽救美国人生命的唯一途径。要让日本人惊恐、畏缩、崩溃、彻底绝望而至投降，纵观美国的武器库，原子弹是拥有这么大威力的唯一武器。

将大为震惊的也不仅仅是日本人。杜鲁门的战略以他对正在中苏边境集结的苏联军队的担忧为中心。盟军在欧洲犯下的错误[①]决不能再犯。这一次将不会有令人担心的铁幕，因为苏联人不会有足够的时间。原子弹爆炸将把他们“炸”回自己的边境，这将会是给斯大林的很好一课：苏联的城市现在和日本的城市一样脆弱，一样会轻易地毁于一颗辉煌的火球。格罗夫斯将军也看到了这一点。“你当然认识到，”他在某天的晚餐上对英国物理学家詹姆斯·查德威克[②]（James Chadwick）说，“所有的这些努力确实意在抑制苏联人。”格罗夫斯和杜鲁门都不知道的是，苏联人已经通过克劳斯·福克斯认真地上过课了。

对于任何一位美国总统，如此巨大的力量都令人迷醉。世界将任由他摆布。抵制这样的诱惑，设法让时间倒流并且停止制造、使用

①这里主要指艾森豪威尔将柏林让给苏军占领，最终导致后来的柏林分治局面。
②英国物理学家，因发现中子于1935年获诺贝尔物理学奖。

原子弹，要么是不可能的，要么是疯人之举。当杜鲁门抵达波茨坦时，“曼哈顿计划”这一研发机器完全是一辆不断加速的过山车。超过 10 万人参加了原子弹的研发和制造，整个工程已经秘密花掉了纳税人 20 亿美元。美国财政部的白银储备几乎全被熔化，用于帮助庞大的电磁分离工厂生产武器级的铀。过去三年来，美国主要的金融储备被分配给原子弹研发项目。怎么可能有任何人能踩下刹车？连总统都不能。同样，格罗夫斯也许比任何人都清楚这一点。他说，就像一个乘雪橇飞速下山的男孩止不住雪橇一样，杜鲁门也阻止不了原子弹的使用。毫无疑问，这辆过山车的旅行是疯狂的、激动人心的、令人害怕的，甚至连后果都无法预料，但是没有人能够让它停下来。

杜鲁门自己也不想阻止它。不管是当时还是后来，他一次也没有提出过反对意见。在他于 4 月接任总统后，史汀生立即告知他美国正在研发原子弹，从那一刻起，杜鲁门从未对使用原子弹提出过真正的质疑。5 月 31 日，他批准了临时委员会的建议，也就是无须事先展示和警告，可以直接用原子弹轰炸日本。杜鲁门的批准也许是“不情愿的”,但无论如何,他还是批准了。“使用原子弹的决定不是什么‘重大决定’,”他后来写道，“不是任何值得担忧的决定。”杜鲁门一直认为，原子弹“是一件武器”，仅此而已。作为一名参加过一战的前炮兵军官，他心安理得地这么认为。美国人没有邀请日本人偷袭珍珠港，是他们的背信弃义引发了这场战争。现在他们拒绝投降，原子弹是唯一的回应。它的道德考量最终被简单的数字所替代。“在我看来，”杜鲁门后来写道，“我们损失的 25 万大好青年值几座日本城市。”

这样的道德考量也不能完全忽视。在史汀生批准格罗夫斯的指令的那一晚，杜鲁门在日记里写道：

> 我们发现了人类历史上最为可怕的武器。它也许是诺亚

和他的神奇方舟之后，幼发拉底河流域时期[①]预言的毁灭之火……

这件武器将于现在到8月10日之间使用。我已经嘱咐陆军部长史汀生先生，它的使用应针对军事目标、士兵和水兵，而不是妇女儿童。就算日本人是野蛮人，冷酷无情而且残忍，出于人类共同的福祉，我们作为世界的领导者仍不能将这种可怕的炸弹投向京都或是东京……希特勒一伙或斯大林那帮人没发现这种原子弹当然是件好事。它似乎是人类发现的最为可怕的事物。

在这篇日记的字里行间，杜鲁门的全部想法都表露无遗：他关于原子弹毁灭世界级的破坏力的想象，以及他对使用原子弹的本能恐惧。原子弹的使用只有一种方式：作为一种大规模杀伤性武器。目标选择委员会的每一个成员都知道，谈论军事目标是虚幻的。杜鲁门也清楚这一点，即使是在现在，即使在战争的这第四个年头，即使他看过了战争的全部恐怖、屠杀和无法想象的恶行后，他也许仍然无法面对自己行将所为的最终现实。和任何人一样，他必须找到对自己人性的救赎。所以他说这不是一个重大决定。但依然有人记得，当他做出并实施这一决定时，他正因此经历着剧烈头痛的煎熬。

①幼发拉底河和底格里斯河流域是人类文明发源地之一。关于幼发拉底河毁灭的预言，请见《启示录》第12章。

第 15 章
送达天宁岛

7 月 26 日，星期四
西太平洋天宁岛天宁港

一大早，“印第安纳波利斯号”就驶入天宁岛水域，在离岸半英里的地方下了锚。这艘军舰的表现无懈可击。自它从金门大桥下驶过，开始横渡太平洋的航程以来，时间才过去了不到 10 天。它已经用了 13 年的主机从未停止过运转。现在它的船员正用望远镜凝视着这座没有任何树木的平坦珊瑚岛。就在他们观察的时候，一队小艇离开那个繁忙的港口，驶向这艘重巡洋舰。

不一会儿，那些小艇就包围了“印第安纳波利斯号”。一些船员注意到，艇上载着军阶高得出奇的军官——这次奇怪任务中的又一桩怪事。接着那个引来无数关注的大板条箱被移出机库。舰上一台吊车小心地吊起它，越过船舷，放到下方的一艘小艇上。不管它里面装着什么（丽塔·海华斯的内衣、麦克阿瑟将军的卷纸还是细菌武器），“印第安纳波利斯号”的船员很高兴能摆脱掉它。现在他们终于可以继续参加战斗了。

与此同时，几乎没人注意到，另一艘汽艇接近了军舰的舰尾。站在艇上的是迪克·阿什沃思[①]（Dick Ashworth），一位又瘦又高、参加过瓜达尔卡纳尔岛（Guadalcanal）战役[②]的海军飞行员。他现在为格罗夫斯将军工作。“印第安纳波利斯号”上的一名水兵将一个桶形物体拴到吊艇架上，阿什沃思耐心地等着，他知道桶里装的是什么。他和天宁岛上的科学家一直在等待的东西终于到了：第一颗实战原子弹“小男孩”的铀-235“炮弹”。

汽艇在轻微的涌浪里上下起伏，吊艇架操作员将桶慢慢吊过船舷。突然，吊绳打滑了，300磅的铅衬桶自由落体式地掉落下来，摔在他身边的甲板上。阿什沃思吓呆了，有那么一刻，他以为这无价之宝已经砸穿甲板，掉到海底。甲板居然令人难以置信地没被砸穿。阿什沃思战战兢兢地将桶扶正。汽艇飞快地驶回港口，一辆平板车等在码头上。很快，桶和板条箱被拴在车厢板上，盖上油布。和以往一样，它们的秘密需要避开好奇的目光。

平板车在武装护送下经过第八大道驶向技术区。这个原子弹组装区与外界隔离，被高高地建在岛西北的偏僻岸边，里面是没有窗户的灰色建筑。那两个戴着颠倒的假炮兵肩章的押送员诺兰和弗曼乘车随行。回到坚实的陆地后，他们显然如释重负。两人的任务已经接近完成。他们一路搭乘汽车、飞机、轮船，守着宝贵的货物走过数千英里。这趟旅程将他们从新墨西哥州大山里的洛斯阿拉莫斯一直带到茫茫大洋中这个潮湿闷热的荒凉小岛。现在他们只剩下一件工作要做了。

平板车通过院门，进入技术区。首先卸下的是板条箱，随后是桶。诺兰和弗曼接着将一张打印的文件交给了法雷尔将军。他最近才作为格罗夫斯的代表到达天宁岛。他仔细查看了那份打印文件，这是一份收据，接收的是原子弹所需铀-235的一半。从现在起不到10天后，

①真正的名字是弗雷德里克·阿什沃思（Frederick Ashworth），“迪克”是对他的昵称。
②1942年8月7日至1943年2月9日期间盟军在瓜达尔卡纳尔岛及其周围岛屿进行的战役，目标是保护美国、澳大利亚和新西兰之间的运输航线，也是盟军在太平洋反攻的开始。

这些铀将在广岛上空爆炸。

日期：1945 年 7 月 26 日

致：法雷尔准将

关于：材料收据

原件由收件人亲笔签署后交还发送人。

副本由收件人保存。

第二副本由发送人保存作为临时档案。

描述："炮弹"，包含（空白）千克平均浓度为（空白）的浓缩"管合金"。

请签署并立即将原件返还。

现在，正式移交程序完成了。那块铀 -235（代号"管合金"）转归陆军拥有，随时准备在原子弹组装完成后立即使用。相关文件已经复制存档。当"小男孩"最终投下后，没人可以抱怨说文件不完备。

离开洛斯阿拉莫斯整整 12 天后，原子弹的有效裂变核心的一半安全到达天宁岛。科学家们现在只等另一半了。

阿尔伯克基的柯特兰机场的空勤人员从未见过这样的事。巨大的道格拉斯 C-54 运输机这些天非常紧俏，人人都迫切需要它们。飞行时，它们总是装得满满的。C-54 是陆军航空兵最大的运输机，最多能装 86 人。但是这里，正在柯特兰的停机坪上热车的三架 C-54 上，每架只装了一个人和一件货物。这些人也相当特别，每个人都全副武装。他们的货物是一只高 2 英尺、直径 1 英尺的钢桶。三个人，三只桶，三架飞机。连艾森豪威尔都享受不到这样的待遇。

上午 9：10，第一架飞机呼啸着滑过跑道，向西飞往 1200 英里外的旧金山汉密尔顿机场（Hamilton Field）。坐在机舱里的是28岁的皮尔·德席尔瓦（Peer de Silva）中校。他是西点军校的毕业生，穿着优雅整洁，是格罗夫斯将军任命的洛斯阿拉莫斯的安保负责人。德席尔瓦接到的命令是将所有三只桶运过半个地球送到天宁岛。每只桶里装着两块特殊浇铸的铀-235环，两块铀环加起来的质量只有56磅，但价值却可能达到了数亿美元。为了防止飞机坠毁可能导致的全部损失，这些铀-235被分装在三架飞机上运送。即便如此，每只桶都有自己的降落伞。

当天早上，这三只桶被装在一辆密闭的黑色卡车里，从洛斯阿拉莫斯送到机场。护卫它们的是15名带着点38口径手枪、冲锋枪、霰弹枪和卡宾弹的情报官。格罗夫斯和他的安保团队不想发生任何意外。因为分装在三只桶里的是“小男孩”裂变核心的另一半。“印第安纳波利斯号”刚刚交付了铀-235“炮弹”，现在三架C-54运输机将运送“小男孩”的铀-235目标。到达天宁岛后，这两个部分将被组装成完整的原子弹。

格罗夫斯正在冒的风险是值得的。他已经向总统做出保证：6天后的8月1日，“小男孩”将准备就绪。斯帕茨将军带着授权使用原子弹的指令，已经在赶往太平洋的途中。总统给日本的最后通牒正在由日语专家审核，准备向全世界广播。载着三只桶的三架飞机必须准时抵达天宁岛，否则“小男孩”就没法组装。皮尔·德席尔瓦年轻的双肩实际上担负着缩短还是延长这场战争的重任。

在这趟旅程的第二段，当德席尔瓦乘坐的飞机离开旧金山45分钟后，飞机的发动机熄火了。这架C-54已经飞出太平洋很远。虽然格罗夫斯严令三架飞机必须一起飞行，另两架还是继续飞往下一站檀香山，德席尔瓦的飞机被落在了后面。飞行员做了顺桨的操作[1]，接

①当飞机的发动机空中停车后，为了减少迎面阻力，将桨叶顺飞行方向安置，即调至与桨平面约成90°角的位置。

着掉转机头，降低高度，操纵飞机长距离下降滑行返回岸边。德席尔瓦系紧安全带并抓紧他的桶。机组人员在看到汉密尔顿机场后通知机场将会进行紧急迫降。飞机放下襟翼，减速进场。消防车呼叫着奔向跑道。飞机机轮尖叫着擦过混凝土跑道，逐渐停了下来。桶和它的护送员安全着陆，但飞机用了好几个小时才换好发动机，得以继续它的旅程。

在这场战争的这个阶段，几个小时是一段很长的时间。

那天启程飞往天宁岛的运输机不仅有德席尔瓦的三架 C-54，还有载着完全不同货物的另外两架。格罗夫斯面临的最紧迫压力是为“小男孩”做好实战使用的准备，“小男孩”之后还有“胖子”。这颗椭圆形的钚弹是以 10 天前照亮新墨西哥州天空的“那玩意”为模型制造的。天宁岛上那些负责组装“胖子”的人也在没有窗户的棚屋里等着，他们要赶在最后期限前完成组装。

系着安全带，坐在其中一架道格拉斯运输机里的是雷默·施赖伯(Raemer Schreiber)，洛斯阿拉莫斯一位年轻的物理学家。他身边是一只小手提箱，与菲利普·莫里森放在军用轿车后座从洛斯阿拉莫斯运到“三位一体”测试场的那只非常像。手提箱中装的也是两个被金箔包裹的钚半球。在飞往天宁岛的整个途中，这两个半球将被隔开放在手提箱里。到达天宁岛后，就像在乔治·麦克唐纳的牧场客厅里一样，它们会被极其小心地合在一起，形成世界上第二颗实战原子弹的球形有效裂变核心。如果“小男孩”没能让日本投降，美国将会用“胖子”继续轰炸。

第一批三架飞机带着铀桶离开后不久，两架装载钚和备用钚的 C-54 也从柯特兰机场起飞了。现在五架大型四引擎运输机正在飞向太平洋的途中。五架飞机总共只装了 69 磅的全世界最贵的两种金属——相当于今天一名航空乘客的行李限重。

连续好几个小时，雷默·施赖伯坐在他的手提箱旁，他乘的这架大飞机轰鸣着向西飞越一望无际的太平洋。在大洋上空某处，他们遭遇了一场热带风暴，飞机开始在空中剧烈起伏颠簸。一名卫兵走向施赖伯。“先生，”他说，“你的箱子在后面到处乱跳，我们不敢碰它。”施赖伯抓起一根绳子，将手提箱捆在机舱里的一张床上。卫兵保持着他心目中的安全距离，但真正的安全距离需要几英里。这只手提箱装着网球大小的钚核，被捆在床上飞越了太平洋。离开柯特兰两天后，钚核抵达天宁岛。不到两周后，它将在长崎上空爆炸，夺走七万人的生命。

在天宁岛安全卸下货物六小时后，查尔斯·麦克维舰长命令“印第安纳波利斯号”起锚。它的秘密任务已经完成。现在舰长接到了新的命令：加入第 95 特混舰队第 6 特混编队（Task Force 95.6）[①]。这支正在菲律宾莱特岛（Leyte）集结的庞大舰队计划于 11 月 1 日发起进入日本南部的“奥林匹克行动”（Operation Olympic）。午后，这艘重巡洋舰静静地驶入大海，南下驶向 120 英里外的关岛。从关岛开始，它将继续在没有护航的情况下孤独地驶向莱特岛。这又是一段 1300 英里、向西横跨菲律宾海（Philippine Sea）的航程。

“印第安纳波利斯号”没能到达莱特岛。7 月 29 日，星期天。午夜前，一艘日本潜艇“I-58 号”发现了它。艇长简直不敢相信自己会撞上这种好运——这艘巨大的美国军舰正独自行驶。他立即下潜到潜望镜深度，接着从 1500 码的距离处向“印第安纳波利斯号”发射了六枚鱼雷。每枚鱼雷携带的炸药都足以摧毁一个街区。它们展开成扇形，以 50 英里的时速向这艘美国军舰奔去。在“印第安纳波利斯号”上，数百名躲避甲板下酷热的水兵露天睡在甲板上。右舷的一间前舱

①特混舰队的每一个小数点表示一个级差，这里小数点后的 6 指的是该特混舰队下辖的第 6 特混编队。

里，一次聚会即将结束。图书馆里，随舰的天主教牧师正在听人忏悔。在舰桥上，午夜班的值班人员正在接前一班的岗。20 名官兵看着外面漆黑的空旷海面。舰上没有安装声呐设备，他们什么也没看到，什么也没听到。

被射出 60 秒后，鱼雷撕开了“印第安纳波利斯号”的舰艏，摧毁了动力中心。它几乎立刻就倾向右舷一侧，并开始快速进水。爆炸撕穿了甲板。没过多久，舱内就成了一口充满烈火和呛人黑烟的大锅。船上 850 名官兵有的跳入大海，有的被爆炸抛到水中。一些人被依然飞速旋转的 3 号螺旋桨打得粉碎，还有些人惊恐地看着舰艉升出水面 100 英尺。在军舰扎入深海前，许多幸存者听到困在船体里的水兵的呼叫。“印第安纳波利斯号”不到 14 分钟就沉没了，沉没时已经有 350 名船员丧生，其中许多人还在睡梦里。

对于那些还活着的人，噩梦才刚刚开始。在随后三天半的时间里，他们穿着木棉救生衣漂在水里，许多人死于疲惫、伤痛、饥饿、寒冷、恐慌和极度干渴。一些人喝了海水，痛苦地死去。还有些人产生了幻觉或者神智错乱。有几个人甚至试图互相残杀。太阳火辣辣地照着，晃花了那些努力漂在水上的幸存者的双眼。但最大的恐怖还是鲨鱼，在“印第安纳波利斯号”沉没后几个小时它们就来了。它们从深处游上来，绕着这些幸存者游动，把他们一个一个地拖走。这些半裸的水兵被吓坏了，他们拉着胳膊抱在一起，慌乱地扑着水或踢着脚。这几乎毫无用处，鲨鱼还在继续赶来，有时一次二三十条。它们撕扯着这些水兵的肉，或者把人从抱成团的一群里拖出来，拉到水下。最恐怖的是夜里，那时水太黑了，看不到潜伏在水下的鲨鱼。他们就这样度过了四个夜晚。

“I-58 号”潜艇将“印第安纳波利斯号”送到海底 84 小时后，一架例行巡逻的海军飞机发现了这些幸存者。只有 318 人幸存了下来，有超过 500 人在弃船后死在海里。全舰 1196 人中损失了 878 人，这是美国海军最大的海难，也是为运送 85 磅高浓缩武器级铀付出的惨重代价。四天后，当“小男孩”在广岛上空爆炸时，救援船还在收集那些漂浮的尸体。

第16章
最后通牒

7月26日（星期四）—7月27日（星期五）

5架载着原子弹核心的道格拉斯运输机离开柯特兰机场的那天，杜鲁门总统向日本人民广播了他的最后通牒。华盛顿时间下午1点，那几架美国飞机在汉密尔顿机场加油时，记者拿到了分发的《波茨坦公告》（*Potsdam Declaration*）副本。5小时后，下午6点，公告在旧金山用日语播出。第一个收听到公告的日本电台在东京郊区的调布市。第一个听到它的人是那天上午值班的操作员之一胜山诚一郎（Seiichiro Katsuyama）。他制作了6份录音并进行了仔细核对，接着将它打了出来。随后他骑上摩托车，飞速驶向市区的外务省。后来他一直记得，那天天气很好，马铃薯地在火热的朝阳下闪着光。

日本时间此刻是7月27日，星期五，上午7点。在德国，这时还是前一天，即7月26日的晚上。在巴伯尔斯贝格的公馆，杜鲁门总统站在后廊清凉的晚风中听号手吹奏乐曲《色彩》（*Colors*）。他似乎被音乐深深打动了，转向一名幕僚说："要知道，那很难吹。"在天宁岛，第509混成大队的机组人员正在享用另一顿丰盛的早餐。与鲍勃·卡伦一样，许多人都在盼着今晚在南瓜剧场的演出。电影明星埃迪·布莱肯（Eddie Bracken）与佩吉·瑞安（Peggy Ryan）要过来为小伙子们表演。关于一起过来的那些漂亮女孩，岛上流传着各种各样的谣言。这绝对会是一个快乐的夜晚。

胜山诚一郎带着《波茨坦公告》打印稿到达外务省后不久，它就到了外相东乡茂德手里。东乡快速浏览了胜山的日文译本：

> 以下为吾人之条件，吾人决不更改，亦无其他另一方式。犹豫迁延，更为吾人所不容许。

该公告共 13 条，其中没有一条明确保证天皇的地位。无条件投降的要求放在最后，斩钉截铁，毫无回旋余地：

> 吾人通告日本政府立即宣布所有日本武装部队无条件投降，并以此种行动诚意实行予以适当之各项保证，除此一途，日本即将迅速完全毁灭。

信息很清楚。日本必须投降，否则就会被摧毁。这里漏掉的只有一点：摧毁的实际方式。

东乡茂德的第一反应是拖延时间，他死抱着的一根救命稻草是公告里没有斯大林的签名。杜鲁门、丘吉尔和蒋介石已经全部批准了最后通牒。但苏联和日本理论上并没有处于交战状态。在饱受创伤的东京那个火热的夏日清晨，这个 63 岁的、经验丰富的外相坐在办公室里，还在想着一种可能，虽然只有一线希望，苏联人依然有可能斡旋达成一个更好的协议。

那天整整一天，日本最高战争指导会议（“六巨头”）都在开会讨论这篇公告。两个陆军领导人阿南惟几（Korechika Anami）大将和梅津美治郎（Yoshijiro Umezu）大将的本能反应是直接拒绝。他们要的是战斗，不是投降。他们依然在强烈要求大决战，确信日本会在这场战斗中保持它的荣誉和完整，最终赢得胜利。这些人不可能接受公告。无条件投降这个想法本身就威胁到他们接受的训练、他们的文化和他们最根深蒂固的信念。他们的看法是简单的，并且在他们自己看来是光荣的：不成功，便成仁，不存在第三条路。

东乡茂德努力推销他的拖延观点。当天上午早些时候，他已经说服天皇，说苏联人不久就会回心转意。最好的办法是以“最大的谨慎”对待公告。现在，他在“六巨头”会议上力主同样的看法。他极力要求内阁同僚推迟做出决定，直到斯大林从波茨坦回国。东乡茂德宣称，他的驻莫斯科大使正在恳请苏联外交部插手为和平进行斡旋。只需等上几天，苏联人就会同意接见天皇特使。他认为，在那之前，对盟国最后通牒的答复应该是既不接受，也不拒绝。如果东乡茂德知道真相的话，他的做法也许会截然不同。苏联人已经在中苏边境陈兵百万。他们不会斡旋任何和平，他们要打过来。

陆军将领们不为所动。这个衣冠楚楚的小块头外相性情古怪，不像日本人，还娶了个德国妻子。他不喜欢艺妓和社区纵饮，喜欢歌德、席勒和腐朽的西方生活方式。他们讨厌他，把他看成对祖先的背叛：一个著名贵族武士家庭的后代现在却穿着硬领，系着领结，胸袋里插着相配的手绢。他们憎恶他，憎恶一切像他那样思考、感觉或行事的人。出于完全相同的原因，他们对首相、海军大将铃木贯太郎同样疑心重重，他们的追随者不止一次尝试刺杀他。日本绝不会允许这些人破坏它的荣誉。现在不会，也永远不会。

也许是那些将领的强硬最终占了上风，也许是对刺杀的恐惧还残留在铃木贯太郎的记忆里：九年前，一名陆军激进分子曾将枪口顶在他的脖子上，他一直说他能感觉到枪的枪口。当他在第二天下午 4 点站到媒体前，准备发布日本政府对盟国最后通牒的回应时，他是否也感觉到了枪口？

站在那里的是日本最伟大的战争英雄之一，这位1905年的日俄战争老兵是日本海军最勇敢的（也是晕船最厉害的）水兵。那些已成往事，现在他只是一个疲惫的老人，已经78岁，他窗外的世界是一片支离破碎的焦土。在东京那个星期六的下午，站在媒体前的铃木贯太郎支着一对巨大的菜花耳①，留着灰白的海象胡子②，颤抖着双手，颈上怀着对那管枪口的记忆，看上去分外的脆弱。一个日本记者问他对《波茨坦公告》的看法。首相不出意料地回答："政府看不到它有什么价值。"接着他加上了一句奇怪的话："政府将会'默杀'它。"

"默杀"一词极为模棱两可。"默杀"有各种可能的解读，它可以表示"无视"，也可以表示"不予置评"，还可以表示"根本不放在眼里"。这份模棱两可是铃木贯太郎对他的两难困境（心里想停止战争，但又怕死）的解决方法吗？这个词可以是两种截然不同的信号：既可以是在向陆军狂热分子表示最后通牒不可接受，又可以是在向同盟国表示还有接受最后通牒的可能，这是特意的误导吗？日语里有一个描述这种模棱两可的词汇，叫作"腹芸"，它的字面意思是"两面说话"。铃木贯太郎是玩弄这个艺术的老手。也许现在，他觉得它正当其用，是在两个完全不同的观点间走钢丝绳而不掉下来的完美策略。但对于正等待着日本做出最后回应的同盟国，"腹芸"毫无意义。对杜鲁门和丘吉尔来说，"默杀"没那么多绕人的双重含义，就是拒绝。日本首相拒绝了他们。铃木贯太郎用一句模棱两可的话决定了祖国的命运。现在，他的人民将知道"迅速完全毁灭"的真正含义。

那天下午，一如它们对许多其他日本城市的造访，B-29飞临广岛。

①由于受挤压或捻挫等闭合性创伤或烧伤后的治疗中继发化脓性感染，在形成软骨膜炎后又未得到有效的治疗，耳软骨被吸收使皮肤挛缩，导致耳朵呈菜花样。

②浓密并盖住嘴巴的胡子，类似海象的胡须。

它们携带的不是炸弹，而是成千上万张传单，每张上都印着日文的《波茨坦公告》。传单从银色飞机上投下，在这座古老城市夏日的天空中飘散。在那家巨大的灰色红十字会医院里，护士和病人仰望着一张张纸在风中扭曲翻滚，落在木建筑的屋檐上。17 岁的实习护士竹岛直江（Naoe Takeshima）也在其中。她完全不知道它们是什么。没人可以保留它们。但自那以后，她都会记得那些在空中闪闪发亮、如五彩纸屑一般纷纷飘落的传单。这些美国飞机已经无数次飞过这座城市，但从未投下任何东西。现在，它们终于投下了些东西，而这一幕是这个年轻护士见过的最美丽的场景。

MAXIMUM
A P
17
19
21
20
24
23
22
25
26
27
14
13
28
30
29
11
6
7
16
12
10
9

第三部

投弹：最后时刻

1945年8月4—6日

SHOCKWAVE

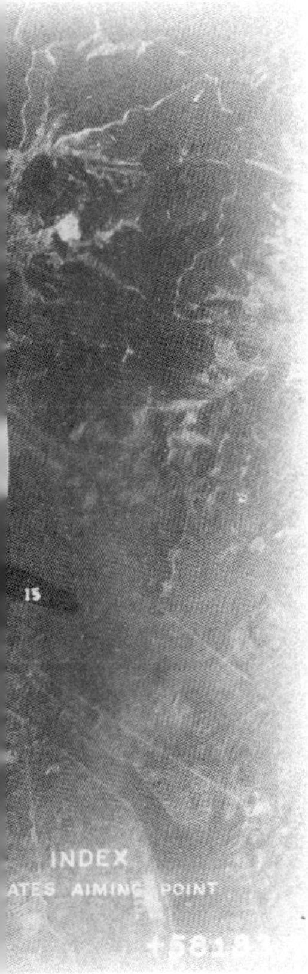

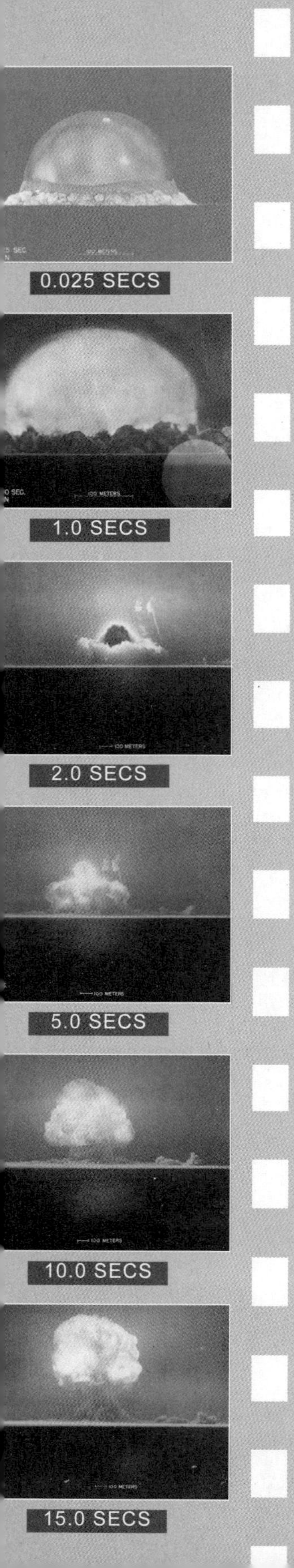

整个任务非常完美，非常理想。再没有完成得更好的任务了。

——“埃诺拉·盖伊号”领航员“荷兰人”范·柯克接受本书作者采访。

2004 年 5 月

我知道日本人会遇上何种灾难，但我对此没什么特别感觉。

——“埃诺拉·盖伊号”上的核武专家迪克·帕森斯上尉在轰炸结束后接受采访。

1945 年 8 月 6 日

第 17 章
“我们的时刻终于到了”

8 月 4 日，星期六，下午 4 点
天宁岛第 509 混成大队大院任务简报室

保罗·蒂贝茨上校登上讲台，转身面对简报室里的 80 多人。所有人立即停止低语，满怀期待地盯着他。蒂贝茨身后是两块蒙着布的大黑板，它们的一侧是一块便携式银幕，对面的桌上架着一部放映机架。所有窗户都拉上了窗帘，隔绝了明亮的午后阳光，房间里静得令人窒息。每个人的注意力都在蒂贝茨身上。蒂贝茨开始讲话。“我们的时刻，”他说，“终于到了。这是我们一直为之努力的时刻。最近我们将要投放的武器在国内测试成功，我们接到了把它投向敌人的命令。”

没人敢出一口大气，待命室的气氛紧张到极点。整整 11 个月，这些人一直在为这一刻训练。自两周前 7 月 20 日的第一次任务以来，他们又执行了 3 次飞日本的“南瓜”弹投弹任务。过去几天，他们的压力累积到了快要爆发的程度。各种各样的谣言在基地各个角落流传。到今天午饭时，大家的焦虑已经达到了极点。接着，不知从哪里冒出了 16：00 举行这次简报的通知。这次简报共有 7 个机组参加，包括鲍勃·卡伦和“维克多 82 号”的机组成员。那天下午，他们刚刚与蒂贝茨完成了一次技术检查性质的飞行。这次飞行本身就显得不同寻常。通常鲍勃·刘易斯会担任他们的机长，但是今天，他坐到了副驾驶的位子上。蒂贝茨带他们飞到罗塔岛，投下一颗练习弹，又做了一次那种令人牙根发紧的60度侧倾急转弯，最后回到天宁岛。蒂贝茨将“维克多82号”直接滑行到栅栏围起的那两个装弹坑之一，这一点也显得不寻常。卡伦什么也没说，显然一件大事将要发生。接着他来到了这次安保措施比以往所见都要严密的简报室。武装宪兵站在火热的太阳下，严格地反复核对每个人的通行证。待命室里挤满了各种陌生面孔。这里有海军人员，有军阶很高的将军，还有一名英国飞行员和那些一直躲在自己小圈子里的科学家。当然还有那两块蒙着布的大黑板。

蒂贝茨向手下两名情报军官黑曾·帕耶特（Hazen Payette）和约瑟夫·布舍尔（Joseph Buscher）做了个手势。他们立即揭下盖在两块黑板上的布，露出三座城市的地图：广岛、小仓、长崎。“这些，”蒂贝茨说，“是我们的目标。优先次序为：广岛为第一目标，小仓是第一替代目标，长崎是第二替代目标。”这三座城市中的一座将遭到新式武器的打击。过去三天以来，陆军航空兵的气象学家报告了袭击日本南部的台风。最新天气预报预计明天后半夜将会好转。空袭时间暂时定在8月6日清晨，距离现在已经不到40个小时了。

“一股寒意透过我的全身。”35岁的“大师号”报务员兼记录员阿贝·斯皮策写道，“假戏演完了。”简报室里的每个人都睁大眼睛看着钉在黑板上的三张城市地图。蒂贝茨继续介绍。七架B-29将执飞这次任务，其中三架将作为气象机组，它们的任务是在攻击编队起飞前一小时出发，用无线电报告三座城市上空的天气条件。天气至关重要：原子弹太宝贵，太特别，承担不起透过云层用雷达指引轰炸可能出差错的风险。它必须采用目视投弹。投弹员必须能看到他的目标。如果广岛云层太厚，那么另两座城市之一将遭到轰炸。如果由于气象条件不佳，三座城市都无法进行目视投弹，他们将在飞机上拆除原子弹的引爆装置，携带它在基地降落，这是蒂贝茨不敢想象的选择。天气将决定这次任务的成败。于是就有了那三个先头机组：约翰·威尔逊（John Wilson）少校指挥的“贾比特 III 号”（Jabit III）将飞往小仓；拉尔夫·泰勒（Ralph Taylor）少校的“满座号”[①]（Full House）将飞往长崎；那位爱喧闹、追女人、玩扑克的克劳德·“巴克”·伊萨里上尉的“直下马桶号”将飞往广岛。在前一夜的大部分时间里，伊萨里都在与他精心挑选的一帮护士女友寻欢作乐。他的助理机师杰克·毕文斯能看出来，他的机长现在情绪很差。他一直梦想着亲自投下原子弹。而现在，他得到的只是令人作呕的天气观察任务。蒂贝茨也许正为他在皇宫上空引起的骚乱惩罚他。

蒂贝茨接着指派了其他机组。查尔斯·麦克奈特（Charles McKnight）将驾驶“绝密号”（Top Secret）飞到这条日本航线中点附近的硫磺岛，并待在那里作为备用飞机。最后的三架 B-29 将组成攻击部队：乔治·马夸特（George Marquardt）将驾驶载有摄影设备的“维克多 91 号”，这架飞机后来被改名为“必要之恶号”（Necessary Evil）；阿贝·斯皮策的机长，那位抽雪茄的爱尔兰裔美国人“查克”斯威尼驾驶的“大师号”将运送科学家和爆炸测量装置；蒂贝茨本人将在“维克多 82 号”上指挥鲍勃·卡伦的机组，他的任务是投下原子弹。

接着，蒂贝茨介绍了坐在靠前排的一个言语轻缓的高个子秃顶海军军官。他是迪克·帕森斯，那位坐在一架 B-29 座舱里观察过“三位一体”测试爆炸的军械专家。格罗夫斯指定由他在飞往日本轰炸目标的过程中全程照料“小男孩”。阿贝·斯皮策仔细打量着帕森斯，注意到他在流汗，不知道是因为紧张还是因为这里的湿度高。帕森斯直奔主题。“你们要投的炸弹，”他说，“是战争史上的一个全新事物。它是

①有一些中文刊物和文章译作“满堂红号”。但这架 B-29 机鼻上涂绘的卡通是一个人被从已经有人的厕所中踢出，因此译作“满堂红号”显得很不合适。本书中据此译作“满座号”。

有史以来生产过的破坏力最大的武器。我们认为它将摧毁方圆三英里内的一切。”

“那些人，”蒂贝茨后来写道，“一脸怀疑地坐在那里。”帕森斯做了进一步说明：爆炸的规模，相当于 2 万吨 TNT，发动同样的打击需要 2000 架满载的 B-29。在别人看来，它是无法理解的，是不可能的。“难以置信，”斯皮策当天晚些时候写道，“是一个想象力丰富的人编织出的一个离奇的梦。”帕森斯接着又解释了这件武器三周前是如何在新墨西哥州进行测试的。现在他准备播放那次测试的一些真实影像记录。他向放映员点点头，后者打开机器。胶片咔咔咔地通过片门，突然在一个输片齿上卡住了，接着被撕扯成碎片。这就是所谓的现代技术。

帕森斯不得不即兴发挥，他口头描述了这颗炸弹的威力到底有多大。听众们一脸惊讶，静静地听着。它可以击倒一个 1 万码外的人；100 英里外也能听到它的爆炸声；它发出的光比太阳亮 10 倍，温度比太阳表面高 1 万倍。“我只能说，”他补充道，“它是创世纪以来，这个地球上最亮、最热的物体。”因为它太亮了，亮得灼人眼目，因此所有人都必须戴上美国光学仪器公司（American Optical Company）特别着色的焊工护目镜。接下来他将演示如何使用这种护目镜。鼻梁上的旋钮必须调整到最高一级，否则佩戴者仍有可能致盲。帕森斯没有把两名“三位一体”测试科学家在测试次日提交给他的备忘录告诉听众。这两位科学家也被光晃花了眼，严重程度足以让他们认为应该利用它让原子弹达到更大的效果。“我们感觉，”两名科学家写道，“在半径 5 英里内直接看到这玩意爆炸的人，没人还能有视力。”他们建议与原子弹同时投下“声音极大”的警报器，吸引地面上的市民抬头看，从而当场致盲。“这显然，”他们总结说，“将会大大影响日军的士气。”似乎被烧焦炸毁还不够。帕森斯没有采纳这个主意。

两名情报官分发护目镜的时候，帕森斯说出了他最后的要点。“没有人，”他说，“知道这颗炸弹从空中投下时会发生什么。”他拿起一支粉笔，在黑板上画了个蘑菇云，说爆炸产生的云看上去可能像这样。它会迅速升到6万英尺的高空，直达同温层。他警告机组成员要远离它，但没说为什么。蘑菇云将会由数百万吨炽热的放射性尘埃组成，他没解释这一点。不论是他还是蒂贝茨，他们都没有提到“**放射性**”“**核**”或“**原子**”。即使现在，在这最后的几个小时，暴露这根链条上的最终秘密依然被认为太过危险。

帕森斯走下讲台，简报室里一片寂静。这个优秀的技术专家很好地完成了任务。认识他的人都知道他会尽最大努力。但他不仅仅是一个技术专家。他刚到天宁岛没几天，来之前，他去圣迭戈（San Diego）的海军医院看望了比他小很多的同父异母的弟弟鲍勃。3月，鲍勃在夺取硫磺岛的激烈战斗中负了重伤，一起负伤的还有另外2.1万[①]名美军士兵。当时鲍勃正沿一条低陷的道路前进，一发日军的迫击炮弹在离他头部几英寸远的地方爆炸，火热的弹片飞嵌入他的体内。鲍勃的下巴被弹片撕开了，还失去了右眼。他才19岁。现在他已经在医院住了四个月。虽然帕森斯正面临曼哈顿任务的巨大压力，他还是抽时间去看了弟弟。他看到的一切肯定令他震惊。弟弟还很年轻，他的脸严重损伤，眼眶上蒙着眼罩。帕森斯不是那种轻易表露情绪的人，可是那段经历留下了它特有的伤痕。毫无疑问，当投下原子弹时，帕森斯会记得它们。

蒂贝茨结束了简报。很多年后，坐在那间阴湿逼仄的简报室里一排排木凳上的人仍然记得他最后结语的分量。蒂贝茨的话代表了他们所有人。蒂贝茨说，与他们将要做的事情相比，他或他们中的任何人在此之前所做的一切只能算小儿科。作为他们的同事，他很自豪；对于他们取得的成绩，他很骄傲。能参加这次空袭，他个人深感荣幸，并且他敢肯定在座的每个人都有这种感觉。他说，这颗炸弹将使战争

①据英文维基百科，在硫磺岛战役中，美军伤亡26 040人，其中6821人阵亡，19 217人负伤，2人被俘，后生还。

缩短六个月，挽救无数盟军士兵的生命。众人随后鱼贯走出简报室。“大师号”的副驾驶员唐·阿尔伯里①（Don Albury）永远忘不了他们那天下午的心绪。他们很安静，非常安静，比他以往所见都安静。

离第509混成大队简报室不到半英里的地方，在三座装着空调、一尘不染的原子弹组装建筑中的一座里，“小男孩”静静地待在固定支架上。乍一看，它与蒂贝茨12天前投到海里的练习弹一模一样。它有同样的箱形尾翅，同样的超大垃圾筒形状，同样的哑光炮铜色涂装。弹体左侧有用白色简单涂写的“L11”标号。对知情者来说，这是一个关键的数字。L11不是测试装置，而是“热”弹，那个有效的、完全可用于作战的核武器，它很快就会被投向一座日本城市。

过去十天里，为了完成它的组装，阿尔伯塔计划的科学家一直在争分夺秒地工作。情况如此紧张，帕森斯甚至一度给所有人员去文，向他们警告组装建筑里过于拥挤的危险。发生事故的危险确实存在。与此同时，投弹测试紧锣密鼓地继续着：L1于7月23日测试，紧接着不久是L2和L5。最后一颗L6于4天前的7月31日做了试投飞行。那一次是“全妆彩排”。蒂贝茨率一支有3架B-29的编队，北上600英里飞抵硫磺岛，降落后卸下练习弹，再重新装上，随后飞回天宁岛，从31 000英尺的高空将L6投入海中。这颗练习弹与真弹几乎一模一样，只有一处不同：它不含铀-235。一切都完全按照设想的样子进行：引信、发射、机械、弹道、瞄准、时机。试投很完美。他们不再练习，下一次的投弹将是真正的投弹。

8月1日，蒂贝茨最后一次试投的第二天，真正的原子弹完成全部组装，做好了准备。“印第安纳波利斯号”上的官兵在菲律宾海垂死挣扎之际，他们运送的铀-235“炮弹”被细心地安装到原子弹内部。皮尔·德席尔瓦和两名同伴乘道格拉斯大型运输机护送来的铀-235目

①查尔斯·唐纳德·阿尔伯里（Charles Donald Albury），“唐”是他的昵称。

标也装上了。原子弹的核心部分已经完成：纵贯弹身的 6.5 英寸 B 型滑膛炮、引信系统、电池和发火线。原子弹内部被打磨得如镜子般光亮。最后几个步骤之一是将两吨半重的巨大钢制目标罩壳拧到炮口上。在横跨太平洋运到天宁岛之前，这个特别的罩壳已经在洛斯阿拉莫斯进行了 4 次发射测试。它完好无损地通过了每一次测试。因为它太坚固，牢不可破，科学家给它起了个名字，叫“老可靠”（Old Faithful）。人人都祈祷“老可靠”最后一次的使用同样有效。

L11，真正的“小男孩”，现在已经整装待发了。8 月的头四天，它一动不动地躺在凉爽的原子弹组装建筑里。空调设备嗡嗡作响。外面，俯视峭壁和大海的机枪阵地上，是在烈日下流着汗的卫兵。8 月 2 日，法雷尔将军给华盛顿的格罗夫斯发了一封电报。他写道，这里“不存在任何延误第一次‘小男孩’行动的未完成事项。就看天气了”。

第18章
明天将是一个晴天

8月5日，星期天，黎明
广岛

实际上，气象员的预报错了。台风完全绕过了日本，向西扫过空旷的太平洋，然后蜿蜒向北，刮向朝鲜。在原子弹制造者、科学家、总统和飞行员等待的时候，所有三座目标城市都沐浴在宁静晴朗的天空下。气象学家们自己还不知道，他们让十多万人多活了几天。

8月5日这个星期天的上午，广岛大部分居民都如一周里其他日子一样去上班。当局最近又指定了另一批要拆掉的住房：2500座，整个街区和街道都要被清理掉，留出防火带。和实习护士竹岛直江一样，每个人都看到了从天上纷纷飘落、印着《波茨坦公告》的传单。美国轰炸机随时可能来空袭。拆除工作需要继续。在今天上午出版的《中国新闻》上，市长粟屋仙吉“发自内心地”感谢市民，感谢他们在将家乡大片地区变成瓦砾的过程中的合作。“没有言语，”他说，“可以表达我的深切感激。我只能对你们说，这是为了‘胜利’。”

广岛以西20公里，五日市附近的山上，中前妙子又一次在照进窗户的阳光下醒来。她和家人作为疏散人员住在叔叔的农舍里。在她身边，12 岁的妹妹惠美子躺在床上不停地哆嗦。几个月来，惠美子和班上同学在拆除队工作，他们一起用绳子拉倒木制房屋。这个周末，她病倒了，村里的医生嘱咐她待在家里。此时距弟弟文夫死于痢疾才两个星期，医生也许不想再让惠美子有任何闪失。

这些日子，每个人都很疲惫，很虚弱。妙子的妈妈也筋疲力尽，苍白瘦削。自 3 月离开广岛的家来到山上这个农舍，她一直没有完全复原。当然，这里要安全得多。但在那次漫长艰难的出城搬迁中，她心里的某样东西死掉了。那一天，当兵的丈夫不在身边，她一个人把全部家当和六个孩子堆到一辆板车上，看着锁上大门的家在身后渐去渐远。自那以后，她一天比一天消瘦羸弱。她的世界在逐渐坍塌。接着就是那天上午，小儿子文夫走进林子，吃了没熟的枇杷。

妙子和惠美子适应能力很强。虽然两人相差两岁，但关系非常亲密。她们差不多高，衣服经常换着穿。她们睡一个房间，一夜又一夜，她们在被子里悄声说话，讲讲故事，谈谈梦想。妙子一直认为妹妹比自己聪明漂亮。惠美子是那么优雅，虽然两人都没有任何学校可上，她依然捧着课本努力学习。惠美子也更有志气，她想成为军队的护士。在那些夜里谈的悄悄话里，她会描绘她的未来。她会照料在与敌人进行的伟大战斗中负伤的战士。和成百上千万日本学生一样，姐妹俩都有坚定不移的责任感。她们把自己看成和战场上的士兵一样的战士，同样献身于反对天皇之敌的战斗。惠美子的献身精神也许更强烈些。当医生看到她在床上出汗哆嗦，叮嘱她不要工作的时候，她偷偷告诉姐姐，说她只会在家待到明天——到那时，什么都不能阻止她下山进城，即使生病也要去。

在离市中心不远的宿舍里，坪井直也在阳光下醒来。他将在学校工程系度过另一天。他每周七天都泡在那里，帮助设计飞机零件。这份工作不仅时间长，而且报酬少，唯一的好处是 20 岁的他现在还活着。这样继续下去的可能性正变得越来越小。坪井直知道不可能一直这样下去。他已经接到征召文件。不出下个月，他就会入伍。入伍之后，他的生命在很大程度上就结束了。他已经在广岛宇品港送走了两个哥哥，他们都战死了，一个在中国，另一个在爪哇岛。现在大家都在等美军入侵。双方的伤亡将极为惨重。坪井直确信自己活不到年底。

作为补偿,有件礼物可以弥补他年轻生命的全部损失,那就是玲子。虽然有艰辛和饥饿，有那些无穷无尽的拼刺刀练习，还有难以下咽的野菜和无时不在的对死亡的恐惧，但是对坪井直来说，那一整个夏天都像是在梦中度过一样。在他后来的记忆里，玲子就是荒野上的一朵小花，灰色世界里的一抹亮彩。这些比喻在努力地反映生动的现实：一个美丽的女孩和朋友坐在桥上，微笑、聊天、大笑，她的举止里全是优雅。那便是坪井直第一次见到玲子，爱上她时的情景。最初，他很害羞，但两人一开始交谈，他的害羞就慢慢消失了。他们很快变得如胶似漆，一起在乡间野炊，在山中漫步，一起参观神社。他们一直都很小心，尽量不让人在公共场所看到他们在一起，双方父母一直都不知道这些事。他们从未亲吻过，连手都没拉过。但坪井直依然爱玲子，相信她也爱自己。在他穿衣起床、准备一天的工作时，坪井直祈祷两人会在晚上再次见面。玲子还不知道他已经接到征召入伍的通知，他必须尽快告诉她，也许就在今晚。毕竟时间已经不多了。

一看到那个星期天上午的最新天气预报，蒂贝茨就知道任务要开始了。这一次，气象员没有搞错。各种天气图都指向同一个结果。一条高压脊正从东南方向逼来，赶走了此前可能登陆的台风。高压意味着稳定、晴朗、适合轰炸的天空。在4月时，目标选择委员会曾经查阅了日本过去11年间8月的天气。他们发现，8月只有5个晴天。“晴天”指的是足够晴朗，足以通过目视投下原子弹并实现最大的轰炸效果。根据蒂贝茨桌上的天气图判断，明天将是一个“晴天”。

上午10：00，蒂贝茨与原子弹项目的主要人物会商批准这次行动。

他们是实际上的前敌领导人，是行使权力、做出决策的人物。他们戏称自己为“天宁岛参谋长联席会议”。这个名字虽然一点也不正式，但极为准确。除蒂贝茨等人外，他们中还有：海军在这次行动中的代表海军少将威廉·珀内尔；格罗夫斯在该岛的代表法雷尔将军；去年 9 月为蒂贝茨的工作与他面谈的科学家诺曼·拉姆齐，以及迪克·帕森斯。在那个气温快速攀升到 90 华氏度（约 32 摄氏度）的湿热上午，“天宁岛参谋长联席会议”根据桌上的天气图做出了那个显而易见的决定。几分钟内，这一决定被通过电传打字机发往天宁岛以南 120 英里的关岛，接收人是李梅将军。作为卡尔·斯帕茨将军的参谋长，这次行动的确认必须得到李梅的正式批准。“正式”一词是个关键。指挥链最上层的每个人都知道，实际负责这次行动的是格罗夫斯，李梅只是个传声筒。他很好地履行了职责。到 14：00，天宁岛上的电传打字机咔嗒咔嗒地打出了他对任务的确认文件。起飞时间预定为次日凌晨 2：45。这条信息立即越过半个地球被送达华盛顿的格罗夫斯将军手中。不到 13 个小时后，轰炸机将启程上路。

原子弹组装建筑紧闭的大门后，项目科学家们聚在一起对原子弹做最后的检查。监测两块亚临界质量的铀-235 的盖革计数器嘀嗒作响。鞭状天线和拉绳固定到位了。经检查，罩壳连接处没发现任何热胀冷缩造成的裂缝。几名技师把自己的名字涂在“老可靠”罩壳上。原子弹的所有基本部分已经完成。缺少的唯一一个元件是雷达天线，还没装上去的原因非常简单：它们是原子弹的最高机密之一。

它们看上去毫不起眼，只是三根简单的天线，其中一根弯成一个倒 U 形。它们是那种不会吸引人多看一眼的东西，至少与它们最终连接的原子弹相比是这样的。然而实际上，它们的作用至关重要。这些天线构成了有史以来设计的最新颖、最复杂的引信系统的最后一环，是洛斯阿拉莫斯一些最聪明的大脑历经数年研发出的成果。总的来说，这个系统是一条信号链，一系列引信会接力传递信号，目的是确保原子弹正好在1850英尺的高度引爆。奥本海默预测原子弹会在这个高度对目标区的轻型建筑造成最大的破坏。它的工作原理如下：原子弹投下的那一刻，背后的拉绳会立即接通原子弹的内部电路，启动一排8个由发条驱动的定时器，这是链条的第一环。随着定时器嘀嘀嗒嗒走过15秒（使原子弹位于轰炸机下方的安全距离），引爆信号自动转到第二步，这是一个设计成在原子弹到达7000英尺高度才闭合的气压继电器。此时“小男孩”将会以每小时1100英尺的速度落向地面。这个速度超过了每小时700英里，几乎达到音速。随着大气密度越来越大，“小男孩”尾部的折流板将发出尖利的啸叫声。在7000英尺的高度，引爆信号会转到第三步（这根信号链的最后一环），是一个由4个被称作“阿尔奇”（Archies）的雷达单元组成的装置。“阿尔奇”由APS-13机尾警戒雷达专门改装而成，其工作原理完全一样，只不过它们的天线直接**向下方**发射电波，信号返回后给出原子弹对地高度的连续读数。一旦有两个“阿尔奇”的读数显示原子弹到达了1850英尺的高度（这一系统自己的自动防故障机制），最后一个开关就将被合上，并立刻向原子弹内部的火炮发出开火信号，大炮随即开火。原子弹将在投出整44秒后爆炸。

不同于以往制造的任何装置，这是一个工程学的奇迹。这颗原子弹有自己的大脑，自己的逻辑电路。它是一颗**智能**炸弹，同时也非常脆弱，这就是那些天线要留到最后一刻才装上的原因。它们的形状和尺寸给出了关于它们频率的重要提示。如果任何人得知其频率，就可以发信号诱发原子弹爆炸。这天晚上，雅各布·贝塞尔中尉加入了“维克多82号”机组，他是一名来自巴尔的摩（Baltimore）的雷达技师。他的正式职务是电子对抗战军官。这意味着他会坐在机上的洗手间旁，他唯一的任务是在到达目标的路上监测日本的雷达频率。稍后，他将被告知所有四个雷达单元的正确频率，并把它们写在米纸上。他得到的指示是万一被俘了就把它吃掉。

关于这些雷达天线还有一个秘密：发明它们的不是美国人，而是一个叫八木秀次（Hidetsugu Yagi）的日本人。他在 20 世纪 30 年代发明了这些雷达。广岛被原子弹轰炸的故事里有许多出人意料、颇具讽刺意味的事情。最后一个也许就是，导致原子弹在一座日本城市上空爆炸的信号链的最后一环来自一个日本人的发明。

像润滑良好的齿轮一样，现在每个人都已经遵循程序练习了几个月。然而有一个突出问题正困扰着迪克·帕森斯。北坪的轰炸机依然频繁地在起飞时坠毁。今天凌晨，帕森斯惊恐地看着这样的事再次发生，而且还不止一次，是**四次**。这些 B-29 满载着数吨助燃剂、100 号航空汽油和燃烧弹，重得没法在 8500 英尺跑道滑完前升空，它们的好运最终走到了尽头。结果千篇一律：轰炸机滑出跑道，发出刺耳的金属刮擦声。一阵令人揪心的停顿后，飞机变成被灼热火焰和黑烟包围的屠场，几乎没人能从中逃脱。整整一上午，四架轰炸机烧焦的残骸散落在北坪的跑道上。

这是帕森斯的噩梦。“小男孩”重达 9700 磅，加上飞到日本再返回所需的汽油，蒂贝茨的 B-29 将严重超重。而且他携带的可不是几吨燃烧弹，而是一颗随时可能被引爆的原子弹。如果起飞时坠毁，被摧毁的将不仅仅是携带它的飞机，坠毁时产生的火焰和燃烧的汽油可以轻易引爆原子弹。这个结果将是灾难性的。天宁岛大部分地区，加上数百架轰炸机、几千名军人、“曼哈顿计划”的科学家、第 509 混成大队的机组人员，还有下一颗原子弹的钚核，都将从地图上抹去。这样一种非常现实的可能不禁令人毛骨悚然。

解决办法只有一个。帕森斯必须在那架 B-29 实际**升空后**，自己在飞机上安装原子弹的引爆装置。一个为此制定的操作步骤已经有了。相关部件叫作“双插头总成”（double-plug assembly），由火炮专家弗朗西斯·伯奇（Francis Birch）设计。帕森斯一开始反对这个程序，现在他转而推荐它。唯一的问题是他以前从未练习过。

任务看上去相当棘手。轰炸机升空后，帕森斯需要离开机舱，爬入弹舱，挤过狭窄的过道，蹲在原子弹后面，拧下一系列支承板，拿下双插头总成，逐个插入四组引爆炸药，最后再将整个原子弹装回去。即使在地面，在有严密保护和空调的舒适的原子弹组装建筑里，这一系列操作已足够精巧复杂。在空中做则是另一番景象，令人生畏。弹舱里的噪声震耳欲聋，震动能颠散骨头，还有令人恶心的颠簸，实在算不上给原子弹装引爆装置的理想环境。但帕森斯别无选择。这天上午结束前，他催促法雷尔将军让他去做。

“你以前组装过这样的炸弹吗？”法雷尔问。

“没有，”帕森斯回答，“但我有一整天可以尝试。”

法雷尔沉默了。一切都取决于他的答复。冒任务失败的风险和拿整个岛冒险，哪个更可取？他们每耽误一天，战争就会推迟一天结束。帕森斯是个杰出的军械专家。他实际上**设计**了这颗原子弹，对它了如指掌。如果还有任何人可以完成这项任务，那只能是他。

“行，”法雷尔终于松口，“去试吧。”

比天宁岛时间晚 11 个小时的“奥古斯塔号”（USS Augusta）巡洋舰上，杜鲁门总统回到舱室，准备度过出海以来的第三个夜晚。波茨坦会议已经结束，他终于踏上了回家的路。两天前的 8 月 2 日，他离开柏林，登上他的专机“圣牛号”（Sacred Cow），开始了飞往普利茅斯（Plymouth）的短途旅程。“奥古斯塔号”正等在那里。在普利茅斯，他与英王乔治六世（King George VI）在英国皇家海军“声望号”（HMS Renown）战列巡洋舰上共进午餐。杜鲁门在日记里详细记录了午餐的细节。他们吃了汤、鱼、豌豆、土豆，餐后甜食是冰激凌和巧克力酱。国王“非常和善”（他写道），为王后和两位公主向杜鲁门要了三张签名。他们还私下讨论了原子弹，国王“很感兴趣”。接着他向总统展示了一把曾由伊丽莎白一世女王（Queen Elizabeth I）授予弗朗西斯·德雷克[1]（Francis Drake）爵士的剑。国王说，这把剑是件很强大的武器，但它的平衡不好。

下午 3：49，一万吨的“奥古斯塔号”从普利茅斯近岸锚地起锚，驶向美国。杜鲁门催促舰长詹姆斯·福斯克特（James Foskett）开足马力航行，他想快点回国。到 8 月 4 日，这艘美国巡洋舰已经在大西洋上航行了超过 1000 英里。杜鲁门疲倦地爬上床。他这一天都在斟酌在原子弹爆炸后向世界发布的总统声明。早在两个月前，许多人还不知道这种武器能够使用前很久，那位《纽约时报》记者比尔·劳伦斯就准备好了初稿。还有些人也参与了起草，包括美国电话电报公司公关部的负责人。现在这份声明已几近完成，只缺一条关键信息：受袭城市的名字。这还要几个小时后才能决定。

① 16 世纪英国航海家，著名私掠船船长。

第19章
选定瞄准点

8月5日，星期天，下午
广岛湾江田岛金浦训练营

一个像今天这样的日子，从濑户内海隔海望去，广岛风景如画。站在金浦宽阔的海滩上，下等兵和田功（Isao Wada）能看到五英里外，广岛湾对面的这座城市在薄雾中发出微光。海面上点缀着小岛，这些形状规则的锥体突兀地伸出海湾的蓝色水面。其中一些还建着神社，浓密的树林覆盖着这些小岛，像似岛[①]一样孤立、隐秘，充满神秘感。在和平时期，渡船常常载满前往这些小岛的游客驶出广岛宇品港。他们中有香客、游客、恋人、家庭、休假的士兵，还有些人只是想偷得一天半日闲暇，赏赏美景，吸吸清新的海风。渡船现在很少开行了，但是海湾依然停泊着几条船，还有那艘奇怪的战列舰，它们从未移动过——再也没有燃料去开动它们了。依然穿行在金浦和广岛间海湾的只有绿色的小木船，就像过去两个月来下等兵和田功训练用的后舱装着250公斤炸药的船。

虽然海湾对面有闪亮的城市，但和田功很少有时间欣赏风景。他

①广岛的一座岛屿。

和一起训练的战友几乎每天都在忙同一件事：在地上挖洞。这些洞是藏木船用的。几个星期来，美军侦察机一直在这片地区上空飞来飞去。它们带着炸弹回来只是时间问题。这些船无论如何都要保存好，它们是日本取胜的关键。这也是和田功志愿与它们一起牺牲的原因。

和田功才 19 岁。不到一年前，他在广岛的铁路上工作，负责在火车出站前检查乘客车厢。他爱这座城市。虽然现在仍是战时，但街上依然有歌舞伎剧场、电影院、麻将馆，甚至还有赌场，和田功可以和朋友合伙下注，玩上一夜。他于 2 月进入部队，生活开始变得严峻起来。这里的基础训练非常艰苦。在碗里留下一粒米都会受到严厉的惩罚。纪律是一切，尤其是作战纪律。这个观点被一次又一次地灌输进他的脑子里：对日本士兵来说，不存在投降；如果被俘，你就得自杀。

和田功将这个训令谨记在心。夏初，他志愿加入特攻队，这支部队也向空军提供神风敢死队的飞行员。和田功不会开飞机，但会开船，所以他来到了广岛湾对面的金浦训练基地。学员的任务很简单：将船开向敌舰，使发动机减速空转，悄悄地接近，然后拉动左侧的一支拉杆，引爆桶形炸弹，当场将军舰和自己炸成灰烬。这是光荣的牺牲。对和田功来说，它代表了对他英雄气概的肯定。这种进攻方式在某种程度上标志着他的与众不同，标志着他是一个准备主动牺牲，而不是被动受死的士兵。

不管怎样，这是和田功的梦想。然而现实却往往是他今天正在做的事情：挖洞保护依然还能开的几条小船。它们大部分都装着老旧的日产或丰田发动机。这些发动机故障不断，部件也越来越难找。他们偶尔会乘上一艘还能开的船，将一颗炸弹扔到海里，成群死鱼就会浮上海面。这是弄到免费寿司的好办法，而且不会让他们离敌人更近一步，毕竟那得等到美军打入日本本土的战斗开始的时候。和田功上一届成千上万的士兵已经死在 6 月的冲绳岛战役中，只有几百人幸存。现在和田功与一起训练的战友将证明他们也同样可敬，他们将带着桶形炸弹冲向美国，赢得战争。但是今天，他们还得先挖那些洞。

火热的停机坪上，地勤人员就像一群围绕着鲨鱼的小鱼，围在巨大的银色轰炸机旁。到午饭时，每架飞机上都在忙碌着。军械维护员坐在机尾，给每支机枪装上1000发点50口径子弹。机师坐在机翼上反复检查每台赖特R-3350型18缸发动机的每一颗螺钉。发动机非常大，所以每台发动机分配了两名机师。加油车停在硬地上，通过橡胶油管将7400加仑的高辛烷值航空汽油泵进每架轰炸机的22只独立油箱中。工程师和无线电专家拿着检查清单，蹲在机舱里，测试校准每一件设备。装配工爬在活梯上擦拭每一块树脂玻璃。宪兵端着冲锋枪巡视着每一处停机坪和硬地，随时准备阻止可能的侵入者。蒂贝茨不想出任何意外。为了在任务开始后迷惑敌人，前一天的夜里，他甚至下令重新油漆了轰炸机的巨大机尾。他们涂掉了黑色的箭，重新涂上一个中间有字母“R”的大黑圈。崭新的油漆在中午的阳光下闪闪发光。

地勤人员爬在飞机上时，科学家正在为今夜的任务进行他们自己特殊的工作。执行拍摄任务的“维克多91号”内部，曾经的物理学教授伯纳德·沃尔德曼（Bernard Waldman）迅速装上他的Fastax摄影机。这种最先进的高速摄影机能以每秒1万帧的惊人速度拍摄，真实时间的一秒钟在银幕上将持续近**七分钟**。他的胶片将记录下核爆的每一个最微小的细节。跑道的另一端，另外三名科学家——路易斯·阿尔瓦雷茨[①]（Luis Alvarez）、拉里·约翰斯顿[②]（Larry Johnston）和哈罗德·阿格纽（Harold Agnew）正顶着酷热，在“大师号”机舱里手忙脚乱地安装一大堆电子箱、示波器、电流表、插头和电线。一排排仪器从上到下将中段机舱挤得水泄不通。这三名科学家今夜都会参加飞行任务。他们的任务是用三个专门设计、样子像大号氧气瓶的铝罐

①美国物理学家，后来因“对粒子物理学的决定性贡献，特别是发展了氢气泡室技术和数据分析方法，从而发现了一大批共振态”于1968年获诺贝尔物理学奖。
②劳伦斯·H. 约翰斯顿（Lawrence H. Johnston），“拉里”是他的昵称。

记录原子弹的当量，也就是爆炸的规模。每只铝罐里都装着一堆话筒和发射器，它们将在投下“小男孩”的同时用降落伞投放到目标上空。原子弹爆炸时，话筒会记录冲击波，并将信号发给“大师号”里蹲在示波器前的科学家。在毁灭一座城市的同时，原子弹还将留下一个完美的电子标记。

第 509 混成大队停机坪以北 200 码的地方，序列号 44-86292，呼号“维克多 82 号”的 B-29 在其中一个装弹坑旁热气腾腾的沥青滑道上等着。昨天的技术检查飞行后，蒂贝茨就把它停在了那里。飞机右侧的主轮停在一个固定于地面的直径 5 英尺的转盘上。前弹舱的门敞开着，露出黑洞洞的巨大空间。此时弹舱还空着。过了午后，情况就会不一样了。

在第 509 混成大队工作区的办公室里，蒂贝茨无数次地重复这次任务的细节。过去几天太紧张了，那么多事要在这么短的时间里安排妥当。他很少睡觉，顶多能在迷迷糊糊回到工作岗位前抓紧时间在铺上眯几个小时。即使穿着整洁笔挺的制服，疲惫还是显露在他脸上的皱纹里、紧锁的眉头上和眼睛周围的细纹里。而且他接下来还要完成一项 12 小时的飞行任务。

现在蒂贝茨与组里的领航员“荷兰人”范·柯克和投弹手汤姆·费雷比预演了行动的最后细节：航线、航点、高度、呼号、天气、投弹速度以及目标。三人一如既往地组成一支高效团队。今夜他们将一起飞行，就像他们以往无数次在欧洲上空的飞行一样。他们的外表形成了有趣的对比：蒂贝茨，体型矮壮，方脸；范·柯克，身材高挑，也许稍显苍白——过去几天里，他皮肤上起了神秘的疹子，不知道这是不是一种战前紧张的非典型表现；费雷比，高个，非常英俊，一个年轻版的埃罗尔·弗林，留着不拘一格的小胡子，一对色眯眯的眼睛。在第 509 混成大队里，这个花花公子征服女性的能力堪称传奇，甚至超过了“直下马桶号”那位狂野的机长克劳德·伊萨里。有人喜欢他，有人讨厌他，中队里一名老兵认为费雷比是个“可怜的浑蛋”，这样想的不止他一个人，但所有人都认可他是个优秀的投弹手，能用诺登（Norden）轰炸瞄准器做出几乎没人能做到的事。蒂贝茨曾说他是“陆航最好的投弹手”。他很快就有机会证明这一点了。

选出广岛瞄准点的就是费雷比。三天前，他和蒂贝茨飞到柯蒂斯·李梅将军在关岛的司令部。李梅给他们看了最新的广岛侦察照片。光面的黑白照片30英寸见方，是从六英里的高空拍摄的，照片上是广岛及其周边地区。城市显得清清楚楚，与不久后费雷比从轰炸瞄准器的目镜里看到的一样：一个由黑白的街道、房屋、工厂和兵营构成的拥挤都市，被七条河隔开。城市有三面被深灰色山脉那犬牙交错的山脊所包围；宇品港在南侧清晰可见；在它之外是深色而平坦的大海。在那片海上，下等兵和田功正在接受训练，准备将自己炸死在携带炸弹的小船上。他们甚至能清晰地看到三条自东向西纵贯市中心的防火带，在照片上，它们是一条条粗大的白色裂口。这是12岁的中前惠美子和另外8000名广岛学生的劳动成果。

李梅让费雷比为原子弹选一个瞄准点。费雷比的手指滑过照片，最后停在一座显眼的T形桥上。这正是太田川一分为二的地方。不同于这座城市所有其他的桥，这个人造地标位于广岛中心，在空中寻找目标时不会错过。“这里。”他说。其他人当场同意。蒂贝茨说它是“我在这场该死的战争中见过的最完美的瞄准点”。它的正式名称是“063096，备注：第21轰炸机司令部，平版拼图，广岛地区，90.30号——市区”。在广岛，它的名字叫相生桥。

下午1点，距相生桥100米的一间酒类商店楼上的住家里，田中利明（Toshiaki Tanaka）[1]正在和家人吃午饭。从出生起，他就一直住

① Toshiaki可以对应“利明”“俊明”“俊昭”等多个名字，本书中统一译作“利明”。

在这里。今天是他的休息天。他是个下士，驻地在宇品港，每周要在通信兵部队工作 6 天，星期天通常不用工作。到中午时，田中利明正向北走在回家的路上。他家所在的细工町是市区商业中心一条拥挤的购物街。妻子节子（Setsuko）和往常一样在门口迎接他。1942 年，他们在双方父母的安排下结婚，两人相处融洽。就在去年，节子生了个小女孩，他们叫她年子（Toshiko）[①]。现在田中利明可以听到年子在他们住的二楼上啼哭，他父母也住在那里。与市里成千上万其他家庭不同，田中利明一家没被疏散到乡下。他们没那么幸运，没有亲戚收留他们。

细工町的每个人都知道这个家族酒类商店，它在当地小有名气。半个多世纪前，田中利明的祖父开了这家店，并把它传给田中利明的父亲。父亲的梦想是有朝一日把店传给田中利明。商店位于一排商店的正中间，旁边有一家印刷所、一间果蔬店、一间家具店，甚至还有家义肢店。老式木门面一个挨一个地沿街排开，杂陈着各色商店和住屋，还有互相认识的邻居。每个人都对细工町的生活感到满意，这里有两座庙，一间小旅店，甚至还有岛馨（Kaoru Shima）医生的诊所。将田中利明的女儿带到这个世界的，就是这家有 50 张床位的私人医院的助产士。

田中利明的童年记忆几乎都是关于这个酒类商店的：一间昏暗深邃的窄屋，从地面一直堆到天花板的一排排清酒和啤酒。他们不仅卖酒，还卖制作味噌汤的豆酱、纸和鸡蛋，甚至卖冰激凌。田中利明的妈妈想出卖冰激凌的主意，她相信这能让他们发家。20 世纪 20 年代，整个广岛只有两三家店卖冰激凌。不久后，小利明几乎每天都能吃到冰激凌，这让所有朋友羡慕不已。小时候，他经常将冰激凌装在推车上，送到街上距家只有几米远的岛馨医生的诊所。病人们也喜欢冰激凌。岛馨医生是他家的老主顾之一。

① Toshiko 可以对应“年子”“敏子”“淑子”等多个名字，本书中统一译作“年子”。

现在，诊所还在，但酒类商店已经关门了。一年前，田中利明的妈妈最终关掉了商店。那时候，豆酱、鸡蛋和酒都没有了，他们没什么可卖的了。但他们家依然有很多关系可利用，所以田中利明回家的时候，节子能做出这顿好饭。他们今天吃的是非常奢侈的炸蛋卷。田中利明夫妇、他的父母，还有眼睛又大又黑、手指细小，像个洋娃娃的小年子，一家人坐在榻榻米上。炸蛋卷很好吃。除此之外，那顿饭没什么特别值得记住或者不寻常的地方。直到有一刻，田中利明的妈妈突然说出了一句让他永生难忘的话——她说日本将输掉这场战争。

田中利明非常震惊。**输掉这场战争**？那不可能！人人都知道日本的胜利指日可待。他与她争论，但妈妈不为所动。她的生活毁了，店关门了，家私完了，美军轰炸机也许很快就会来轰炸广岛。他们失去一切只是时间问题。争到最后，大家都不再说话。田中利明没有什么话可以说服或者安慰妈妈。午后，他起身回兵营，其实他已经晚了。

他告别了父母、妻子和年子。年子每天都在长大。但他没有亲年子，也没有亲其他任何人。他是一名日本士兵，这样的亲密表示会被认为是娘们样。他最后的话几乎和往常一样：他盼着下个星期日再见到全家人。说完他离开了房间。

下午 2：00，L11 装置头后脚前地被拉出有空调的原子弹组装建筑，来到刺眼的阳光下。随后的 30 分钟里，摄像机记下了每一个步骤。像此前的 4 个测试装置彩排时一样，这个 10.5 英尺长、直径 29 英寸的哑光灰金属“垃圾筒”被小心地吊到特制的挂车上，然后安放到位。同样，为了避开窥视的目光，一块油布被盖在它的上面。在载满宪兵的吉普车的护送下，一辆牵引车拖着挂车通过俯瞰大海的悬崖，再沿珊瑚铺的狭长小道向下驶向装弹坑。“维克多 82 号”正在午后的阳光下等着。

下午 2：30，装弹开始。整个程序完全按照操作步骤进行。一台移动卷扬机小心地将原子弹放到长 16 英尺、宽 13 英尺的装弹坑里。它耐心地待在一个托架上，身上还盖着油布。巨大的轰炸机被非常缓慢地拖着转过 180 度，直到像一个巨大的金属怪物一样蹲在装弹坑的正上方。在它绕着转盘转动的时候，太阳照得机尾闪闪发亮。天热得让人难以忍受。两名技师光着膀子走下装弹坑。他们拉开油布，露出原子弹。当时在场的一些人会记得，用粉笔写在它后面的签名里有这么一行："献给'印第安纳波利斯'号忠魂的礼物"。就在这一刻，不到 1000 英里外，人们依然在海上打捞着几百具这些忠魂的尸体。

接下来是装弹程序中最需要小心谨慎的一步。一只吊钩从弹舱肚子里缓缓放下。技术人员细心地对好原子弹的吊耳与吊钩，将其夹紧，再用液压起重机一英寸一英寸地将原子弹慢慢地提升到弹舱里。所有人的眼睛都盯着原子弹。一辆消防车在一旁待命，准备随时行动。三周前的 7 月 12 日，在一次装弹练习中，一颗"南瓜"弹在进行到这一步时掉下托架，摔在地上。如果这时发生同样的事情，"小男孩"可能"自组装"（借用那些物理学家的术语）。这是个委婉的说法。它的真实含义是铀"炮弹"可能突然脱出，沿炮筒滑向它的铀目标。两者会结合成为一块超过临界质量的铀块，释放出越来越多的中子。最好的结果将是一次放射性的爆发，使北坪在随后一段时间内无法居住。最坏的结果将是一次彻头彻尾的核爆。

原子弹被固定好了。现在"小男孩"仅由唯一的吊钩吊着，被牢牢地固定在弹舱中属于它的位置。宪兵开始在轰炸机周围设置红色警告标志：100 英尺内禁止吸烟。此时是 15：45。在碾碎的珊瑚散发出的热气中，这架四引擎轰炸机闪着亮光，等着整整 11 小时后的起飞。

在"维克多 82 号"前舱内，莫里斯·杰普森（Morris Jeppson）少尉跪在一块垫子上，他正在装一个 30 英尺高，挤满电流表、报警灯和开关的仪表板。在仪表板的后面，4 根很粗的电缆蜿蜒通过机舱地板，下到弹舱，从后面伸入原子弹里。杰普森出生于犹他州的洛根(Logan)，23岁，高个，一头金发，是个摩门教徒。他将一路监测原子弹的状态直到目的地。在即将耗时6小时、在太平洋上空飞行1500英里的航程中，为了寻找最细微的故障迹象，莫里斯·杰普森将注视着每一盏灯、每一个表盘和每一根指针。发生故障后的选择很有限：继续、丢弃或者取消。

就在杰普森跪在仪表盘边拨弄开关、检查报警灯时，他的直接上司迪克·帕森斯爬上飞机。帕森斯打开前舱一个很像洗衣机门的圆形透明舱口，挤进弹舱。他带着一支手电筒和一只铝制工具箱。在他的前面，“小男孩”黑色的身体在半明半暗中若隐若现。帕森斯已经在技术区用了半天时间熟悉伯奇的双插头总成。现在是时候练习给真家伙安装引爆装置了。

参加当夜飞行的70人中，许多人觉得时间过得特别慢。除了等待外，他们无事可做。一些人坐在火热的太阳下；一些人在收听塞班电台（Radio Saipan）的音乐节目；还有的在尝试阅读或写信，或者抓紧时间在崭新的充气床垫上睡一会儿。鲍勃·卡伦和“维克多82号”机组的战友们则不声不响地打起了垒球，包括报务员理查德·纳尔逊(Richard Nelson)、随机工程师怀亚特·杜曾伯里（Wyatt Duzenbury)、助理机师罗伯特·舒马德（Robert Shumard)、雷达操作员约瑟夫·斯蒂博里克（Joseph Stiborik)。伙伴们不停取笑卡伦的新发型。几天前，他一时头脑发昏，让杜曾伯里给他理发。杜曾伯里显然喝多了海军鱼雷汁[1]，按某人的说法，剪出来的发型是一个黑脚印第安人[2]（Blackfoot Indian）发型和一块冒出新芽的草原的混合体。杜曾伯里也许是一个了不起的工程师，却是一个蹩脚的理发师。连卡伦钟爱的布鲁克林道

①美国俚语，指一种用菠萝汁和美国海军鱼雷发动机用的谷物酒精配成的饮料。
②居住在加拿大阿尔伯塔省和美国蒙大拿州的三个印第安人群体，男性常常留有“另类”的发型。

奇队[①]（Brooklyn Dodgers）的棒球帽都没法遮丑。

在打垒球和嬉闹时，他们被叫到蒂贝茨的办公室。一名摄影师拿着快速格拉菲（Speed Graphic）相机站在一边，要给机组拍张照片。他们平时的机长鲍勃·刘易斯也在那里。刘易斯裹在衬衫里的200磅的庞大身躯在热带酷暑中不停地淌着汗。他开了个关于出名的小玩笑。费雷比和范·柯克也一前一后地来了。刘易斯和费雷比相处得不好，一个特别原因是费雷比的扑克水平很高，玩牌时刘易斯经常以欠他的钱而告终。有一次在文多弗，刘易斯欠了费雷比差不多半个月的薪水，这件事很多人都知道。也许刘易斯还有点嫉妒费雷比。这份反感是相互的。费雷比不喜欢刘易斯总是在人前卖弄的方式。有时费雷比喜欢把刘易斯灌醉。只要三杯，刘易斯就会醉倒，对此费雷比觉得很好笑。

现在刘易斯非常清醒，也很愤怒。这一次不是对费雷比，而是对蒂贝茨。他一直觉得“维克多82号”是他的飞机，这个机组是属于他的。是他在3月份的时候将其从奥马哈的工厂接了回来，是他驾驶它一路超低空飞越平坦的草原到达文多弗，是他驾着它飞越6000英里跨过太平洋来到天宁岛。过去几周里，他作为机长驾着它执行了3次飞日本的“南瓜”弹任务。但蒂贝茨半路抢去了这次任务，他把刘易斯降为副驾驶，还带上他最好的伙计范·柯克和费雷比。如果战争明天结束，蒂贝茨将夺走所有荣耀。刘易斯只是个次要角色，一个“也参与了那任务”的人。这足以让任何人疯狂。

摄影师拍下了照片：范·柯克、费雷比、刘易斯和蒂贝茨站在后排，这四名军官穿着正式的长裤和衬衫；五名士兵（卡伦拒绝脱下布鲁克林道奇队的棒球帽）穿着短袖和剪短的天宁岛短裤蹲在前排。九个人在阳光下眯着眼，还有三人不在其中。一个是电子对抗战军官杰克·贝塞尔。虽然他将参加今夜的飞行，但从理论上说，他并不是该机组的成员。另外两人则出于其他原因——他们太忙了。一个是还在检查原

①美国职棒大联盟球队，1958年从纽约布鲁克林迁至洛杉矶，并更名为洛杉矶道奇队。

子弹仪表板的莫里斯·杰普森，另一个是迪克·帕森斯。

午后，“维克多82号”弹舱内的温度远远超过了100华氏度[①]，但帕森斯一刻也没有停止工作。他艰难地蹲在一块狭窄的架子上，拿着各种工具和一只手电筒，练习在飞行中给原子弹装引爆系统所需要的技术。

帕森斯挨个拿起整齐排列在身边的一块黑色橡胶垫上的工具，原子弹巨大的黑色尾板就在他眼前几英寸的地方。原子弹几乎占据了全部空间，连转身的地方都没有。最要命的还是热。一种强烈的、令人窒息的灼热直冲他的双眼和胸膛。他汗流浃背，在昏暗的光线下拧螺丝刀、螺母、垫片和螺栓时，手不断打滑。他时不时地把手电筒照向一份程序清单。他严格按清单操作，一次又一次，直到闭着眼睛也能做好。给一颗原子弹装引爆装置共有11个步骤：

1. 确认绿色插头是插上的；
2. 拆除支承板；
3. 拆除装甲板；
4. 将炮闩扳手塞进炮闩；
5. 拧下炮闩，放在橡胶垫上；
6. 插入炸药，四块，红端对后膛；
7. 插入炮闩，拧紧；
8. 连接引信；
9. 装上装甲板；
10. 装上支承板；
11. 拿走工具，清理步道。

①约为37.78摄氏度。

帕森斯是个完美主义者，他对秩序和程序的执着是出了名的。所有了解他的人都知道这一点，包括他妻子玛莎（Martha）、两个十几岁的女儿、格罗夫斯、奥本海默和在他手下设计和制造“小男孩”的该项目的全部科学家。他的信条永远是测试，测试，再测试，直到绝对不存在任何纰漏。他的这种执着近乎一种强迫症。无论怎么看，他都是个安静、朴实、不张扬的人。但是为了达到目标，他可以按不近人情的残酷步调工作，现在更是如此。一小时接着一小时，他蹲在灼人的金属棺材似的弹舱里，一丝不苟地演练着这 11 个步骤。到下午结束时，他的双手已经被锋利的工具割出了一道道口子，鲜血淋漓。尽管如此，他仍然继续练习。时间太紧了，他必须不出差错。法雷尔将军被震惊了。“看在上帝的分上，伙计，”他说，“我借你一副猪皮手套吧。”“我不敢戴手套，”帕森斯回答说，“我需要那份手感。”

天黑前的最后几个小时，蒂贝茨给了他的飞机一个将会载入史册的名字。静下来时，他想到一头红发的母亲。她在地球的另一面，佛罗里达州的家里。十年前，为了当飞行员，蒂贝茨放弃了读医学院的机会。小男孩与那架小小的韦科红色双翼飞机的初恋热情从未熄灭过，他想飞。父亲强烈反对他的决定，但母亲支持他。母亲坚定地支持他的选择，并且她的信心占了上风。她说：“我知道你能行，儿子。”蒂贝茨现在仍然记得这些话。

他把母亲的名字写在一张纸上，拉来一个正在打垒球的油漆工，叫他“把这漆在投弹飞机上，要漆得又大又漂亮”。油漆工认真照办了。随着这架巨大轰炸机投下的影子越拉越长，油漆工站在活梯上将八个字母漆在蒂贝茨即将坐的那一侧驾驶舱的下方。每个字母有一英尺高，用黑漆刷成倾斜 30 度的方形。鲍勃·刘易斯看到后勃然大怒。“在我的飞机上搞什么鬼？”他喊道。但为时已晚，它现在是蒂贝茨的飞机。那个名字将保留在那里，从那一刻直到永远。对蒂贝茨来说，这是一个奇怪的举动，甚至有点感情用事，但蒂贝茨从不后悔。母亲是他生命中的至爱，他以所有人都想不到的方式让她的名字永存历史。今夜他将把她的名字带上战场：**埃诺拉·盖伊**。

新墨西哥州沙漠，位于原爆点的“三位一体”测试塔。（洛斯阿拉莫斯国家实验室档案馆）

1945 年 7 月 14 日下午 3 点，装在通风箱里的原子弹钚核组件在麦克唐纳的牧场被装上一辆等待的汽车。从这里出发，它将被运到测试塔。（洛斯阿拉莫斯国家实验室档案馆）

世界上第一颗原子弹在测试塔顶的波纹铁皮屋内。这里就是唐纳德·霍尼格在暴风雨中读那本平装书的地方。(洛斯阿拉莫斯国家实验室档案馆)

原爆点，1945 年 7 月 16 日清晨 5：29，引爆后 0.04 秒。测试塔已经化为蒸汽。(洛斯阿拉莫斯国家实验室档案馆)

奇怪的搭档：镜头捕捉到的莱斯利·R.格罗夫斯少将和J.罗伯特·奥本海默博士。(杜鲁门总统图书馆)

约瑟夫·斯大林和哈里·杜鲁门在波茨坦相视而笑。(杜鲁门总统图书馆)

天宁岛北坪。1945 年 8 月，这是当时世界上最大的空军基地。4 条跑道长度都超过了 1.5 英里。（利昂·史密斯）

从接近北坪的飞机座舱里看到的机场。坐在机鼻的投弹手有整架飞机上最好的视野。（利昂·史密斯）

天宁岛，第509混成大队总部，这里有岛上最好的住处。（利昂·史密斯）

从空中俯瞰的北坪，第509混成大队的轰炸机从这里起飞。照片上方的3座独立建筑是有空调的原子弹组装建筑，为岛上最机密的地方。（利昂·史密斯）

尾炮手鲍勃·卡伦在“埃诺拉·盖伊号”上。他从这个炮塔拍摄下了广岛原子弹爆炸的蘑菇云。(肯尼思·艾德尼斯)

克劳德·伊萨里的“直下马桶号”。这架飞机轰炸了日本皇宫，它上面的漫画让杰克·毕文斯一路担心到了日本。(利昂·史密斯)

1945年8月4日下午4点，迪克·帕森斯（站立者，左）和保罗·蒂贝茨（右）向即将飞往广岛的机组成员介绍情况。“三位一体”测试的胶片还没放出来就被电影放映机撕扯碎了。（美国国家档案馆）

“埃诺拉·盖伊号”弹舱下方，躺在装弹坑里的“小男孩”。绝密的原子弹雷达天线尚未被装上。（美国国家档案馆）

发动机启动前的“埃诺拉·盖伊号”机组成员。鲍勃·卡伦（前排左起第二个）戴着布鲁克林道奇队的棒球帽。留着埃罗尔·弗林式小胡子的投弹手汤姆·费雷比站在他的身后，手搭在“荷兰人”范·柯克的肩上。（美国国家档案馆）

1945 年 8 月 6 日凌晨 2∶27，蒂贝茨从机舱里挥手告别。在这时，尚未确定 3 座城市中的哪一座将成为轰炸目标。（美国国家档案馆）

战前的广岛。离爆心500米的本通街。田中利明的酒类商店就在一条与照片上街道类似的街上。(滨本茂见，广岛和平纪念馆)

自愿参加自杀船攻击的和田功。(和田功)

日本人指望凭以赢得战争的武器：用于攻击美军舰只的胶合板船。和田功接受了使用这种小船的训练。（和田功）

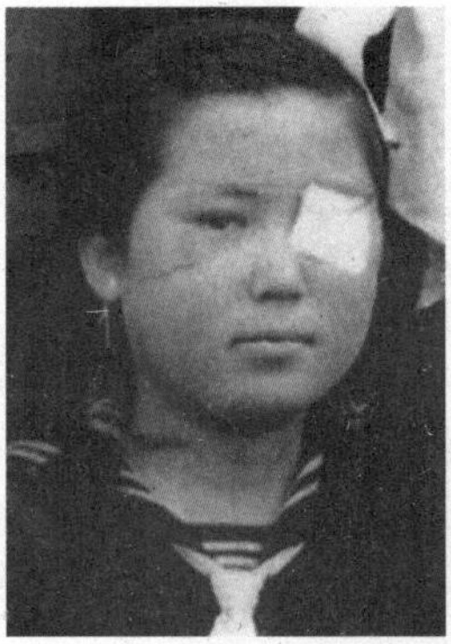

中前妙子，1947 年。眼罩盖在她失去的左眼上。（中前妙子）

穿着制服的肥田舜太郎医生。他因为反军国主义观点遭到日本宪兵队调查。（肥田舜太郎）

美军在轰炸前拍摄的广岛侦察照片。费雷比的目标，T形的相生桥非常醒目地位于爆心（十字标记处）西北。（美国国家档案馆）

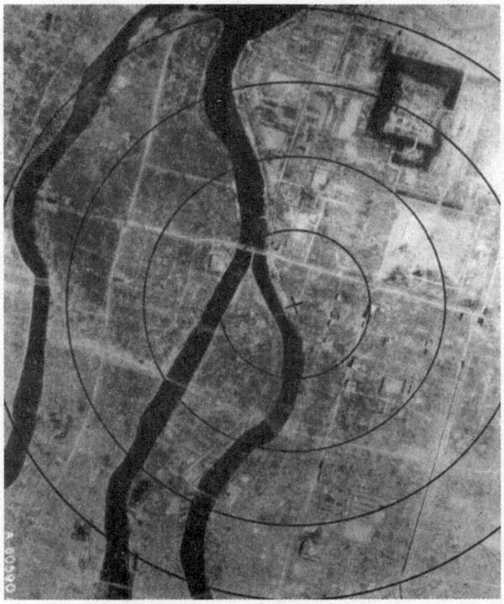

轰炸后的同一片地区。（美国国家档案馆）

鲍勃·卡伦从他的炮塔窗户拍摄的蘑菇云。此时蘑菇云的高度已经超过了6英里。(约瑟夫·帕帕利亚)

爆炸2分钟后从地面拍摄的同一片蘑菇云。摄影者离爆心5英里。(松重满尾,广岛和平纪念馆)

相生桥（距爆心200米）的近距离空中俯瞰照片。除了几座钢筋混凝土建筑外，所有建筑几乎全部倒塌。相生桥本身却神奇地没有倒。（广岛和平纪念馆）

松重美人拍摄的第一张御幸桥照片。他迟疑了至少15分钟才拍下它。照片中可以看到左边一群伤者中的坪井直（圈出者）。（松重美人）

松重美人拍摄的第二张御幸桥照片。警察在分发治疗烧伤的食用油。(松重美人)

离爆心700米的下村钟表店。核爆冲击波威力惊人的一个例子。(林重男，广岛和平纪念馆)

蒂贝茨降落后不久接受祝贺并获颁杰出服役十字勋章（Distinguished Service Cross）。可以看到他的左手握着烟斗。（洛斯阿拉莫斯国家实验室档案馆）

原子弹爆炸的第二天，广岛本川河边的一个急救中心。中前妙子和坪井直在昏迷中被分别送到与此类似的急救中心。（川原世继，广岛和平纪念馆）

鲍勃·卡伦手持一张报纸，报纸上的头条新闻是改变世界的广岛核爆。（“曼哈顿计划”遗产保存协会）

第20章
起　飞

8月5日，星期日，晚上8点
广岛军医院X光[①]科

正常情况下，广岛军医院的X光室不是供人喝酒的地方，但肥田舜太郎（Shuntaro Hida）中尉早就不担心这个了。快到半夜时，虽然他喝下的清酒没有他招待的四名陆军医生多，但也已经非常多了。不过他只是在执行命令。这天傍晚，上司叫他照料那四个人。他们刚从国外的前线下来，在返回东京的路上经过这里。他们在广岛没地方可去，因此肥田舜太郎医生把他们带到了X光科。没过多久，五人就在贴着白瓷砖、摆着X光机、蒙着黑色窗帘、充满刺鼻消毒水味道的X光室开始吃晚饭。他们的酒就是从那时开始喝起的。

这酒开了头就没停下。肥田舜太郎甚至都没想过要和他们拼酒量，而且他太累了。他从广岛以北6公里的户坂村回来才几个小时。他们刚刚在那里建好了一座新医院。过去七周来，300名挖掘工人在肥田舜太郎的监督下不停地工作。今天是他们最后一天工作。在这么短的时间内，这是个了不起的成就：户坂小学背后的山里挖出一长排80平方

①现称X射线。为尊重历史，本书保留旧称。

米的大房间，空间足够容纳一个手术台和几间病房，一些学校教室也改造成了额外的病房。上周第 5 军的师部司令来视察时表示非常满意。本土作战的伤亡势必会非常惨重，广岛本身也许很快就会被美军的轰炸机摧毁。肥田舜太郎督建的这座新医院满足了一项重大需要。在这个坐落在中山①山坡上、由 300 户人家组成的小村庄里，伤员可以安全地连续接受手术和治疗。

肥田舜太郎很有成就感。在一个全世界都致力于毁灭的时候，一个简单的建设行动里有一种近乎美的成分。学医之前，他学过建筑。过去几周里，那些技能帮了不少的忙。那份工作意外地令人满意。不过他最喜欢的还是那里的夜。在宁静的农舍里，他可以坐在灯下细心地用墨汁将建设蓝图画在白纸上。那是他可以暂时忘记战争的时刻。

与保罗·蒂贝茨不同，自从 12 岁那年第一次读到阿尔贝特·施韦泽②（Albert Schweitzer）的经历后，肥田舜太郎就一直梦想成为一名医生。施韦泽是一位在非洲部落工作的著名医生。肥田舜太郎天生是当医生的料：聪明、轻言巧语、天生敏感、好奇，有丰富的同情心。他有一双有力但出奇纤细的手，一副和善坦率的面庞，在病床边举止温和。他于三年前的 1942 年 9 月参军，但从未参加过任何战斗，他的时间主要是在医疗机构度过的。像他这样的医生太紧缺了，肥田舜太郎的专长是治疗痢疾。在大部分同代人战死沙场的时候，他正忙着处理大便样品。

一年前，27 岁的肥田舜太郎被分配到了广岛军医院痢疾部门工作。这所医院有 100 多名医生，是日本最大的军医院。当时痢疾很流行，连军队都难以幸免。军人的食物比平民好不了多少。随着时间流逝，医院的情况日益混乱，药品材料很快告罄。肥田舜太郎尽了最大努力，经常每周七天没日没夜地工作。他太疲惫了，每一天对他来说

①广岛附近的一座小山。

②法国人道主义者，因为在中非西部的加蓬创立阿尔贝特·施韦泽医院，进行人道主义救助而获 1952 年诺贝尔和平奖。

都是折磨。他痛恨这场战争，痛恨军队的控制，痛恨无时不在的严苛纪律，痛恨残暴，痛恨对个人自由哪怕是一丁点的随意侵犯。最近他更是不加掩饰地表达了自己的这些看法，以至于宪兵队（令人恐怖的秘密警察）都来医院找过他。但上司保护了他，因为他们需要他的技能，也需要他到户坂的山里建设山洞医院。

现在，医院完工了。今天下午，在他和300名挖掘工人最终离开户坂前，他最后一次在村里走了一圈。他向村长、校长和村里的和尚告别。当他们步行下山时，全村人都出来送行。有些人哭了。肥田舜太郎非常感动，向他们挥手告别，然后转身和其他人一起下山回城。入夜时，他已经与那四名军医坐在X光室，喝得不省人事。至少在随后的几个小时里，战争暂时不复存在了。

午夜12点，三个参加进攻的机组鱼贯走进第509混成大队的作战机组休息室做最后动员。飞行员、领航员、机师、报务员、投弹手、雷达操作员、尾炮手、科学家、观察员……共34人在刺眼的电灯光下眨着眼。没有过多闲聊。众人落座时，气象员开了个玩笑。没有人笑。一整天里紧张的气氛都在累积，到夜幕降临时，这些人已经像绷紧的弹簧。晚上大部分时间，鲍勃·卡伦都待在他的铺位上，瞪着白色的弧形屋顶，想着在美国的妻子凯和小女儿茱迪。邻铺上的“埃诺拉·盖伊号”报务员理查德·纳尔逊漫不经心地翻着《读者文摘》。助理机师罗伯特·舒马德则像小孩一样抱着膝盖团成一团，想好好睡一觉。其他人也想睡一会儿。有的则放弃了努力。“荷兰人”范·柯克吃了两片安眠药，精神十足地在床上躺了半夜。最终他爬起来加入了蒂贝茨和费雷比，玩一场需要全神贯注的二十一点牌戏。费雷比的状态一如既往地好。战前动员的通知到达时，他们还在玩。

其他人为了打发时间各显神通。“大师号”的机长查克·斯威尼信步走到停机区，不为什么特别原因，他只想看看自己的飞机。在这个寂静的夜晚，没有什么需要他做的，他在那里呆呆地站着，盯着那架不久后将带着他、他的机组和三名科学家飞往日本的飞机。其中一名科学家哈罗德·阿格纽溜到技术区，从实验室搜罗了一部16毫米摄影机和一些胶片。他希望拍到那次爆炸的一份非官方记录。他还在实验室弄到一箱急需的肥皂。他的同事路易斯·阿尔瓦雷茨去南瓜剧场看了场电影，但是他不记得片名是什么了。

时间在黑暗中慢慢流逝。因为缺乏睡眠，“埃诺拉·盖伊号”的电子对抗战军官杰克·贝塞尔萎靡不振。到现在为止，他已经20个小时没睡了，但他没试着睡一会儿，而是跑到军官餐厅陪那位见过“三位一体”测试的《纽约时报》记者比尔·劳伦斯。劳伦斯今天下午才坐一架C-54运输机从美国赶来。他已经耽误了三天，急着要加入今夜的飞行，但已经太迟了。蒂贝茨的飞机上已经没有空位子了。于是蒂贝茨请（不如说是命令）筋疲力尽的贝塞尔招待这个兴奋的科学记者，陪他直到午夜的战前动员。贝塞尔尽了最大努力，但他一定烦透了，尤其是要忍受劳伦斯喋喋不休地谈论和平时期使用原子能的奇迹。这些热情洋溢的演说持续了几个小时，而且还带有浓重的斯拉夫口音。

外面的停机坪上，迪克·帕森斯最终双手血肉模糊地爬出了“埃诺拉·盖伊号”的弹舱。战前动员前的最后几个小时里，他和莫里斯·杰普森一直待在弹舱里，像他整个下午练习的那样，杰普森将装弹步骤重复了一遍又一遍。在震动的弹舱里，帕森斯没法在给原子弹装引爆装置的同时拿着手电筒，那将是杰普森的工作。杰普森还要确保11个步骤里的每一步都正确完成。帕森斯犯不起一点错误。不能有任何人出任何纰漏。

蒂贝茨开始做战前动员，他简短地直奔主题，飞速地说了一遍关键要点。其实到这个时候，大家已经很清楚程序了，这是他们在所有那些飞日本的“南瓜”弹任务里演练过的。首先是航线：从天宁岛向北飞行600英里到达硫磺岛，接着飞向日本的四国[①]海岸，这一段有800英里。单程共1400英里，总飞行时间为12小时。起飞时间为凌晨2：45。攻击编队飞到陆地上空前约1小时，3架气象飞机将分别传回它们的报告：“贾比特III号”从小仓，“满座号”从长崎，巴克·伊萨里机长的“直下马桶号”从首选目标广岛。届时蒂贝茨将决定攻击哪座城市。为防止有人不理解，蒂贝茨反复强调了这一点：天气决定目标。3个气象机组将先于进攻编队1小时整，即凌晨1：45出发。他们已经做过战前动员，现在他们已经快吃完战前早餐了。

每个人都在飞速地记下要点：写在便条本上、纸条上、手上。高度：从这里到硫磺岛5000英尺，接着逐段爬升到投弹高度31 000英尺[②]。投弹速度：200英里/时校准空速，260英里/时真实空速。无线电频率：7310千赫用于天气报告；G频道用于飞机间的通信；7频道用于以“取消”一词发出任何**取消**命令。空中和海上救援：海军将会大举出动，大量潜艇和飞机将从天宁岛一路排到日本沿海，随时准备在有人迫降时进行救援。但有一点蒂贝茨没有说：如果海水渗入“小男孩”的弹壳，原子弹很可能会被引爆。作战天气预报：目标航线上有散云，中等风力；首选目标广岛上空的云量为六成层积云，18 000英尺高空的云量为三成高积云。在这样的天气状况下，汤姆·费雷比足以看到那座T形桥。一块巨大的高压区正盘踞在日本上空，这是极为适宜的轰炸天气。

接着蒂贝茨复述了轰炸航路：从目标以东的起始点直到市中心的瞄准点。“埃诺拉·盖伊号”领头，“大师号”跟在大约300英尺后。两机在投弹后将立即急转飞离：“埃诺拉·盖伊号”向右，“大师号”向左。负责摄影的“维克多91号”将保持在南面几英里外，伯纳德·沃尔德曼的超高速Fastax摄影机将对准目标城市，等待爆炸。最后一次，蒂贝茨提醒所有人戴上焊工护目镜，并调到最高挡位。这颗炸弹将比

①日本四大本土岛屿之一。

②关于投弹高度，本书有3.1万英尺（约合9449米）和6英里（约合9656米）两种说法。英文维基百科的说法是9470米。

一颗超大的太阳还要明亮。又一次，原子一词未被提及。

时间不多了。蒂贝茨简述了最后的要点。出于保密原因，他决定改变电台呼号。熟悉的“维克多”将被轻松而又迷惑人的“酒窝”代替。今晚的行动代号为“船中板行动”（Centerboard）。它还有另一个名字，一个某些机组人员不太喜欢的名字：第 13 号特别任务（Special Mission Number 13）。好在那天不是星期五①。

众人对了表。现在时间是凌晨 00：15，离出发还有两个半小时。蒂贝茨的战前动员以一句简短的关照结束。“做好各自的工作。”他说，“服从命令。不要走捷径，不要冒险。”他走下讲台。这时随军牧师威廉·唐尼（William Downey）站起来，扫了一眼涂在一只信封背面的几个词，发出他浑厚悦耳的声音。“万能的主，”他说，“勇士在你的天空高飞，将战火烧向敌人，请你与他们同在。在他们执行指派的飞行时，我们祈祷、守护和保卫他们。愿他们，和我们，知道你的坚强和力量，愿他们借你的神力，快速结束这场战争……”那天早些时候，“埃诺拉·盖伊号”的雷达操作员乔·斯蒂博里克②曾请求神父宽恕他，至少那会提供“一点安慰”。虔诚的天主教徒查克·斯威尼前一夜去做了忏悔，可惜因为保密限制他无法说出到底为什么要忏悔。

大家静悄悄地一个个走出动员室。所有人都已经将个人物品交给同屋一个指定的不参加飞行的战友。现在他们的唯一标志就是自己的身份识别牌。他们三五成群地走进餐厅，开始吃战前早餐。第 509 混成大队的五星级司务长查尔斯·佩里已经为这次特殊的早餐倾其所有。四面的墙上挂着纸折的南瓜，样子酷似机组携带的那些练习弹。菜单上画了图片和滑稽的简短描述。食物前所未有地精致：香肠、真正的鸡蛋（“你想要什么样的？”）、苹果酱（“看上去像车轴润滑脂！”）、泡在枫蜜里的薄饼，甚至还有蒂贝茨喜爱的菠萝馅饼。费雷比讨厌菠萝

① 13 和星期五在西方都是不吉利的数字，二者结合被视为大凶日，被称作“黑色星期五”。
② “乔”是约瑟夫的昵称。

馅饼。他和范·柯克看着蒂贝茨狼吞虎咽。他们闲聊了几句，喝了几杯黑咖啡。范·柯克想起了死刑犯的早餐。实际上，不管是他还是当时在餐厅吃饭的任何人，他们都不会死。

虽然物品奇缺，加上灯火管制以及四处逡巡的警察，但毁灭前夜的广岛依然有许多方式可以自娱自乐，甚至还有几家仍在营业的剧场。那天晚上，宝冢剧场正在上演一场喜剧，而帝国影院则在放映一部海盗题材的电影。在寿剧院，人们排队观看当时非常流行的电影《四场婚礼》(*Four Weddings*)。这是一部关于四个姐妹、一个媒人和一个单身青年的爱情喜剧。至于不那么合法的消遣，土桥的红灯区一直都存在。没人能确切地搞清楚，这些妓女如何还能裹上光鲜亮丽的衣服出来迎客。不过细看还是能发现，层层妆容下面是憔悴的面庞，袖子里伸出的则是棍子一样细的手臂。绝大部分顾客都是士兵，只有这个群体才有交换女孩需要的足够金钱、香烟或食物。这座城市现在驻扎了4.3万名士兵，他们都料到自己会在盟军进攻时战死，因此妓女们永远不缺顾客。

对大部分没有余钱余粮甚至无钱无粮的人来说，他们还有收音机可以听。倒不是它多有趣。日本神话是家常便饭，几乎所有内容都是关于为国献身的荣耀的。另一个频繁涉及的话题是赢得战争胜利，尽管这种可能性已经非常小。偶尔还会有些其他节目：也许是音乐，偶尔有教打算盘的节目，有时是一次传统诗朗诵，或者是晚上6点的系列节目。每晚6点的系列节目的标题都是《本周战事》(*This Week's Battle*)。今夜的节目由海军将领高田播讲。至于他那天描述的是哪一周的战役，没有留下记录，但不大可能是一场败战。

大部分人一如既往地早早上床。灯光管制非常严格，一过黄昏，整个城市就是一片黑暗的街道和阴影。兵营内的士兵早早就实施了宵禁，田中利明也在其中。太阳落山后不久，他躺在床上，对母亲在吃炸蛋卷时突然发出的怪论迷惑不解。另一个是5英里外隔海湾相望的金浦训练营中的和田功。整整一天，他都在为自杀船挖洞。匆匆吃过晚饭后，筋疲力尽的和田功如释重负地倒在床上。夜里9点，他已经睡着了。在天宁岛，鲍勃·卡伦还在瞪着天花板，想着妻子和小女儿。

在市外山区的黑暗中，中前妙子和12岁的妹妹惠美子也在农舍的卧室里睡着了。惠美子依然觉得有点不舒服，但什么也动摇不了她明天去工作的决心。她明天得早起，拆除队9点就会开始工作。妙子则要起得更早，她要在电话局值一天的班，时间会很长，从8点开始。有时候姐妹俩可以一起乘上下班的小列车下山进城，但明天不行。

广岛那座古堡以东几百米的缩景园里一片寂静，坪井直和恋人玲子并排躺在草地上。他们在黄昏时进了园。两人面前是一片凉爽而黑暗的湖面，湖上纵横交错着小木桥和微型茶室。空气中弥漫着浓重的花香，像她有时寄给他的信上的香水。他们偶尔能听到这座湖为之闻名的鲤鱼和乌龟戏水的声音，或者那些老鹭惊醒的声音。空袭警报响了一两次，那是美军机群从广岛上空飞去空袭别的城市。坪井直告诉玲子他被征召入伍和很快就得参战的事，她哭了。自那之后，两人很少说话。此时无声胜有声。两人就这样在余温尚存的草地上一起躺了几个小时，手指第一次彼此轻轻触碰，这本身就已经非常完美。玲子的手指很漂亮、修长、白皙、优雅。坪井直一辈子都忘不了两人的这种触碰，也忘不了那天，无比清澈、广阔、空旷的天空中闪亮的星星。

凌晨1：37，轰炸编队出发前一小时，三架气象飞机从北坪的平行跑道上起飞，贴着海面缓缓向北飞往日本。27人升上天空，飞往各自的目标城市。在“直下马桶号”上，巴克·伊萨里看着罗盘的指针慢慢转向338度（西北偏北方向），随后摆正了这架巨大轰炸机的机翼。如果一切顺利，用不了7个小时，他就会在广岛上空最后一次确认天气状况。这段旅程有充足的时间打扑克。在他身后90英尺的地方，

21 岁的尾炮手吉隆·特鲁伊·奈斯利（Gillon Truett Nicely）看着天宁岛在黑暗中向后滑去。他祷告了一声，祈祷上帝像过去两年半来一直做的那样保佑他和机组。在中舱，助理机师杰克·毕文斯一点都没有想上帝或者扑克。他在想他们滑向跑道时所见到的一幕不寻常的景象。就像好莱坞电影的首映式一样，所有的泛光灯、弧光灯和各种其他灯光都照在“埃诺拉·盖伊号”停的硬地上。那里不仅有摄像师和相机闪光灯啪啪作响的摄影师，还有一群人围在四周，正中心的则是那架闪闪发亮的巨大银色轰炸机。它的一侧刷着崭新的名字，在灯光下闪烁着炫目的光芒。从旁边滑过时，毕文斯只透过窗户看到一眼，但那足以让他目瞪口呆。他从未看到过这样的景象。

这个喧闹场面出乎所有人的意料。“埃诺拉·盖伊号”机组乘吉普车驶向那块硬地时，也看到那些灯光、摄影机和等着扑向他们的摄影师。这些人确实扑上去了。机组人员刚刚跳下车，这群人就蜂拥而上。闪光灯在他们脸前闪个不停，有人对他们大喊，看这边，看那边，转过来，**这样做，那样摆**……灼人刺眼的灯光下，是无休止的吵闹和疯狂的噪声。就差一块红地毯了。“我以为会看到米高梅电影公司（MGM）的狮子走向停机坪或者华纳兄弟娱乐公司（Warner）的标志照亮天空。”蒂贝茨后来说，“这太疯狂了。”

这也极其危险。躲在拉索山的日本人也许会清楚地看到这边的景象。只要他们中有一个人有部电台，整个行动可能会被毁掉。过去十个月来，蒂贝茨一直叫所有人闭上嘴，但现在事情已由不得他控制了。一手控制这件事的是在 6000 英里外华盛顿的格罗夫斯将军。原子弹既是一件武器，也是一次公关行动——花了纳税人 20 亿美元，它**必须**是。格罗夫斯一心要把它运用到极致。“埃诺拉·盖伊号”是明星，它的机组是明星，而它携带的原子弹则是明星中的明星。到了明天晚上，这个新闻将传遍世界。这一切都是格罗夫斯想出来的。如果一切如愿，执飞今夜任务的官兵将成为英雄。作为 12 名几乎单枪匹马赢得战争的非凡勇士，他们将被载入史册。因为有必要记录下每一个细节，所以就有了这成群的摄影师和无数的摄影机。格罗夫斯甚至命令在“埃诺拉·盖伊号”上装一台钢丝录音机（本质上是一台原始的录音机），确保机组成员说的每句话都被永远记录下来。

汤姆·费雷比看着那些摄影师围着轰炸机探头探脑，暗自庆幸那天白天让人把它全面清理了一遍。地勤人员在机上找到了六盒避孕套和三条丝质女性内裤：在美国精英为赢得战争即将出发的一刻，这很难算得上是个适宜的画面。他们中的一两位，比如鲍勃·刘易斯，显然很享受这份瞩目。刘易斯已经接受了《纽约时报》记者比尔·劳伦斯的请求，要为该报写一篇关于这次飞行的日记。没人谈到钱，但刘易斯显然知道，这值“几个钱”（实际上，它有一天会是一笔小财）。在镜头前，刘易斯花了很多时间给机组人员鼓劲，似乎**他**才是这次任务的机长。迪克·帕森斯是最不喜欢这份关注的。他讨厌各种抛头露面，尤其是这样一次不合时宜的混乱。当一名摄影师突然把他推到“埃诺拉·盖伊号”的主轮前喊着“你要出名了，**笑一个！**”时，他的态度仍是如此。

这份混乱持续了45分钟。此时机组成员已经绷紧神经，在黑咖啡的助力下亢奋起来：他们做好了出发的准备。最终，蒂贝茨终止了这一切。机组成员在一起拍了最后一张照片。它几乎是当天下午那张照片的翻版：军官在后，五名士兵在前。这一次，杰克·贝塞尔也在，但杰普森和帕森斯还是缺席。十个人在“埃诺拉·盖伊号”前摆好姿势，凝固成一个历史瞬间：范·柯克站着，飞行服拉链随意地拉开到腰部，手插在口袋里，似乎这是星期天出去逛公园；站在他旁边的是一脸严肃的费雷比，右手亲热地搭在范·柯克的肩上；刘易斯则是一脸微笑，他明显是机组里最魁梧的成员；蒂贝茨看上去轻松自如，很难相信他到现在为止已经超过24小时没睡了；五名士兵再一次蹲在地上。这也许是历史性的一刻，但鲍勃·卡伦感觉到的只有身后范·柯克的靴子。

再一次，他拒绝脱下布鲁克林道奇队的棒球帽——后人将永远看不到他当时的发型。摄影师纷纷按下快门。“给我们一个最后的告别。”一名摄影师说。“最后的告别？开什么玩笑，”杰克·贝塞尔回答道，“我们还会回来的。”

此时是凌晨 2 : 20。一个接一个，机组人员开始登机，爬上梯子进入前舱或中舱，每个人都带着黄色救生衣、胸包式降落伞、应急干粮、净水药片，甚至还有鱼钩鱼线——在鲨鱼出没的太平洋水域，这很难说是有效的自保措施。人群里有人开始将纪念品交给几名士兵，请他们将这些特殊物品带上机，再带回来。在这历史性的一刻，他们可能也想为自己弄到一点魔力，沾点光。卡伦在梯子脚下等着上机时，第 509 混成大队的摄影官杰罗姆·奥西普（Jerome Ossip）将一架 K-20[①] 相机塞到他手里。他知道在原子弹爆炸时，卡伦位于机尾的岗位能看到全景。这是个不容错过的宝贵机会。奥西普飞快地向卡伦演示了如何使用相机。“拉快门上的扳手，像这样。”他说，“别调光圈。拍下你看到的一切。”卡伦抓起相机，消失在飞机里。

有几名机组成员带上了他们的幸运物。助理机师罗伯特·舒马德带上了每次执飞任务都离不了的小布偶。卡伦有棒球帽。4 月时，他给布鲁克林道奇队那位著名经理布兰奇·里基（Branch Rickey）写了封信，索要一顶帽子。“我是道奇队的铁杆球迷，”他写道，“自出生起就一直住在离艾必斯球场[②]（Ebbets Field）几步远的地方。”里基在德国投降那天给卡伦寄了这顶帽子，还附上了他的希望：“有一天，你会戴着它走在东京的大街上。”卡伦还带了一只圣母玛利亚圣章和自己染色的凯和茱迪的照片。蒂贝茨带上了那只伤痕累累的烟盒，还有收集的各种雪茄、烟斗、烟丝和打火机。与每次飞行一样，这次飞行的大部分时间里，他都会被笼罩在含有尼古丁的烟雾里。藏在他飞行服口

①二战期间美军使用的航空照相机。
②布鲁克林道奇队的主场。

袋里的还有一只火柴盒，里面装满了氰化钾胶囊，一共12粒，机组每人一粒。这是当晚早些时候，第509混成大队航空军医唐·扬（Don Young）给他的。扬清楚这次任务所面临的现实。如果“埃诺拉·盖伊号”被击落，任何幸存机组成员的下场都会很惨：审讯、长期的折磨、缓慢而痛苦的死亡。这些胶囊是个快速的解脱方式。“他向我保证，”蒂贝茨后来写道，“服下氰化钾后不会有任何痛苦。”只有帕森斯知道蒂贝茨有这些胶囊，其他人都不知道。

凌晨2：27。机组年纪最大的成员、32岁的技术军士怀亚特·杜曾伯里在机师仪表盘前完成发动机启动前的检查程序。他的一双蓝眼睛飞速扫视着一片令人眼花缭乱的表盘、开关和操纵杆：燃油表、螺旋桨螺距控制器（Propeller Pitch Control）、中冷节温器（Intercooler Shutter）、逆变器开关（Inverter Switch）、燃油阀……杜曾伯里以前是密歇根州兰辛（Lansing）的一个树木整形专家，他觉得原子弹看上去“像一根树干”。90英尺长的裸露金属机身内，其他成员从前到后各自对照自己的清单做着检查。在尾炮塔，卡伦放倒提升座椅，关上身后的压力密封门，将K-20相机放在地上，检查了炮塔闩、灯和引信，检查了氧压力表，对着氧气面罩试吸了一下（他感觉到凉爽的空气像一阵清风拂过面庞），系好安全带，将凯和茱迪的照片夹在氧含量表上。杜曾伯里将机内通话器拨到“内部”挡，开始呼叫。大家做好了出发准备。蒂贝茨打开侧窗，向下面等待的人群挥手。有一张照片记录下了那一刻：蒂贝茨挥手告别，眼睛在晃眼的弧光灯下稍稍眯着。就在他的下方，被强光照亮的字母是他母亲的名字。蒂贝茨要求关掉灯。就在杜曾伯里打开3号发动机磁电机时，停机坪突然陷入一片黑暗。随着启动电机的运转，一声细微的尖叫划破夜空。接着巨大的四叶螺旋桨开始旋转，发出万鼓齐鸣般的吼叫。

杜曾伯里双眼盯着他的仪表盘：1000转/分，缸头温度低于248摄氏度，油温低于95摄氏度，燃油压力正常。飞机在震动下颤抖着。

杜曾伯里像鹰一样盯着各个仪表盘上的指针。“给他一台启动的发动机，他会稳如磐石。”蒂贝茨曾经这样谈到杜曾伯里，“给他两台，他会变得更稳。”

“准备启动4号（发动机）。”杜曾伯里叫道。

“4号启动。”蒂贝茨答道。

另外三台发动机迅速地次第启动，每一台都喷出吓人的火焰和黑烟，直喷到机翼后50英尺远的地方。机舱内外，噪声大得吓人。地上的人用手捂住耳朵。瞬息之间，这架银色轰炸机从一台死气沉沉的机器变成了制造它的人希望它承担的角色：一个生龙活虎、威力无穷、携带着世界上最致命武器的怪物。

蒂贝茨探出舷窗，左手拇指指向前方。地勤人员撤去塞在巨大轮胎前那些小得可笑的楔木块。刘易斯放开刹车，机轮慢慢向前滚过沥青跑道。一辆吉普车开到前方，闪着灯光，开路通过挥手告别的人群：摄影师、科学家、祝愿胜利返回的人……驶向跑道。轰炸编队的另两架飞机得到“埃诺拉·盖伊号”的提示，启动发动机，随后跟上的是查克·斯威尼驾驶的“大师号”，乔治·马夸特及其机组则在那架他们后来称作“必要之恶号”的“酒窝91号”上。

蒂贝茨小心地操纵飞机跟在吉普车后。费雷比在巨大玻璃机鼻的投弹手位置检查轰炸瞄准器。在费雷比身后，范·柯克排开他的铅笔、分度规和航行图。他的任务是在往返日本的3000英里飞行中给“埃诺拉·盖伊号”引航。范·柯克的一个愿望是别“搞砸”，一个错误或一次偶然的计算失误都会毁了这次任务。三年前，费雷比和范·柯克第一次结识在一架B-17“空中堡垒”轰炸机的机鼻里。“我希望你能命中目标。”当时范·柯克说。“我希望你能找到它。”费雷比回答道。在范·柯克对面，报务员理查德·纳尔逊将电台调到他在战前动员会上快速记下的频率。一本读了一半的平装书摆在莫尔斯电报按键旁。跪在原子弹监测仪表板旁边一块垫子上的是莫里斯·杰普森。他盯着表盘上每根指针的每一次微小摆动，仔细查看原子弹可能出问题的最细微信号。迪克·帕森斯坐在他旁边，双眼也盯着仪表板。他靠在通往弹舱的洗衣机门似的压力密封舱口上，圆圆的原子弹头部就在他背后几英寸的地方。帕森斯手上的伤痕依然清晰可见。起飞后不久，他将打开那道门开始工作。但是首先，他们得过了起飞这一关。

蒂贝茨将轰炸机转到A跑道。“大师号”和“酒窝91号”也转到与A跑道平行的B跑道和C跑道。“埃诺拉·盖伊号”内，杜曾伯里做了最后的发动机测试运行。最后几个项目也检查完毕。襟翼设在起飞需要的25度。配平调整片①也调到了中间位置。弹舱门已关闭。刘易斯按下操纵盘上的通话按钮。“‘酒窝82号’呼叫北天宁塔台，准备起飞。”

从塔台传来了噼啪的声音。

“塔台致‘酒窝82号’，准许起飞。”

这天没有月亮，天很黑。蒂贝茨透过树脂玻璃，盯着向前伸展的1.5英里跑道。跑道的尽头是外围环道，环道与跑道的落差有50英尺，再往外便是大海。他发现自己手心在出汗。帕森斯不到24小时前目睹坠毁的那4架轰炸机的碎裂残骸被推到了一边，还留在那里。装着巨大的原子弹和7000加仑燃油，“埃诺拉·盖伊号”已经超重近15 000磅（接近7吨）。要想成功起飞，它需要利用每一英寸的跑道。消防车和救护车沿跑道方向间隔排开。虽然没装引爆装置，但里面毕竟装着一颗原子弹。“那件武器一点也不安全。”随“大师号”飞行的科学家哈罗德·阿格纽说，“如果飞机不得不紧急停车，原子弹中的‘炮弹’也许会被直接发射。”有一刻，蒂贝茨想到后面那些摄影师和电影摄影师会不会记录下世界上第一次核事故。接着他听到刘易斯数秒的声音。还有15秒，10秒，5秒，准备。蒂贝茨看了一眼表。凌晨2：45。

①飞机飞行中进行配平的可调小翼面，可以对飞机产生某些不需要的飞行姿态的趋势进行修正。

蒂贝茨将左手伸向油门，他推下油门，发动机震耳欲聋的吼叫声越来越大。刹车嘶的一声松开。轮胎向前挪动，一开始很慢，接着吃力地加速，越来越快，直到珊瑚嵌进飞转中的轮胎。他双眼在跑道和仪表间转换：进气压力①、转速，以及最关键的空速。正常起飞的空速是每小时 123 英里，但蒂贝茨知道，要想让这些机翼在稀薄的热带空气里举起“埃诺拉·盖伊号”，他必须加到更高的速度。跑道边界灯一个又一个地向后方远去，他还在让飞机滑行。现在发动机在尖叫：8800 匹的强大马力推着轰炸机滑过压实的珊瑚，4 个巨大的螺旋桨以每分钟 2800 转（接近每秒 50 转）的速度旋转。刘易斯紧张地看着蒂贝茨——马上就到跑道的尽头了。出于本能，刘易斯的双手开始握紧操纵轮，他拼命抑制住自己的冲动。刘易斯真想夺过控制权，趁时间还来得及，拉起，将这头怪兽举离地面。就在那一刻，机轮离开了地面。在前面只剩下 100 英尺跑道的时候，飞机飞了起来。

法雷尔将军在塔台上屏住呼吸注视着一切。“我们几乎在用祈祷和期望把飞机托举起来。”他说。“埃诺拉·盖伊号”在夜空中爬升，摇摆着在海洋上空远去。

四分钟内，另两架飞机也升空了，跟在后面拼命爬升。法雷尔注视着它们的尾灯逐渐被夜空吞没。发动机的声音渐渐消失。他立即给半个地球外的格罗夫斯将军发了封电报。解密后的电报写道：

> 帕森斯和蒂贝茨指挥的“小男孩”任务（机组）于 051645（东部战争时间 12：45）离开天宁岛。一切正常。两架 B-29 观察机随行，阿尔瓦雷茨、阿格纽和约翰斯顿在第一架上，沃尔德曼乘第二架。查看三个目标地天气的 3 架 B-29 气象机于 1 小时前离开。

---

①航空活塞式发动机进气系统的进气压力。

“第 13 号特别任务”已经开始进行了。它的目标是三座城市中的一座，但到底是哪一座，现在还没人知道。成千上万睡梦中的男女老少还不知道，他们的生命取决于明天早上醒来时的天气情况。

午夜某个时分，一名士兵叫醒了醉得迷迷糊糊的肥田舜太郎医生。他认识的一个户坂的村民急需帮助。这个老农的孙女得了心脏病，病情严重。他生怕她会死掉，因此请肥田舜太郎到村里去救她。肥田舜太郎立即爬起来。那四个军医在贴着白瓷砖的 X 光室继续睡觉。肥田走出医院，爬上老农的自行车后座，他还有点头重脚轻。老人担心他会掉下来，小心地用一根带子把他系在车座上。然后两人嘎吱嘎吱穿过灯火管制的空旷街道，出城来到乡下。这是肥田最后一次见到完整的广岛。他对这座城市的最后记忆是太田川反射的星光，像黑水上闪闪发光的钻石。

第21章
核爆前6小时　安装引爆装置

8月5日，星期日，中午过后
华盛顿特区陆军部新大楼5120房间

陆军部新大楼大厅里绘着宽达50英尺的壁画《强大的美国》(*America the Mighty*)。格罗夫斯将军在第五层等待着法雷尔将军从天宁岛发来的起飞电报。今天早上，他开着苹果绿的道奇轿车，从位于克利夫兰小区的家里出发，穿过星期日的空旷街道，比往常更早来到办公室。他离家的时候妻子和女儿还没起床。她们没有理由认为今天与其他日子有什么不同，格罗夫斯总是加班，她们从不问问题。无论他成天都在忙什么，她们现在已经习惯了，就像她们已经习惯了度过大部分没有他的星期天一样。

办公室里有皮沙发、橡木会议桌和塞满绝密文件与巧克力的保险箱。格罗夫斯坐在办公室里耐心等着。几个秘书和陆军军官在外面金属灰色的办公桌旁不声不响地做着事。时间一分钟一分钟地流逝，将军也在工作，或许是装出工作的样子。昨天法雷尔将军将这次任务的预计起飞时间告知了格罗夫斯：凌晨2：25。天宁岛时间比华盛顿时间早14个小时。现在这里已经快到下午2点，轰炸编队应该已经在1

小时多以前就升空了，但格罗夫斯还没有收到任何消息。他不知道起飞是否成功，是否推迟，或者是否出了灾难性的错误。他什么都不知道，两眼一抹黑。他要很久以后才会得知电报在路上出了岔子。因为未知的原因，电报在通过陆军渠道传递时卡在菲律宾马尼拉。结果，“曼哈顿计划”的总负责人，那个负责有史以来最大、最昂贵武器项目的人，在这个湿热星期天的午饭时刻，坐在他的办公桌前，对发生了什么一无所知。

起飞整10分钟后，“埃诺拉·盖伊号”通过了与天宁岛紧邻的塞班岛的北端。范·柯克在引航员日志上记下了第一条：高度4700英尺，空速213节，温度22摄氏度。跟在1小时前出发的气象飞机后，“埃诺拉·盖伊号”向西北偏北方向飞去。飞机的排气口拉出漂亮的蓝色烟雾，距离塞班岛越来越远。夜空中的某个地方，“大师号”和“酒窝91号”也在沿同一航线飞行。要等到黎明后不久，3架飞机到达下一片陆地，即硫磺岛时，它们才会再次聚首，而在此之前是622英里的空旷大海。“大师号”上，报务员阿贝·斯皮策在日记上匆匆写下一行：“另一次任务开始了。多希望现在是10个小时后，正在返回的路上。”

凌晨3：00，飞离塞班岛后仅5分钟，迪克·帕森斯敲敲蒂贝茨的肩膀，说：“我们要开始了。”蒂贝茨点点头，按下操纵杆上的通话按钮。“‘法官’要工作了。”他说。“法官”是帕森斯的代号。天宁岛上，法雷尔将军听到了这个消息。一群科学家拥着他聚集在通信中心。随着与“埃诺拉·盖伊号”的距离不断增加，他们努力想听清每一句话。第一个障碍已经清除了，蒂贝茨安全地将轰炸机飞上天空。现在帕森斯需要给原子弹装上引爆装置。

杰普森头一个打开洗衣机门式的舱口，爬进去，下到弹舱。他带着手电筒和帕森斯的安装步骤清单。在起飞前的最后几小时里，两人已经把它背得滚瓜烂熟。帕森斯紧跟在杰普森后下到弹舱。弹舱内的噪声震耳欲聋，这是一种穿透性的能敲开脑壳的轰鸣。在这样的环境下，几乎无法交谈。两人小心翼翼地侧身挤过狭窄的步道，走到原子弹后面。这里没有护栏，他们也没穿救生衣。将他们与距地面近 1 英里的稀薄空气隔开的只有弹舱门。原子弹挂在唯一的吊钩上微微颤抖，黑色弹身几乎占据了弹舱里每一英寸的空间。空气也不平静。有时候，分散在他们飞行高度的积云撞得这架大型飞机在空中跳上跳下。不过这里至少还算凉爽，经历了白天的酷热后，这是个令人欣慰的解脱。

帕森斯跪在尾板对面的平台上，打开工具箱，在身边铺开橡胶垫。杰普森将一根内部通话连接线插入插孔。在帕森斯工作时，他将把 11 步装弹程序的每一步传给蒂贝茨，后者再把它传给等在天宁岛上的那些人。从插在引信和原子弹之间、阻断引爆信号的那三个木柄绿色插头开始，杰普森的手电筒沿着最初几个步骤往下照去：

1. 确认绿色插头是插上的；
2. 拆除支承板；
3. 拆除装甲板；

......

这是个很肮脏的活。从原子弹背面一个个拆除各种钢板时，黑色的石墨润滑剂弄脏了帕森斯的双手。他后来说他最大的担心是带着“一双肮脏油腻的手，又没有地方洗”一路飞到日本。这是一句经典的帕森斯式评论：实际，没有历史意义，故意贬低自己。然而真相是，这次任务的成败全在这双不仅肮脏而且伤痕累累的手上。掉下一把扳手，接错一根电线，原子弹引爆装置也许就无法被安装。他的操作必须完美无缺，对细节的关注就是一切。13 岁时，帕森斯少写了“potatoes”里的一个“e”，非常可惜地丢掉了新墨西哥州拼写比赛的冠军。这是个很有用的教训，尤其是现在，当他蹲在“埃诺拉·盖伊号”振动不止的弹舱里，面对“小男孩”黑色的尾部时。

他像一下午练习的那样飞快工作着。拆下支承板后，他将扳手塞进炮闩，拧了 16 下，拧开炮闩。他小心翼翼地把它放在橡胶垫上，完成了第四和第五步。到这时，他已经花了大约五分钟。杰普森将电筒照在步骤表上，吼出了第六步：**插入炸药，四块，红端对后膛**。这是整个操作中最精细的一步。帕森斯需要将四块用丝袋包装的圆筒形无烟线状火药插入炮闩。红色的一端是点火块，它们被引爆后，原子弹的炮会立即开火，将铀 -235“炮弹”沿炮膛砸向另一端的铀 -235 目标。帕森斯小心翼翼地拿起第一袋火药。这里面装着意大利细面条似的高爆粒料。杰普森将电筒从他肩头照过去，注视着他的一举一动。在气流涌动的空中，飞机时不时地颠簸着。发动机的声音敲打着薄薄的弹舱壁。帕森斯一直没有走神，他所有的注意力都集中在他唯一的目的上。“只要在他身边，你就会有信心。”杰普森后来说，“他就是那么棒。”虽然弹舱在震动，帕森斯依然稳稳地将第一袋火药慢慢地插入了炮闩。“小男孩”在他眼前几英寸颤抖着。他继续装第二袋。弹舱外，其他机组成员等着杰普森的下一个报告。同样等他报告的还有 100 英里外天宁岛上的那些人。“那是最让我担心的，”范·柯克后来说，“在飞机上装所有那些该死的火药，而且我们还在飞机上，天哪。”但帕森斯的技艺已经达到炉火纯青的地步了。枪炮是他的生命。在一张早年的照片上，还是小男孩的帕森斯拿着一支点 22 口径步枪，在萨姆纳堡空旷的平地上猎蛇。他在海军最得心应手的工作是和炮打交道：设计、改进、测试。他一直以来最大的抱负就是指挥一艘自己的军舰，命运却将他带到了这里。

最后一袋火药安装到位：第六步完成了。帕森斯用家用扳手拧了 16 下，将炮闩拧回到了原子弹上。第七步也完成了。他紧接着接上了连接引信和原子弹的电连接点火线，完成了第八步。“需要的只是一点技巧和稳定的手。”帕森斯后来说，“只有找死的疯子才会弄出危险。”

也许是吧，但现实是，他正在操作的是高爆炸药，而且核组件近在咫尺。不仅如此，他还在太平洋上空一英里，在昏暗拥挤的弹舱里，使用的是一套普通工具。

到凌晨 3：15，装弹完成。剩下的工作就是重新装上支承板，收拾好工具。杰普森将这个消息传给驾驶舱的蒂贝茨。从他们开始工作到两人爬出弹舱仅过了 15 分钟。他们从舱口爬回后，“荷兰人”范·柯克的第一个想法就是“哈利路亚！[①]”。副驾驶位子上的鲍勃·刘易斯在比尔·劳伦斯请他写的日志上写下了一句。这是他写给 6000 英里外，生活在新泽西州里奇菲尔德(Ridgefield)的父母的。“亲爱的爸爸妈妈，”在开头他写道，“帕森斯海军上校顺利完成了步骤 1 － 11。”也许它的句子不通，词也干巴巴的，但它们道出的欣慰对机上每个人来说都是真切的。帕森斯和杰普森一步都没有错。只有一件工作还需要完成。当“埃诺拉·盖伊号”在四小时内爬升到最终的投弹高度前，需要用三个连通信号的红色插头替换那三个阻断引爆信号的绿色插头。到那时，“小男孩”才算全面做好了引爆准备。

驾驶舱里，蒂贝茨将这个结果传给天宁岛上的科学家和法雷尔将军，但他们并未听到这个消息。帕森斯做到第八步（“连接引信”）时，蒂贝茨的声音已经开始在电波里渐趋微弱，到第九步（“装上装甲板”）时，他的声音已经消失在静电噪声中了。法雷尔数次尝试联系蒂贝茨，但都没有收到回复。那一刻，地面上没人可以完全确定，帕森斯是成功了，还是把自己和“埃诺拉·盖伊号”炸得不复存在了。

那个星期天的上午，“奥古斯塔号”巡洋舰上，杜鲁门总统去了舰上的小教堂，同去的还有国务卿吉米·伯恩斯。现在这艘巡洋舰在大西洋上的航程已经过半，正以 26 节的速度驶向弗吉尼亚州的纽波特纽斯（Newport News）。下午大部分时间里，总统都与伯恩斯关在舱室

①意为“赞美主”，礼拜时用或用于表示欢乐。

研究正在进行的中苏谈判的最新进展。合众社[1]记者梅里曼·史密斯（Merriman Smith）记得那是一段极为紧张的时刻。两天前，杜鲁门邀随船新闻组到他的舱室开一次私人会议。在要求严格保密的情况下，他第一次告诉了他们关于原子弹的消息。他说将会很快对日本使用原子弹。杜鲁门的语气很克制，但在史密斯看来，他的情绪似乎是分裂的：既为原子弹将很快结束战争而高兴，同时也明白它是一件“破坏力惊人的可怕武器”。总统说他准备了一份特别声明，他将在这种武器使用时向媒体发布。“这是自火药发明以来最大的新闻。”史密斯后来说，“我们对此有什么可做的吗？没有。只能坐等。”

那个星期天，他们坐等了整整一下午。他们假装无话不谈，独独避开那件占据他们心思的事。“那个秘密太大、太恐怖了，”史密斯说，“我们彼此间无法讨论。”至于总统，这位美联社记者用一个词总结了他的情绪：**焦虑**。

“埃诺拉·盖伊号”划过夜空，一轮残月正从东方升起。凌晨4：20，鲍勃·刘易斯在日志上写下了另一段文字：“度过了艰难的一天，人称‘老公牛’的上校也显出疲态。为了这次任务顺利开始，他忙碌了一天，也该睡一会儿了。因此我会抓紧吃上一顿，照料‘乔治’——自动驾驶仪。”蒂贝茨不是唯一抓紧时间打盹的人。被过去24小时的紧张搞得筋疲力尽的机组人员现在有一半都睡着了。还有些人已经被发动机的节奏催得昏昏欲睡，正在岗位上休息。报务员理查德·纳尔逊对着他的平装书打盹儿。这是一部关于一个年轻拳击手的小说，叫《提防威利·卡特》（*Watch Out for Willy Carter*）。汤姆·费雷比静静地坐在两名飞行员后。“我想他的思绪回到了位于美国中西部的老家。”刘易斯写道。B-29机身上的观天窗是个明亮的玻璃泡，莫里斯·杰普森高高地坐在那里，看着天上的星星和映着月光的积云向后飘去。小

①世界著名通讯社，与美联社、路透社和法新社并称为世界四大通讯社。

时候，他一直想当天文学家。他回忆说，“这是一个美丽的夜晚。”机头和中舱被 30 英尺长的狭窄加压通道隔开，杰克·贝塞尔正舒服地躺在里面，这是他 27 个小时来第一次有机会睡觉。鲍勃·卡伦、助理机师罗伯特·舒马德和雷达操作员乔·斯蒂博里克轮流将橙子沿通道向贝塞尔滚去。最终一只橙子弹到贝塞尔的头上。自那以后，他再也没睡。

卡伦已经测试过“埃诺拉·盖伊号”上仅有的对付敌机的武器——那挺双管点 50 口径机枪。一切正常。接着他爬出机尾，回到有同伴的舒适中舱。一幅“文多弗的玛丽”（一个裸体的犹他州美女）的照片贴在舱门上。他还带了一个被绿色帆布包着的水壶，他一直用它当尿壶。同机组战友的一个标准恶作剧是把那个壶与水壶调换。就在他们为此取笑卡伦的时候，蒂贝茨沿通道向他们爬过来。他停下来聊了会儿天，接着突然问他们猜没猜到他们带的是什么类型的炸弹。“现在没问题了。”他说，“我们已经在路上了。你们可以随便猜。”

“是不是化学家发明的恐怖武器？”卡伦问。

“不，不算是。”蒂贝茨回答。

“是不是物理学家发明的恐怖武器？”

蒂贝茨瞪着他的尾炮手。“你可以这么说。”他说。他开始回头沿通道爬向驾驶舱。卡伦拉住他的脚。“上校，”他说，“我们今天是不是要裂开原子？”

蒂贝茨用奇怪的眼光看着他。

“差不多。”他回答说。

瞎猫碰到了死耗子，至少卡伦记得的情况一直是这样的。但到那时，这样的谣言已经传了好几个星期了。人人都已经对沉默习以为常，导致真正的故事再也没人提起。他们都记得那些突然被流放到阿拉斯加的人。直到现在为止，随便猜测实在太危险了。回到座位上后不久，蒂贝茨打开内部通话器，招呼全体人员注意，告诉大家他将揭开这个谜底。战前动员时已经介绍了这颗炸弹的巨大威力，现在蒂贝茨告诉了大家这颗炸弹的名字：原子弹。

亨利·史汀生和友人在长岛度过了那个星期天。星期五晚上，他从华盛顿国家机场[①]飞到位于长岛北岸的高堡庄园。从这所木框架大房子看到的景色美不胜收，尤其是这个周末，夏日阳光下的大海波光粼粼，长岛湾对岸的康涅狄格州海岸一片翠绿。经历了波茨坦会议的压力之后，回到家的感觉太好了。昨天他得到五角大楼传来的消息，说执行轰炸日本任务的机组将于今天出发。和格罗夫斯将军一样，史汀生也被告知了起飞时间。自那以后，什么消息都没有。他和梅布尔决定拜访住在华盛顿港[②]（Washington Port）的一些朋友。和以往一样，史汀生在日记中记录下了细节。“我们过了一个愉快的下午。”他写道。

在华盛顿，日语译员正在争分夺秒地翻译日本驻莫斯科大使佐藤尚武的最新密电。明天，这十页打印好的文件（“魔术”外交情报摘要）将出现在史汀生的办公桌上。文件包含了佐藤向日本外相发出的最后请求。电报不同寻常地直率。佐藤声称，不能指望苏联人斡旋一份条件更好的和约，因为他们永远不会站在西方盟友的对立面。日本必须立即投降，它的日子已经屈指可数。“如果政府和军方磨磨蹭蹭，整个日本将化为灰烬。”天皇本人必须在为时过晚前插手干涉。接着佐藤尚武还插上了一句附言。“我深感时间紧迫。”他写道。这是一个颇有先见之明的评论，远远超出了佐藤本人的想象。

从轰炸机的飞行高度看，黎明很快就会到来。随着星光淡去，一抹鲜亮的红色火焰横亘在东方的天际。太阳很快升起，将“埃诺拉·盖伊号”正在穿越的散落云朵染成一片金黄。这架巨大的四引擎 B-29 在晨曦中闪着光，平静地穿过一幅色彩逼真的天景画，驶向历史。“那次

①今华盛顿罗纳德·里根国家机场。
②长岛北岸的一个居住区。

日出，”范·柯克说，“是我见过的最美丽的日出。”那一刻，鲍勃·刘易斯更加实际。“凌晨 5：00，黎明迹象初现。”他在日志中写道，“之前的 30 分钟，飞机一直在避开巨大的积云。现在这份景象令人高兴。似乎我们将会在晴朗的天空中飞上很长一段。”

高速飞行的“埃诺拉·盖伊号”迎来明亮的天光。前方就是硫磺岛。这个火山岛是“埃诺拉·盖伊号”与另两架飞机的会合点，也是飞往日本航线上的一个关键地标。机组成员感到了一份新的紧张。睡觉时间结束了。驾驶舱里，鲍勃·刘易斯将飞机慢慢升到 9200 英尺。这是飞机不断爬升并最终到达投弹高度的第一步。蒂贝茨盯着高度计，它的指针每分钟会转过 500 英尺的刻度。他的烟斗散发出的浓重烟草味弥漫在整个驾驶舱内。在他身后，怀亚特·杜曾伯里一边注视着迷宫似的仪表，一边在轰炸机爬升过程中判断着发动机的状况：温度、压力、转速……玻璃表盘随着震动微微颤抖着。弹舱舱口边，杰普森和帕森斯跪在他们的降落伞上，扫视着原子弹监控台上的一排排指示灯。此刻它们全都是绿色的。范·柯克丢下航行图观察它们。“如果所有这些绿灯都熄了，红灯亮起来，那会怎么样？”他问。“那我们就麻烦大了。”杰普森说。

凌晨 5：52，硫磺岛从正前方的地平线上冒了出来。当乔·斯蒂博里克看到这座猪排形状的岛出现在雷达显示器上时，他一眼就认了出来。范·柯克的导航堪称完美：在一片汪洋大海上飞行三个多小时后，他的时间把握得分秒不差。天空现在如水晶般清澈。12 双眼睛扫视着每一英寸天空，寻找着“大师号”和“酒窝 91 号”。蒂贝茨操纵“埃诺拉·盖伊号”稍稍左转，绕着硫磺岛的死火山折钵山兜圈子。明晃晃的阳光滑过驾驶舱。这座 556 英尺高的小山在他们下方缓缓转动。机组人员太熟悉折钵山了。2 月份，为了攻占折钵山，海军陆战队在四个可怕的日夜里打了这场战争中最血腥、最残酷的几次战斗。一步一步，一英尺一英尺，他们艰难地通过了地雷、陷阱、碉堡、手雷、炮弹、霰弹和致命的机枪火力交织的重重障碍，最终到达顶峰。日军异常顽强。他们的将军栗林忠道（Tadamichi Kuribayashi）曾放言，说他的士兵要杀死至少十名敌人才会死。战斗十分惨烈，经常达到肉搏的程度：士兵们用刺刀、匕首、枪托甚至拳头杀死对方。海军陆战队有超过 1000 人伤亡，这座火山也很快得到了一个绰号："热石"（Hot Rock）。攻取折钵山后，乔 · 罗森塔尔（Joe Rosenthal）[①]拍下了那张不朽的照片：久经沙场的海军陆战队士兵将星条旗插上折钵山的山顶。但战斗没有就此结束。夺取岛上另外八平方英里土地的战斗又花了三周的时间。战斗结束时，约 7000 名美军官兵和 1.9 万名日军士兵献出了生命，被永远埋葬在那些松软的火山灰下。现在"埃诺拉 · 盖伊号"就围着它在兜圈子。对它的许多机组成员来说，硫磺岛不只是飞往日本途中一个合适的航点，也是他们飞到这里的原因。蒂贝茨已经告诉他们，说他们携带的炸弹将缩短战争，甚至可能会结束战争。机上每个人都有同样的感觉，但其中迪克 · 帕森斯的感觉也许更加强烈：就在下面某个地方，其弟弟失去了半张脸。

就在这时，"大师号"和"酒窝 91 号"如天边的黑点一样出现了。它们快速向"埃诺拉 · 盖伊号"靠拢，直到两架飞机都紧跟在"埃诺拉 · 盖伊号"的机翼后，这是一次教科书式的会合。三名引航员的表现都堪称完美。数月的艰苦训练，在古巴附近无数次的水上导航练习，飞往日本的"南瓜"弹练习任务，所有这一切都有了回报。蒂贝茨绕岛转了 12 分钟，编好队形。接着范 · 柯克传给他一个新的航向：向左转 13 度到 327 度，几乎是正西北方。沿这个方向飞将会到达距此 650 英里的四国——他们将最先在那里飞到日本本土上空。范 · 柯克仔细记录了时间：6：07：30。距轰炸还有三个小时。但到底是哪座城市，机上还没有一个人知道。

①美国摄影师、美国海军陆战队刊物《皮领》杂志（*Leatherneck*）记者，因拍摄《美军士兵在硫磺岛竖起国旗》（*Raising the Flag on Iwo Jima*）成名，并因此赢得普利策摄影奖。

第 22 章

核爆前 2 小时 阳光沐浴下的广岛

8 月 6 日，星期一，上午 7：15
广岛

早上 7 点，广岛的气温已经达到 80 华氏度（约 27 摄氏度），而且还在攀升。湿度为 80%，静风，这是一个天气极好的夏日。太阳挂在清澈的蓝天上，能见度好到远山似乎触手可及。广岛通信医院院长蜂谷道彦（Michihiko Hachiya）医生打开家里的窗户。“时间还比较早，”他在日记中写道，“清晨宁静、温暖、美好。无云的天空中反射着阳光，与花园中的阴影形成令人愉悦的对比。”广岛沐浴在阳光下。那一刻，战争似乎突然远去。

广岛以北六公里的地方，在户坂的那个农民家里，肥田舜太郎还在酣睡。胆战心惊地坐在自行车后座来到山上后，他一整夜都在照料老人的孙女。这个六岁小女孩的一个心脏瓣膜出了问题，肥田舜太郎医生最后给她打了镇静剂，让她安睡。部分是因为醉酒，部分是因为太疲劳，肥田舜太郎自己也睡着了，连老农在院子里叽叽呱呱的说话声都没有吵醒他。在一间俯瞰村里学校的房间里，他躺在席子上。阳光照在房间刷白的墙壁上。生病的孩子躺在身边。她妈妈要去市里工作，像往常一样一大早就离开了。

在广岛以西五日市的山上，中前妙子早早起床，准备去电话局开始新一天的工作。她需要在8点前赶到那里。妹妹惠美子在她出门前醒了。惠美子要幸运些，一个小时后才会出门。因为生病，她看上去依然苍白憔悴。她才12岁，妙子很担心她。但惠美子依然坚持要去，不管妙子说什么、做什么都阻止不了她。妙子为妹妹感到骄傲。两人都在履行她们的职责。“连我们娇小的身体，”妙子会说，“也在帮助我们的祖国。”中前妙子按工作允许的方式把头发在后面扎紧，告别惠美子时，说：“我会尽量早点回来。”

走到位于乐乐园的乡间小火车站需要30分钟。妙子沿一条直路穿过一望无际的稻田。太阳火辣辣地照着，天已经很热了。周围的一切还在寂静中沉睡，田野上几乎空无一人。这是一个她后来不断回想起的时刻：热，刺眼的阳光，闪亮的稻田，还有走在笔直路上的孤独女孩。不知不觉中，她已经到了车站。她挤上一辆水泄不通的火车，抓稳把手。在发动机的喘息声中，火车沿窄轨铁道蹒跚驶向铺展在下方平原上的城市。

整个广岛都醒了。随着30万居民大部分匆匆赶去工作，市内123辆有轨电车和85辆公开汽车（全市只有25辆注册私车）叮叮当当地驶过桥梁和路口。在遍布城市的成百上千个地下室里，成千上万的学生再次坐到公家的工作台前，为即将到来的战斗生产坦克零件、飞机发动机、炮弹、炸弹……与稍晚些的中前惠美子一样，另外8000名学生涌入市中心，准备开始新一天的工作：用绳子拆除旧的木头房子。整个城市的47所医院里，以十几岁学生为主的数百名护士正赶来接早班。她们一如既往地用竹枪练习开始新的一天。医院大院内，护士们用竹枪刺杀看不见的敌人，汗水湿透了象征决心和自律的白色束发带。军队也醒了——太田川两岸的大操场上，一排又一排军人顶着烈日锻炼，那是4.3万名广岛驻军中的一部分士兵在赤裸着上身做早操。还有些人在城堡的院子里锻炼。离城堡不远的是监狱，23 名美军战俘（其中 13 人是 9 天前飞机被击落时被俘的）被关在黑暗的单人牢房里。

虽然纸张短缺，《中国新闻》还是又一次出现在街头——供人阅读或用来烧水，或读完后再用来烧水。千篇一律的头版新闻很扎眼，1945 年 8 月 6 日这一天也不例外。今天上午的头版登了一张小学生烘干无处不在的野菜的照片，还提到了昨夜 B-29 对北海道的轰炸，甚至还有对克莱门特 · 艾德礼[①]（Clement Attlee）的工党在英国大选中获胜的简短评论。当然也少不了民众为即将到来的战斗摩拳擦掌、热情高涨的新闻，比如《人民的战斗精神万岁！》（*The Fighting Spirit of the People Lives On!*），以及为了解决纸张短缺和打赢战争，要求将旧明信片和名片交给军方的命令。当然，居民还能听到《今日广播》（*Today's Broadcast*）。感兴趣的听众可以在收音机里听到这一周的《学校日记 —— 回忆录》（*Week's School Diary—A Memoir*），节目在中午 12：15 开始。

离日本海岸还有 1 小时 20 分时，莫里斯 · 杰普森再次打开"埃诺拉 · 盖伊号"弹舱门，走进弹舱。马上就到早上 7：30 了。杰普森口袋里装着三只红色的五针引爆插头，每只长三英寸多一点。再一次地，他挤过"小男孩"右首，沿步道小心走过去。"小男孩"的表面是隔开引爆信号与引信的三只绿色保险插头。杰普森拿着三只红色插头，在抖动的原子弹边站了一会儿。弹舱里只有他一个人。多年后，他有了个想法："如果我拆走绿色的保险插头，然后直接将红色插头扔进弹舱门，原子弹就是一颗哑弹而且不会有任何证据。我愿意相信，如果是一颗哑弹，高层就不得不有所思考。对日本的进攻也许就会发生。"现在改变历史的力量真真切切地握在他手里。

然而历史在滚滚向前。杰普森一只只拔出绿色插头，换上红色插头。

①英国政治家，1945 年 7 月 26 日—1951 年 10 月 26 日间担任英国首相。

每只插头下方的两个大插脚通过跨接铜线连上两个小插脚，闭合了引爆线路。杰普森仔细确认所有三只红色插头全部插好。他最后拧了一次第三个插头。“那是个重要时刻。”他后来回忆说。接着他走出弹舱，关上舱门。杰普森是最后一个触摸原子弹的人。“小男孩”打开了保险。鲍勃·刘易斯在日志上记下了一条：“我们上了膛。原子弹现在可以用了。知道它在你背后是个有趣的感觉。上帝保佑。”

10分钟后，上午7：41，“埃诺拉·盖伊号”开始了漫长的爬升，以便上升到31 000英尺的投弹高度。进攻编队的另两架轰炸机紧随其后。“大师号”里，在查克·斯威尼给飞机加压前，三名科学家观察员（劳伦斯·约翰斯顿、哈罗德·阿格纽、路易斯·阿尔瓦雷茨）将调频接收天线塞到外面时速为250英里的滑流①里。当那些话筒通过降落伞落向目标上空时，天线将接收核爆的冲击波信号。约翰斯顿蹲在他的仪器前反复校准这些话筒——紧张在不断累积，他总算有事可做。“埃诺拉·盖伊号”里，鲍勃·卡伦离开中舱的战友，爬回孤零零的机尾炮塔，仔细关紧压力密封门。炮塔里很热。太阳从左边窗户照进来。卡伦将工作服拉链拉到腰部，露出用一根链子挂在短袖衫外的圣母玛利亚圣章。他调整了视力矫正太阳镜，打着了违规灌注100号航空燃油的芝宝（Zippo）打火机，点上一支好彩牌（Lucky Strike）香烟，开始一支接一支地猛抽。

上升到10 000英尺后，所有三架飞机全部都加了压。机鼻的范·柯克坐在手持式偏移计算机（Handheld Drift Computer）前，每隔5000英尺计算一次风速。随着他们接近速度惊人的高空急流，风速计算是保持位置的必要措施。现在几度的误差就可以使他们偏离航线好几英里。三年前，范·柯克就在满是高射炮火和战斗机的欧洲德占区上空执行过无数次险象环生的任务，尽管他的飞行经验已经非常丰富，但他还是能感觉到逐渐累积的紧张。中舱里，杰克·贝塞尔坐在卫生

①被飞机螺旋桨搅动后的气流。

间旁紧张地调试着重达 300 磅的最新电子设备：APR-4 和 S-27 接收机、无线电频谱仪（Panoramic Adaptor）和热写频谱分析仪（Thermal Writing Spectrum Analyzer）。这一系列机密设备的问世只为做一件事：确定日本人没有偶然撞上原子弹的秘密雷达频率，从而向它发出引爆信号。24 岁的贝塞尔来自巴尔的摩。1941 年 12 月 8 日，珍珠港事件第二天，他离开约翰·霍普金斯大学（Johns Hopkins University）加入航空兵部队。守在那些仪器前时，贝塞尔从耳机里听到美国海军第五舰队（Fifth Fleet）舰艇电台的声音。他还能听到排在他们前方航线上的空—海救援船只间的通信。他有点震惊地意识到，下面那些船只之所以等在那里，是为了在他们发生意外时前来营救。

三架银色轰炸机缓缓爬上冰冷的蓝天。他们下方远处，光彩夺目的云朵如棉絮般翻卷着铺向天边。空旷的大海在明亮的朝阳下闪着金光。“高空中薄薄的卷云和低空云之外是美丽的天空。”刘易斯在日志中写道。时间接近上午 8 点。前方 200 英里，三架气象飞机正在接近各自的目标：广岛、小仓和长崎。随后的几分钟将决定这三座城市中的哪一座将成为目标。“哦，伙计，”刘易斯写道，“不会太久了。”

第23章

核爆前1小时 广岛敞开了怀抱

8月6日，星期一，上午8：07
广岛地区司令部地下通信掩体

几分钟前，长4米、宽3米的大型壁挂地图上的红灯开始闪烁。几个日本军官正挤在狭小的通信室里察看。他们观察到的敌机正向北飞行，越过四国，直接向广岛飞来。相邻的掩体里，一群女学生在凝神倾听耳机里的声音。随着不断传回的报告，匆匆写下的记录在她们和通信室间传来传去：报告有来自雷达站的，有来自探照灯站点的，有来自地面观察员的。就在昨天，《中国新闻》还用了半个头版报道这些女孩。随着敌军空袭日益变本加厉，这些女学生耳机一刻也不离头。即使必须死去，一名12岁的学生说，“我们也要坚决履行我们的义务。”

敌机继续北上飞向广岛。前一夜，空袭警报数次拉响，都是关于过路往返其他目标的B-29编队的。但这次有一点不同：只有一架B-29，而且飞得很高，超过了30 000英尺。也许是一架来侦察的飞机，只有拍照的飞机才会飞那么高。几个日本军官盯着地图。即使天还早，地下室里也又湿又热，很不舒服。这里的潮湿常年不去。地下通信掩体紧邻广岛城堡区域南边缘的护城河。加厚的钢筋混凝土墙外，广岛著名的鲤鱼在清澈的护城河里游来游去；墙内，地图上的红灯在不断闪烁。

敌机已经到了不足十英里以外的地方，正接近广岛郊区的外围。负责的军官拿起直通一公里外广岛电台的电话。等在播音室的是 28 岁的播音员古田正信(Masanobu Furuta)。他的声音在这个城市非常有名，他的工作是广播空袭警报。《中国新闻》昨天的一篇文章毫不吝啬地赞美了他的才华。“他的声音，”文章写道，“永远温和沉着，一个有力而冷静的声音，没有一丝颤抖。一个打消我们焦虑的声音。”

古田正信打开麦克风，一下子打断了早上的军乐节目。广岛市民又一次听到那个打消他们焦虑的有力而冷静的声音。古田正信在广播中告诉市民，一架敌军入侵飞机正在从南面接近广岛。在电台外面，尖锐的空袭警报响起：表示预警的一系列短促刺耳的鸣叫。此时是上午 8：09。在广岛上空，一个银色的亮点高高掠过万里碧空。

透过舷窗，杰克·毕文斯盯着 30 200 英尺下滑过“直下马桶号”机翼的城市。这个助理机师立即想起他的家乡芝加哥：隔开街道的河流湖泊在太阳下闪闪发光。天空非常晴朗，多年后，他依然记得那天“晴得吓人”。他可以看到一切，甚至能看到一块块绿色，那是市区的公园、花园和周围长满树木的山坡。毕文斯一时把他的恐惧抛到了九霄云外，不再担心被击落后给人割掉卵蛋，他只是看着下面的风景。

这是一次常规到几乎无聊的任务。对这个机组来说，沿“裕仁公路”飞 1500 英里只是为了查看一座日本城市上空的天气，这很难让人兴奋——显然不及对皇宫投上一颗炸弹那么激动人心。就在这时，天色开始发生出人意料的变化。当飞机到达距广岛 30 分钟航程的四国时，飞机下方已经不再是散落的云朵，而是逐渐变成一片几乎没有空隙的云层。这一大块低空层积云在飞机下方铺开，一眼望不到头。驾驶舱里，巴克·伊萨里和副驾驶艾拉·韦瑟利（Ira Weatherly）（此时这个名字已经成为许多玩笑的笑料①）按战前动员的要求硬着头皮继续前进。目视投弹的前景已经开始变得很不明朗。虽然时不时有几块空隙，但云层遮蔽了大部分地面。“埃诺拉·盖伊号”穿过云层投弹的机会变得很渺茫。第二架天气侦察机“贾比特 III 号”也报告小仓上空出现了类似天气。只有飞往长崎的“满座号”报告天空晴朗。这一天也许将成为广岛的幸运日。

然而，云突然消散了。伊萨里到达瞄准点以东 16 英里的起始点时，云层上露出一个大洞，整个城市突然暴露在眼前。这个洞的直径至少有 10 英里，呈近乎完美的圆形，外围正对应着广岛的边界。除了偶尔散落的云朵外，阳光毫无阻碍地透过空隙，从 6 英里上空能看到地面的一切：街道、街区、河、港口，甚至还有单个建筑。伊萨里立即将“直下马桶号”转到云隙上方，向正西方向飞行。引航员费利克斯·桑希尔（Felix Thornhill）检查了高空风速：东南风 15 节。完全在投弹允许的范围内。观察员弗兰克·韦伊（Frank Wey）透过轰炸机头部的树脂玻璃向下看去。汤姆·费雷比选定的 T 形桥在下方缓缓通过。正像费雷比预计的那样，它在所有桥梁里显得特别突出。这个洞太完美了。没有了云层的覆盖，广岛一览无余地展现在“直下马桶号”下方。首选目标完全敞开了它的怀抱。

为了确认自己的发现，伊萨里再次操纵这架 B-29 轰炸机回头穿过城市。没有高射炮火，没有战斗机，广岛没有做出任何自卫的努力。“直下马桶号”毫无阻碍地嗡嗡飞过空旷的天空。报务员帕斯奎尔·巴尔达萨罗（Pasquale Baldasaro）将发报机旋钮拧到 7310 千赫，查阅了密码本。接着他开始给后面不到一小时飞行距离的“埃诺拉·盖伊号”发回一封电报。

---

① Weatherly 有“能抗风的、与天气有关的”等含义。

空袭警报持续了22分钟，但很少有人进入防空掩体。在有些地区，火车确实停了下来，学生们进了地下掩体，但也只是一小会儿。在港口区，酒类商店店主田中利明和“晓”部队[①]（Akatsuki Corps）的一群战友也挤进兵营的一间地下室。他们没待多久。短促的警报表示预警程度比较低，不是全面警报。从南面飞来的不是密集的B-29机群，划过天空的只有一架B-29。一架轰炸机能给一座城市带来多大的伤害？

当警报开始嚎叫时，坪井直正在去工程学校的路上。他没注意到拉响了警报，因为他在想别的。坪井直一整夜都在想着玲子，甚至在床上哭了——连他自己都觉得非常意外。昨天在缩景园度过的夜晚让他心乱如麻：爱、绝望、痛苦、幸福，尤其是失落。他现在已经开始疯狂地想念玲子。也许他们今晚还可以再见一面，他想。他们甚至还能再次在缩景园见面。他能够希望的几乎也只有这些了。他离开这里去军队的日子很快就会到来，时间太短了。

走着走着，坪井直突然觉得饥肠辘辘，这才想起从昨天下午起，他就没有吃东西了。他决定吃个早饭。他知道学校外的街角有个吃饭的地方。他向南穿过城市，走向那里。街上到处是匆匆赶去工作的人。有轨电车和汽车一辆接一辆通过繁忙的路口，车上挤满了上下班的人。市里到处响着无人理睬的警报。坪井直走过一座桥。在他头顶六英里的地方，那个银色的小点划过天空，又掉过头再次返回。坪井直都懒得抬头看一下。

收到“直下马桶号”发来的电报时，“埃诺拉·盖伊号”刚刚上升到29 000英尺，还在努力向最终投弹高度爬升。电报很短：一系列孤立的字母和数字。在它们穿过静电噪声进入耳机时，理查德·纳尔逊拿起一支铅笔，飞快地记了下来：Y-3 Q-3 B-2 C-1。他拿出解码本，开始解密。蒂贝茨坐在报务员身后，从他的肩上看着。纳尔逊的手指

①指日本海军第141航空队。

快速地滑下密码对照表，一个个确认这些字母和数字的组合。他那本关于拳击手的平装书《提防威利·卡特》被扔在一旁。纳尔逊核对了电报，确保没有漏掉一个字。接着他向机组成员读出了帕斯奎尔·巴尔达萨罗中士从广岛上空某处发来的天气报告：

中低层云量：二成；

15 000 英尺高度云量：二成；

建议：轰炸首选目标。

蒂贝茨打开内部通话器。“目标广岛。”他说。几乎是同一时间，范·柯克传给他一份航线校正数据。“埃诺拉·盖伊号”轻微右转 15 度，“大师号”和“酒窝 91 号”保持队形，跟在后面。再往前几分钟就是敌方的四国海岸。鲍勃·刘易斯回头写他的日志。“现在我们离日本 25 英里。”他写道，“每个人脸上都满怀希望。”此时是上午 8：30。在广岛，警报器刚刚发出解除警报的信号。

第24章
核爆前30分钟 “时间过得真慢”

8月5日，午后
华盛顿特区，陆军部新大楼5120房间

格罗夫斯将军如坐针毡。一上午，他都在办公室里等任务的消息，但一个消息也没有。他不知道起飞是否成功，甚至不知道任务有没有开始。他一连几个小时坐在桌前，无所事事地等着。对一个像格罗夫斯这样的人来说，这实在难以想象。他的工作是控制事件，是无情地操纵碰巧归他管理的任何项目（尤其是“曼哈顿计划”）的方方面面。掌控项目的进程是他职业生涯的核心，这几乎成了他存在的意义。而现在，在这个职业生涯最重要的节骨眼上，他坐在办公室里，完全无能为力。任何事情都可能在太平洋上发生，但是出于某种原因，没人告诉他。

在华盛顿和天宁岛之间的某个地方，通信线路要么错开了，要么堵住了，要么走歪了。格罗夫斯不知道是哪一种情况。它们最终无疑会回到正轨。如果没有，许多人将会受到严厉处分。即使回到正轨，依然有许多人可能受处分。与此同时，将军得设法打发时间。“我坐在这里干着急也没用。”他后来写道。最好的办法是出点汗。做运动是个办法，那种让心脏蹦出胸膛的剧烈运动。对格罗夫斯，那只意味着一件事：打网球。

午饭后不久，超重的将军带着两名参谋笨拙地走向网球场。那天下午，当他将球抽向其中一人时，另一个人抱着台电话坐在网球场旁，每隔一刻钟打一次电话到办公室，查问新的消息。格罗夫斯像疯子一样在球场上跑来跑去，准确无误地击球，网球像炮弹一样飞向对手。与此同时，每隔一刻钟，参谋会拿起电话打上一通，然后摇摇头。这种状况持续了几乎整整一下午。他们刚打了一个小时左右，“埃诺拉·盖伊号”就在四国飞过了敌方海岸，格罗夫斯仍然一无所知。

蒂贝茨最后关闭了 C-1 自动驾驶仪。他将操纵“埃诺拉·盖伊号”直到完成轰炸。在他身后，范·柯克记下了高度：他们目前在 31 000 英尺的最终轰炸高度平飞。经过加压的轰炸机机舱外温度是零下 24 摄氏度，不仅寒冷如北极的冬日，而且条件要恶劣得多。舱外没有氧气，人在外面活不过两分钟。太阳透过窗户照进来。因为太高了，天空呈现出刺眼的深靛蓝色。数万英尺下方，敌方海岸在云隙间向后远去，平坦光滑的大海突然变为一块陆地。大地有的地方呈焦棕色，有的地方呈绿色，小山和散落的城镇织成一块泥土色的地毯，在阳光的照耀下熠熠生辉，看上去一派和平景象。

“埃诺拉·盖伊号”的中舱里，杰克·贝塞尔盯着电子监测设备，紧张地搜寻可能干扰原子弹雷达的每一个敌方频率，干扰的结果可能是灾难性的，但到目前为止，他一个也没发现。天空“像棋盘格的纹理一样干净”，他说。贝塞尔能在耳机里听到一阵噼啪声，他知道那是什么。日本的早期预警雷达已经锁定了轰炸编队，追踪着这些通过四国的美军轰炸机。

在 30 英尺长的加压通道的另一头，迪克·帕森斯瞪着监测原子弹的仪表板。所有绿灯依然亮着，没有闪烁。如果“埃诺拉·盖伊号”

遭到攻击，他需要快速采取行动。按他的一贯做法，他已经想好了需要做些什么。他称之为“对可能的异常事件的反应”。飞机被击落是“可能的异常事件”中的一种。在那种情况下，帕森斯必须设法爬回地狱般冰冷的常压弹舱，在飞机尖叫、颤抖或者向地面急速俯冲之际，用他的家用扳手再拧 16 下，然后拆开炮闩，拆除引爆装置。如果失败，几乎可以肯定的是原子弹会爆炸。如果他们被迫弃机，原子弹也很可能爆炸，因为在洛斯阿拉莫斯的测试已经表明，渗入“小男孩”罩壳的海水有可能会触发链式反应。帕森斯为原子弹设计了尽可能多的防故障装置，甚至在遇袭后只剩下飞行员和他的情况下，它也可以被投下。但实际上，“可能的异常事件”数不胜数，不可能设想出全部的应对之策。他口袋里装着一张密电清单，不久后，他将用它向天宁岛发回投弹结果。清单上有 28 个选项,第 25 条是“因飞机受损,带‘单元’返回指定地点”。要是事情有那么简单就好了。

“埃诺拉·盖伊号”的尾部，鲍勃·卡伦远离其他机组人员，孤零零地坐在他的小舱室里瞪着天空。虽然戴着墨镜，强光依然刺得他两眼发疼。他面前挡风玻璃的下方，那挺双管点 50 口径机枪伸入到尾流中。接近敌方海岸时，卡伦曾想套上防弹服，但炮塔里太局促了，因此他抵挡防空火力的唯一防护现在堆成一团，放在地板上。现在，他开始扫视每一英寸天空，寻找敌军战斗机。他在脑子里将天空划成条，从上到下，从左到右，一条条仔细查看，搜寻着可能突然变成一架战斗机并且要你命的小点。但天上一个点也没有，仅有的飞机是美军的飞机：跟在“埃诺拉·盖伊号”后面几百英尺的“大师号”和“酒窝 91 号”。除此以外，天空一片空白。

前面的蒂贝茨也在扫视空旷的天空。在欧洲的时候，他们常说防空火力太密集了，你甚至可以走出飞机，走在高射炮火上。而四国海岸的炮台一片沉寂。当他们飞过这座岛时，没有高射炮火迎接他们。陆地毫无恶意地在下方铺展开来。蒂贝茨确信，他之前派出单架或小编队轰炸机到日本的策略正在发挥作用。敌人直接忽略了他们。三架轰炸机不受干扰地在高空飞行，在南风的助力下，以每小时 328 英里（每分钟超过 5 英里）的速度飞向目标。范・柯克递给蒂贝茨一个新的预计结果。他们将于上午 9：12 到达起始点，然后开始搜索轰炸目标。“我努力给出一个准确的时刻。”他说，“直到这时，它对我来说还是场游戏。”不管是不是游戏，他突然抬起头，透过玻璃机鼻，从两名飞行员身边望出去。50 英里外，在四国和濑户内海之外的地方，有什么东西在地平线上闪闪发光。他出神地盯着它。没错，那是一座城市。

和田功也看到了那座闪亮的城市，这一次是从广岛湾对面五英里外的地方，当时他正坐下来吃早饭。和以往一样，他没太在意，今天还要筋疲力尽地挖一天的洞。他看到那些小船在火热的太阳下排在海滩上。今天午后，他班上的一些同学要出去拉练，但他不会去。这些洞必须挖出来。唯一的安慰是，终有一天，他将证明自己对天皇的忠诚，那一刻肯定不远了。不久之后，装着 250 公斤炸药包的小木船将把他和一艘敌舰炸上天。他盼着这一天的到来，死亡将是他献给祖国的礼物。而且这样做也是有补偿的。例如，他们的食物比普通士兵好，比平民更是强得多。至少他们不需要吃野菜。当他享用着白米饭、喝着味噌汤时，他想到了这一点。既然选择了死，他们当然可以做个饱死鬼。

坪井直也在吃早饭，他的早饭远不及和田功的营养丰富。在一个路边摊，他几分钟就吃完了饭。在他快离开的时候，工程学校的三个朋友来了。他们让他留下。坪井直说他已经迟到了。一个学生微笑着说：“午饭再见。”坪井直来到街上，继续走向学校。此时已经快 9 点了。

中前妙子在下山路上换乘了一次火车。在西广岛站，她登上一辆当地火车，前往广岛西面的纸屋町。下车后，她又花了十分钟走到电话局。和所有女学生一样，她背上背着急救包，身体右侧靠近胸口的地方缝了一块写着她名字和血型的布条，头上系着白色束发带。有轨电车和公共汽车驶过街道，扬起一路灰尘。她的学生制服蹭着皮肤。虽然还早，天已经热得让人难以忍受了。

中前妙子准时赶到了电话局，她脱下鞋，像往常一样将急救包放进一楼的一个储物柜。接着她上楼来到电话交换机前的位子上。同学们在两侧坐成一排。一扇窗户对街开着，阳光照进房间。她记得那天的天空湛蓝湛蓝的，可以看到街对面的日本银行大楼。中前妙子调整了头戴收发话器，打开她的终端，开始了又一天的工作。和往常一样，大部分话务都是军方通信，今天不算很忙。第一个小时里，中前妙子没多少事可做。看起来这将是一个宁静的上午。她想着妹妹惠美子这时应该刚刚开始拆除工作。

轰炸编队严格按程序操作。蒂贝茨、帕森斯和范·柯克先后正式确认了这座城市就是广岛。他们已经见过它太多次了：在航行图上，在目标地图上，在侦察照片上。它的形状太明显了：一圈山脉，稠密的街道网，像张开的手一样分叉的河、港口和海湾。唯一的区别是它现在是彩色的，并且这些色彩在强烈的阳光下尤为鲜明。后来每一名机组成员都对那一刻的阳光有深刻的印象：明亮的光白晃晃地在建筑上闪耀。

“酒窝 91 号”停留在广岛南面的指定位置，“大师号”和“埃诺拉·盖伊号”则全速飞向起始点——广岛以东 16 英里的一个地方。飞机将在那里开始搜寻目标并投下原子弹，整个过程一共要花三分钟。在“大师号”上，报务员阿贝·斯皮策可以看到前方几百英尺处，稍偏左一点的“埃诺拉·盖伊号”。它的银色机身在太阳下闪着光，随着气流上下起伏。“上帝，”他写道，“时间过得真慢啊。心中那种纠结的感觉开始超出正常范围了。”在他身后，三名科学家对设备做了最后的调整：话筒做了最后一次校准，发射器精心调准了频率，示波器调试完毕，电池也经过了重新检查。原子弹落下后，测量爆炸的机会只有一次。透过弹舱舱口，路易斯·阿尔瓦雷茨可以看到那三只铝罐，它们与各自打好包的降落伞一起被挂在弹钩上。在“小男孩”投下的那一刻，它们将被释放到空中。这些科学家有时称它们为“爆炸表”。这个名字再恰当不过了。

距起始点还有两分钟。小山、树木，散落的农舍、村庄，海湾里的一两条船，接着是广岛外围的郊区，一个个从“埃诺拉·盖伊号”机鼻下方远去。中舱里，助理机师罗伯特·舒马德透过观察员的舷窗盯着外面，在视野范围的天空中寻找敌军战斗机：依然一架都没来。在他身边，杰克·贝塞尔将注意力全部集中在敌方的雷达频率上。调谐单元的电动马达扫描驱动器嗡嗡作响，从上到下扫描整个频段，寻找任何可能与原子弹自己的雷达引信冲突的信号。每隔十秒，贝塞尔都要在内部通话器里重复一句：“空域安全……空域安全……”他祈祷着空域一直处于安全状态，否则他们就全完了。现在他伸手摸向身边的钢丝录音机，第一次把它打开。蒂贝茨告诉机组人员说，他们的话将作为历史被记录下来。“注意你们的语言。”他嘱咐道。

距起始点还有一分钟。杰普森开始把降落伞扣在胸上，将氧气面罩接到应急氧气瓶上。范·柯克不安地看着他，“我记得自己当时在想，妈的，他知道些什么我不知道的？”实际上，杰普森突然担心原子弹的冲击波也许会震碎飞机玻璃，使机舱内失压。帕森斯依然紧盯着原子弹监测仪表板。很粗的黑色电缆如脐带般从仪表板背后伸出，向下伸入弹舱，伸入原子弹，紧紧地挂在原子弹的黑色金属外壳上。“小男孩”即将降生。两名科学家可以从他们的仪表板上看到这一点：电池在充电，“阿尔奇”雷达在预热，复杂的电路也已准备就绪。所有指针一切正常，像是画在表盘上的一样。板上的绿灯一直亮着，没有闪烁。

范·柯克最后一次计算了风速：南风，8节。起始点进入了驾驶舱窗户的视野。云量像“直下马桶号”报告的一样低，只有二成——几缕浮云而已。这是完美的投弹天气。蒂贝茨将“埃诺拉·盖伊号”

轻微地转到一个新的航向上：265 度，几乎正西向。飞机驶上投弹的航路。太阳此时在他们的后方。目标就在前方 16 英里的地方。汤姆·费雷比爬入玻璃机鼻，舒服地坐在他的位子上，然后把左眼压在 M-9B 诺登轰炸瞄准器上。蒂贝茨经常说他用起瞄准器来像个魔术师。六个半小时来，费雷比除了等待这一刻，什么都没做。现在是上午 9：12。三分钟后，他将投下原子弹。

在中前妙子工作的电话局以南三公里的翠町，松重美人（Yoshito Matsushige）走出妻子经营的理发店，戴上记者臂章，骑上自行车。31 岁的松重美人是《中国新闻》的摄影师，职业生涯的大部分时间都在拍摄每天登在它头版的那种照片：千篇一律的学生晒野菜、拉倒房屋或送别更多开赴前线的部队。有时他也会抓拍到偶发的民居火灾或交通事故。这些日子，广岛也没多少大事发生。

昨夜松重美人没怎么睡，坐在地区司令部度过了大部分时间。他是军方特许的摄影师。空袭预警响了两次，美军轰炸机像往常一样毫无恶意地从头顶飞过。当天早上，“直下马桶号”飞过天空时，松重美人正走在回家的路上。他要去妻子的理发店快速地吃一顿早饭并刮脸。和大部分人一样，他也没有理会空袭警报。

吃早饭的时候，松重美人仔细检查了相机。这架漂亮的玛米亚 120（Mamiya 120）相机是他的骄傲和乐趣。小时候，父母给了他一架宝贝贝尔（Baby Pearl）相机作为生日礼物。从那以后，他就爱上了摄影。他的父母从未想到摄影会成为他的职业。松重美人没在早饭上花太多时间，一吃完就背上相机，骑着自行车向北回他工作的城堡了。

第25章

核爆前3分钟“它是你的了”

8月6日，上午9：13
广岛上空31 000英尺的“埃诺拉·盖伊号”上

和原子弹一样，诺登轰炸瞄准器也是美国最秘密的武器之一。每次任务结束后，它都在武装卫兵监督下被拆下飞机，锁在一个专用保险库里。这种世界上最先进的轰炸瞄准器由一系列极其错综复杂的齿轮、离合装置、嵌齿、陀螺仪和机械计算机组成。它的设计者对它能力的吹嘘经常言过其实，但掌握在正确的手里，它可以是致命的。汤姆·费雷比的手就是正确的手。

现在，这双手轻轻拧动目镜下的漂移和偏移旋钮，试图寻找那个难以捉摸的风速来补偿纠正角度。如果费雷比计算失误，原子弹就会偏离目标。现在留给他的纠正时间只有不到两分钟。透过十字瞄准线，他可以看到展现在下方的城市：一个由街道、房屋和河流组成的活迷宫。费雷比视力极佳，他的技艺已经磨炼得炉火纯青：这是他执行的第64次任务。他的右手轻轻拂过轧制金属旋钮。这里一度，那里一度，手指做着小到几乎无法察觉的纠正。这双手以后将在佛罗里达州的花园里种出美丽的玫瑰。在费雷比身后，范·柯克感觉这是他经历过的最为漫长的搜索和投弹，但他还是抽出时间，在日志中记录下他看到的八艘船，这些船停泊在下面的港口里。这时费雷比突然找到了漂移量：左偏八度，对着南风。他向蒂贝茨呼叫出新的航向。蒂贝茨操纵飞机做了轻微转向，飞机左翼倾向下面的城市。在同一时刻，透过十字瞄准线，费雷比看到了他在上百张照片中研究过的地貌：一座T形桥，太田川在那里分成两支。内部通话器里突然爆发出他那沉闷的北卡罗来纳州拖腔。“我看到那桥了。”他说。他们距那座桥还有整整10英里。

已经有人发现他们了。上午9：06，广岛东面山上的松永观察所看到并且报告了两架高高向北飞行的飞机。三分钟后，观察员纠正了自己的报告：还有一架飞机跟在几英里后。那是落在后面等待爆炸的“酒窝91号”。机上，伯纳德·沃尔德曼坐在投弹手位子上，旁边是Fastax高速摄影机，他的手指按在启动按钮上。

上午9：13，广岛以东19英里的西条空袭预警站的一名观察员也看到了这三架飞机。它们现在正向西飞往广岛。观察员立即摇起野战电话，接通城堡地下深处潮湿的防空掩体。通信中心的一名女学生收到了这条信息：

> 上午9：13。中国军事区信息。发现三架大型敌机从西条向西。最高戒备。

女学生仔细记录了这条信息，接着便拿起直通广岛电台的电话，对着听筒一字一句地做了传达。

骑出没多远，松重美人感觉想上厕所。这种感觉突然而至，让他左右为难。他犹豫不决，是继续去军部，还是回家。他出了理发店才几百米。最后他不情愿地掉转车头，沿街道返回，在早高峰的人流里一路穿来插去。

投弹前90秒，蒂贝茨将座位滑向后方，双手离开操纵杆，将轰炸机交给费雷比，说："它是你的了。"现在费雷比通过轰炸瞄准器的自动驾驶仪操纵轰炸机。锁在十字瞄准线中心的是那座正在接近的桥。蒂贝茨从他妈妈名字上方的舷窗向外看。广岛看上去和平宁静，一阵轻柔的薄雾悬在城市中，那是居民点起炭炉在做早饭。但在六英里的高空，蒂贝茨看不到任何人，只能看到他的目标。

投弹前50秒。蒂贝茨提醒机组成员戴上护目镜。在机尾，卡伦将护目镜带子系在头上，做好准备。他抓住K-20相机的握把，拿起相机，再次检查了设置。世界在窗外向后退去：他们刚刚高高飞过的城市东郊，下方远处飘浮着几缕层积云，接着是山脉和无尽的天空。依然没有任何战斗机的迹象，只有"大师号"，此时它位于"埃诺拉·盖伊号"后面稍偏左的位置。凯和茱迪的染色照片挂在链子上，烟缸已经满了。

30秒。所有工作开始聚到一起。杜曾伯里扫描着发动机仪表，寻找最微小的偏差；贝塞尔还在卫生间旁的岗位上报告着"天空安全"；范·柯克系紧安全带，为急转弯做好准备；蒂贝茨依然沉醉在这一片美景中，耀眼的白色建筑从下方滑过，看不到一个人；帕森斯注视着那些一直亮着的绿灯，双手伤痕累累，满是石墨；杰普森跪在帕森斯旁边的一只垫子上；纳尔逊坐在报务员椅子上打量着帕森斯和杰普森，从那以后，他一直记得他们两人的眼神"似乎在用意念让所有那些灯维持原状"；舒马德和斯蒂博里克拉下护目镜。气温在上升，轰炸机遇上热气流，颠簸了几下。刘易斯担心这是否会对后面的原子弹产生影响。费雷比的注意力都集中在轰炸瞄准器上，他们正在快速接近那座T形桥（整个该死的战争中最好的瞄准点）。这时气动弹舱的门打开了，原子弹沐浴在明亮的晨光中。

此时是上午9：05：02。费雷比拨动了一只开关。电波传递出一阵低沉的警告声。从头戴耳机里，“埃诺拉·盖伊号”、“大师号”和“酒窝91号”上的所有人都听到了它。甚至南面200英里，正返回天宁岛的“直下马桶号”也能听到。他们都知道它的含义。整15秒后，“小男孩”将落入广岛上方冰冷的天空。刘易斯在日志上匆匆写下了一句：“到我们的炸弹击中目标，中间会有一小段间隔。”

距相生桥1000米的广岛电台内，古田正信正准备吃早饭。一碗米饭在炭炉上煨着。从昨天以来，这个空袭播报员就粒米未进。他喊了窗外一个在院子里修自行车的同事。“早饭好了。”他叫道。“谢谢，”同事说，“我这就来。”

就在这时，电台警报室那只学校用的旧钟响了起来。古田正信立即转身离开窗户，匆匆跑过走廊。一名工程师将防空掩体里那个女孩口授的信息交给他。古田正信瞥了一眼，接着推开播音室的门。那只钟还在他上方叮当作响。

第26章
核爆前45秒　这是他们听到的最后的声音

8月6日，上午9：15
广岛以北6公里的户坂村

一觉醒来，肥田舜太郎医生知道自己睡过头了。他听到老农在外面的井里打水。六岁的女孩还静静地睡在身边。肥田舜太郎决定再给她打一针镇静剂。她心脏不好，需要多休息。肥田舜太郎摸到包，拿出一只干净的注射器。那一刻，他坐在农舍的前廊，清清楚楚地看到山下的城市沐浴在阳光里。他用剪刀小心地割开一只安瓿的瓶颈。这时有样东西在他眼角余光里闪了一下。他抬起头，一个银色的小点正缓缓飞过天空。它移动得太慢了，就像是停在那里一样。那是一架美国轰炸机。肥田舜太郎记得它高得不同寻常。

警告音突然停了。钳在9700磅重的原子弹上唯一的夹子松开了，原子弹滚出弹舱，落入冰冷的空中。费雷比看到它在身后先是轻微地晃了一下，然后开始头朝下往下掉，直奔六英里下方的城市。“成功脱离。”他叫道。范·柯克记下了时间：上午9：15：15。少了原子弹的负担，轰炸机立即上升了几百英尺。蒂贝茨解除自动驾驶，抓住操纵杆，做出了那个长期练习的动作：猛地操纵飞机直接进入俯冲右转。巨大的轰炸机侧倾到 60 度，几乎竖了起来。离心力将所有人都紧压在座位上，城市在下方飞速旋转。随着 B-29 努力摆脱即将到来的冲击波，每一颗螺钉和铆钉都在震颤抖动。“现在就听天由命了。”帕森斯想。杰普森将护目镜套在眼睛上，开始倒数。离爆炸还有 44 秒。

在他们后方，“大师号”投下了那三只测量爆炸的铝罐。一脱离弹舱，每只铝罐就都打开了直径 16 英尺的降落伞。查克·斯威尼立即操纵飞机进入与“埃诺拉·盖伊号”一样的俯冲急转弯——这一次是向左。两架飞机加足油门，发动机尖叫着飞速向南驶离，空速达到每小时 350 英里。由于戴着护目镜无法看清仪表板，蒂贝茨索性将它脱下扔在地上。卡伦守在机尾。轰炸机正在做真正的转弯，徘徊在一次高速空气动力学失速的边缘。如果转得再急一点，机翼将会折断。

杰普森继续倒数。还有 38 秒。“小男孩”穿过越来越厚的大气层，急速下落。原子弹上那八只发条驱动的定时器嘀嗒作响，引信接力的第一步即将结束。迎面飞速扑来的空气不断敲打着“老可靠”的钨钢罩壳，但它挺住了。罩壳上是用粉笔写给天皇的献词。广岛似乎在上升高度迎接它。有轨电车隆隆驶过 T 形桥。柳树在夏末的清风里沙沙作响。行人匆匆走在上班的路上。“目标，”杜鲁门曾在日记中写道，“将会是纯军事的。”这是一个平均每平方英里挤着 2.6 万人的目标，而原子弹则直接瞄准了它的中心。

引爆前 29 秒。引爆信号自动转到引信接力的第二步：被设计在 7000 英尺高度闭合的气压开关。明亮的蓝天上，银色的爆炸测量罐在降落伞下轻轻摇晃，缓缓落向这座城市。地面上，成千上万的人看到了它们，田中利明也从宇品兵营的窗户里看到了。他在想这些降落伞会是什么。一些人在鼓掌欢呼，以为那架高高飞行的美国轰炸机刚刚被击落了。

17 秒。距相生桥 800 米的中央电话局，中前妙子全神贯注地在她的电话交换机上工作。附近某个地方，12 岁的妹妹惠美子正忙着和同学们清理出防火带，它将帮助广岛减轻空袭造成的破坏。坪井直满脑子想着玲子，正穿过街道走向工程学校。松重美人坐在理发店的马桶上。和田功正在海湾另一面为他的自杀船挖洞。在阳光灿烂的农舍前廊，肥田舜太郎正捋起小女孩的袖子。

9 秒。原子弹飞速坠落过了 7000 英尺的高度。引爆信号立即切换到那些“阿尔奇”雷达——引信接力进入了最后阶段。日本人发明的八木天线开始向高速接近的地面发射信号。“埃诺拉·盖伊号”和“大师号”正疾速驶离，它们与广岛的距离以每分钟近 7 英里的速度迅速扩大。卡伦觉得这是一生中最刺激的一趟飞行。在“大师号”上，三名科学家俯身在他们的电流表旁，眼睛盯着处于中间零位的指针，等待着它们即将开始的突然摇摆。南面 19 英里的地方，乔治·马夸特操纵“酒窝 91 号”兜了一圈，直到伯纳德·沃尔德曼的 Fastax 高速摄影机直接对准广岛。

6 秒。三只降落伞飘荡在夏日的天空中，显得毫无恶意。这时“小男孩”开始发出尖叫，那是尾部折流板特有的声音，非常吓人。这种震耳欲聋的嘎嘎咆哮声是它加速奔向每秒 1138 英尺（超过每小时 700 英里）的最终速度时发出的。对广岛的许多人来说，这是他们听到的最后的声音。

3 秒。杰普森还在倒数。肥田舜太郎排出针筒里的空气，将针头压在小女孩的胳膊上。最后一只引信接力开关合上了。引爆信号通过那三个红色插头奔向炮尾底火，引爆了迪克·帕森斯仔细安放的无烟火药。爆炸立即推动铀 - 235“炮弹”沿 6 英尺的炮筒直奔它的铀目标。“炮弹”以音速砸入目标，两者结合到一起，总重超过了那可怕的临界质量。它们的拥抱时间足够数万亿中子触发规模不断扩大、令人无法控制的链式反应，进而释放出无比巨大的能量。

在广岛广播电台，古田正信按下黑色呼叫器，中断了正常节目。

他按下秒表上的按钮，开始用“打消所有人焦虑的声音”对着麦克风播报：“中国地区军队通告，三架大型敌机正……”他的话戛然而止。整个电台突然倾覆了，他也被甩到了空中。在距离相生桥 200 米的地方，在细工町岛馨医生诊所上方整 1903 英尺处，“小男孩”爆炸了。连警报都没来得及拉响，广岛的天就塌了。

第四部

影响：核爆后24小时

1945年8月6—7日

SHOCKWAVE

我可以向你们保证一件事。我的飞机上没有一个人因为那次广岛任务出现过哪怕是一点心理问题，也从来没有人失眠过。

——保罗·蒂贝茨上校，

“埃诺拉·盖伊号”机长，1985 年接受采访时。

这是一个人吗？
看看原子弹把它变成了什么样子。
男男女女都一个样，
肿胀、可怕的肉体。
焦黑溃烂的脸上，
浮肿的嘴唇里，
一个细若游丝的声音，
“请救救我。”
这，是一个人，
这，是一张人脸。

——原民喜[1]（Tamiki Hara），**广岛核爆幸存者，**

1905 年生，1951 年自杀。

这是历史上最伟大的事件。

——哈里·杜鲁门总统在听到广岛核爆消息时说。

1945 年 8 月 6 日。

---

①日本诗人、小说家，以其核爆文学知名，代表作包括《原爆小景》《夏之花》等。

第 27 章
核爆后 1 分钟　地狱一瞥

8 月 6 日，上午 9：17
广岛

汤姆·费雷比没有命中目标，但这无关紧要。爆炸立刻产生了灾难性的后果。爆炸后不到十亿分之一秒，爆心的温度就达到了 6000 万摄氏度，比太阳表面温度高 1 万倍。这股热几乎立即被一道闪光向外传至整座城市。闪光炽热无比，肉眼就能看到。它耀眼得令人无法想象，从来没有人见过这样的闪光。后来他们给这道光取了一个名字——“ピカ”（闪光）。这是一场可怕戏剧的序幕，对许多幸存者来说，它美得惊人：无数颜色大爆发，鲜明生动的绿、蓝、红和金色直击眼底，似乎要永远驻留在那里。这些目击者是幸运的：早在那道闪光熄灭前，就已经有成千上万人死了——被这极其炽热的创世之火烧得不成人形。他们就在原来坐、立、行、卧之地当场炭化成一小堆焦煳冒烟的人形，散落在广岛街道的残骸之上。

距爆心一公里的范围内，那一瞬间的闪光里包含的强大热能足以汽化内脏，足以在不到一秒的时间内让人真正地热血沸腾。鸟儿在半空被点燃，电话线杆、树木、衣物、茅草屋顶、木头房子、宠物以及整辆整辆的有轨电车被烧毁，钢结构建筑像蜡一样熔化，瓦砾和骨头熔成无法辨认的一团。钟表突然停止，指针烧熔在表面，永远记录下了爆炸的准确时刻。成百上千场大火在城市各处同时燃起，突破了前几个月精心准备的防火带。人们当时的着装决定了他们的生死和死法。黑色或深色衣服吸收热量，白色或浅色衣服则反射热量。某些情况下，人完全被烧光，除了影子外什么都没留下。火球袭来时，有个人正坐在离爆心 260 米的一家银行外的台阶上。他只留下了一个身形印记，像照片一样烤在石头上。那热直击人心，破坏力惊人，就像太阳突然落到地球上一样。所有这一切都发生在爆炸后的前三秒。

前几秒里还出现了战争史上的一个新事物：原子弹链式反应释放出的大量不可见的伽马射线和中子。它们穿透裸露的皮肤，损坏和摧毁细胞，改变生命组织的基本结构。超过 200 种放射性同位素从原子弹的核心喷出，进入尘埃云，给广岛打上了永久的标签——遭一种完全不同类型的武器摧毁的地方。成千上万人将因此丧生，有的当场死亡，有的会在随后的几天，还有的会在随后的数月或数年里死去。疾病和死亡的侵袭取决于众多不同因素，最明显的是距爆心的距离，但在 500 米范围内，其影响几乎无一例外是致命的。美国科学家不久后将给这片区域起个名字，称之为“恐怖半径”(Scare Radius)。

闪光之后是冲击波。它以每小时 7200 英里（每秒 1 万英尺）的速度从爆心向外传播，很快降到音速。这道高压墙扫过门窗、住房、办公室、庙宇、医院、商店、售货亭、餐馆、工厂、公交车、学校、动物、人……奥本海默已经计算过对目标区域的轻型建筑造成最大破坏的最佳引爆高度——1850 英尺，但“小男孩”的表现完全超过了他的预期。冲击波以每平方米近 7 吨的初始压力扫过城市，摧毁了行经路上的近 6 万栋建筑，包括坪井直和玲子不到 12 小时前手拉手待过的缩景园里的木头茶屋、树木、花草、拱桥和乌龟。

冲击波还夺走了另外至少 5 万人的生命。他们有的直接死于冲击波，有的是被掉落的碎片、屋梁、砖块、坍塌的屋顶或横飞的玻璃片打死的，连横飞的草叶都能嵌入人体。扫过城市时，冲击波吸走了它后方的几乎全部空气，在身后留下一片极端的负压区。有时候，人的眼睛或内脏直接被真空从身体内吸了出来。距爆心 800 米的范围内，除了几座钢筋混凝土的防震建筑外，每一栋建筑都被夷平、震散或摧毁，即使那些没倒的建筑也没法再住人。爆炸面前无处可躲。市中心的扁平地形决定了它的命运——毁灭。没有任何预警也是因素之一：原子弹爆炸时，没人躲在掩体里。整个城市完全措手不及。一些人凭着奇特的偶然事件才幸免于难。燃料配给联合会的职员野村英三（Eizo Nomura）[①]就是这样一位，联合会的这栋混凝土大楼距离爆心 100 米。爆炸发生前，他到地下室拿一份上司忘在那里的文件。他很有可能是距爆心最近的幸存者。

闪光和爆炸、火和毁灭，这些确立了爆炸效果的主基调。约 8 万人在爆炸后的最初几秒中丧生，准确数字永远没人知道。对幸存者来说，这一刻永远留在了记忆里。看到闪光时，坪井直正在距爆心 1200 米的市政厅附近。他看到一道很红的银色闪光划过视野，接着就被爆炸抛到 30 英尺外的街道对面。当距离爆心 2700 米的松重美人看到它时，他正半裸着坐在马桶上。他看到的是极为明亮的白光，就像一颗突然在他眼前点燃的镁照明弹。他感觉好像有无数的针扎在自己身上，爆炸随后在他屋子的墙上砸出很多洞，并把他抛到地上。松重美人的第一反应是肯定地震了。离爆心仅 550 米的电话局里，中前妙子没看到闪光，只感到那一刻，整个房间似乎要熔化了。几秒之内，她听到一声霹雳般的巨响，在“三位一体”测试时，那些安全地躲在掩体里的科学家也曾听到过这让人魂飞魄散的末日怒吼。日本人也给这声怒吼取了一个名字——“ドン”（雷声）。这样，原子弹爆炸最初时刻的感觉被日本人总结为两个词，“ピカ - ドン”（闪光和雷声）。和广岛各

① Eizo 对应于“英三”“荣三”“永三”等多个名字，本书统一译为“英三”。

处成千上万的人一样，中前妙子失去意识前的最后一个想法是大楼刚刚被炸弹直接命中了。

距爆心6公里的地方，闪光直接照在肥田舜太郎医生的脸上，猛烈地钻进他的眼球。一股强烈的热浪吹向他。他记得自己喊了一句："啊！"但怎么也记不起来是否给那个6岁的小女孩打了针。他爬到走廊。天依然很蓝，树一动不动，连一片叶子都没有飘起。整个世界一片寂静。有那么一刻，他以为自己在做梦。接着他把眼睛转向广岛。

一个红色的巨环围绕着这座城市，它以惊人的速度扩大，扩展到周围的山上，越过稻田、树林、农场和住房，潮水般向他涌来。突然间，村民屋顶上的瓦片像树叶一样纷纷扬扬地飞向空中，百叶窗和屏风在他身边飞舞，接着屋顶被吹走了。强烈的气流将他吹过两个房间，直接摔到这户人家的祭坛上。泥、灰和屋顶上残余的碎片纷纷落在他的身上。附近的某个地方，小女孩也躺在一堆瓦砾中。

屋顶塌在田中利明的身上。他当时坐在城市以南的宇品港的一间军队教室里。他迷迷糊糊、慌慌张张地从地上爬起来，透过令人窒息的黄色灰尘向外张望。厚实的墙壁为他挡住了最猛烈的气流。他很幸运，但他的家人则不然。酒类商店楼上的家离爆心只有80米，深处"死亡中心"之内。不到24小时前，田中利明还在那里吃妻子做的美味炸蛋卷。原子弹爆炸时，他的妻儿还在家里。

鲍勃·卡伦是第一个看到爆炸的人。他坐在机尾的炮塔里，那里视野极佳，在他们飞离时可以直接向后看到城市。有那么一段时间，透过焊工护目镜，他几乎连太阳都看不到，一片黑暗。接着他被一阵可怕的闪光照花了眼。那一刻，"埃诺拉·盖伊号"距原子弹爆炸处的倾斜距离①为11.5英里。刺眼的光似乎来自四面八方，充满了整架飞机。汤姆·费雷比正背对着爆炸的方向，但他"感觉像有一个巨大的闪光

①"埃诺拉·盖伊号"与爆炸处两点间连线的距离。

灯（在面前）点亮”。几秒钟内，飞机里充满了这种奇怪的神秘光辉。蒂贝茨经历了牙齿发麻的异样感觉，舌头尝到了铅特有的味道。他后来得知，那是他的补牙材料与原子弹放射性的反应。没人说话。接着卡伦突然在内部通话器里语无伦次地喊出一种类似动物发出的警告声。透过护目镜，他惊讶地看到一个像遥远行星星环的东西飞了出来，疾速向“埃诺拉·盖伊号”扑来。他还没来得及再说出一个字，冲击波就赶上了他们。

冲击波扑打着机身，像扔纸片一样将巨大的轰炸机抛在空中。有人大喊：“高射炮！”在久经沙场的“荷兰人”范·柯克看来，这正是高射炮火来袭的感觉：高射炮弹在“非常、非常、非常近的”地方爆炸的感觉。“上帝，这帮杂种在向我们开炮！”这是他的第一个念头。在鲍勃·刘易斯看来，似乎是一个巨人拿电话线杆砸到了飞机。杰克·贝塞尔被抛下座位。一个声音在内部通话器里惊恐地大叫。飞机在冲击下剧烈地颠簸。蒂贝茨抓住操纵杆，拼命保持对飞机的控制。在“大师号”上，三名科学家观察员看到仪表上的指针一下子向右摆到底。示波器屏幕上的一个脉冲在冲击波通过时记录到了它，绿色的N形波所表征的力量刚刚抹掉了一座城市。后来测得这个力量约为1.5万吨，也就是说相当于1.5万吨高爆炸药，比1945年2月摧毁德累斯顿的炸弹总量的5倍还多。实现这一点只用了连2磅都不到的裂变铀-235。

卡伦又叫了起来：“天啊，它来了！”第二波冲击波朝他们升上来。这是第一波在地面上反射产生的，波前锋的冷凝水汽使它呈现为一道闪亮的环，就像肥田舜太郎从农舍走廊看到的那样。根据鲍勃·刘易斯后来的回忆，那股力量冲击着飞机，就像一支棒球在击打一只垃圾筒。接着，“埃诺拉·盖伊号”突然进入安全地带。几英里外，“大师号”也摆脱了冲击波。两架飞机都过了冲击波这一关。蒂贝茨小心翼翼地操纵飞机在2.9万英尺的高度平飞。

此时飞机还在以180度驶离广岛，只有机尾的鲍勃·卡伦能看到广岛。他已经脱掉了护目镜，正透过挡风玻璃惊讶地看着这一切。从地面腾空而起的是一块壮观而可怕的蘑菇云，至少有1英里宽，核心鲜红似火。它以惊人的速度上升、扩张，这一大团蘑菇云就像一个愤怒的紫灰色怪物，以每分钟近10英里的速度翻滚着直冲云霄。在它的下方，广岛已经彻底消失了，那里的一切都在燃烧。浓密的黑烟覆盖了整座城市，如火山喷出的岩浆一样席卷了周围的小山和谷地。大火遍地开花。"就像，"卡伦后来说，"煤层上燃起的火焰。"这是个惊人的可怕景象。他对着内部通话器（以及那台钢丝录音机）尽力向机组成员描述这一幕。"天啊，真是糟透了！"他叫道。蒂贝茨叫他数数起了多少处火。"我说：'数一数？'见鬼，数到大约15的时候，我就放弃了，火起得太快了，数都数不过来。"

鲍勃·卡伦抓起K-20相机，开始拍照。机枪瞄准器挡住了视线，因此他让蒂贝茨将飞机转了5度，然后将镜头对着右边逃生舱口的窗户。他一张接一张地拍摄蘑菇云的照片，总共拍了七张，这七张凝固时间的黑白照片捕捉到了广岛毁灭的最初几个瞬间。这些瞬间将永远留在他的记忆里。"我依然能看到它，"鲍勃·卡伦多年后说，"那块蘑菇云和那翻滚的一团。"那是"地狱一瞥"。

蒂贝茨调转轰炸机，侧对着这座垂死的城市。所有人都涌到了舷窗前。巨大的蘑菇云已经升到2.5万英尺，而且还在快速上升。所有人都沉默了一会儿，接着异口同声地叫起来。"上帝啊，"几名机组成员记得鲍勃·刘易斯当时说，"看那狗娘养的！"他不停拍着蒂贝茨的肩膀，喊着："看那儿！看那儿！看那儿！"范·柯克俯视着不到三分钟前从窗户观察过的这座城市，他看到的一切就像一口煮着黑色焦油的巨锅。整个地区都淹没在烟尘和碎片中，"所有的一切都被原子弹掀起来了"。战争该结束了，他想。"现在，我可以回家了。"莫里斯·杰普森的第一反应是如释重负：原子弹爆炸了。那些红色的引信插头运行完全正常。而现在，眼前的景象似乎极大地震惊到了他。连通常沉着冷静的迪克·帕森斯也惊叹不已：这比他从空中看到的“三位一体”测试壮观得多。它看上去就像一颗陨石击中了一座城市。原子弹的表现无懈可击。对于广岛居民，帕森斯并不怎么关心。“我知道日本人要遭什么罪，”他后来说，“但我对此没有任何特别的感觉。”这时，蒂贝茨的声音在内部通话器里响了起来。“伙计们，”他说，“你们刚刚投下了历史上第一颗原子弹。”

蒂贝茨将航向维持在沿东南方向飞离广岛，飞行了三分钟。蘑菇云“像某种可怕的生物”，他说，闪着鲜艳的火光，翻涌着冲向同温层的边缘，快速超过了他们的高度。纳尔逊打破了无线电的静默，将轰炸的初步报告快速发回天宁岛。这是一份没有多余话的简短报告：首选目标，目视轰炸，结果良好，一成云量，没有敌方战斗机，没有防高炮火。在“大师号”上，爆炸的景象带来了某种充满敬畏的沉默。这样的情景只在科幻世界里存在。“奇怪的、难以置信的景象。”报务员阿贝·斯皮策写道，“这是巴克·罗杰斯[①]（Buck Rogers）来到地球。怪诞，然而真实！”在他身后，哈罗德·阿格纽将他从技术区实验室借来的 16 毫米摄影机对准舷窗，颤抖着手尝试拍摄已经高过他们且正到达 4.5 万英尺高空的蘑菇云。它的颜色在不断变化：蓝、黄、红、橙红……“那里有世界上的每一种颜色，”“大师号”的副机长唐·阿尔伯里说，“美丽极了。”但“埃诺拉·盖伊号”的助理机师罗伯特·舒马德却看不到一点美丽之处。“那块云里除了死亡，什么都没有。”他说，“只有那些升上天堂的日本灵魂。”

现在，蘑菇云似乎还要将他们也吞没。卡伦在内部通话器里发出了一声警告。“最好转弯走开，上校。那个蘑菇似乎正顺风向我们飘来。”蒂贝茨突然将“埃诺拉·盖伊号”转向东南，回头飞向四国和基地。另两架飞机跟在后面。帕森斯将他的密码表递给电台前的纳尔逊。

---

① 1928 年出版的中篇科幻小说《2419：世界末日》（*Armageddon 2419 A.D.*）的主人公。该小说后来多次被改编拍摄成电影和电视剧。

两人一起拟了一份发回天宁岛的详细报告。垂死的城市在后方渐渐远去。整个世界忽然消失在一个放射性的灰尘球里。刘易斯回头看着它，然后拿起铅笔，转向他的日志。“上帝啊，”他写道，“我们都干了些什么？就算能活到一百岁，我也永远忘不了这几分钟。”

对天宁岛上的人来说，这是一个漫漫长夜。“时间，”《纽约时报》记者比尔·劳伦斯写道，“像脚下灌了铅似的踟蹰不前。”那几个小时里，他与法雷尔将军和一群项目科学家一起在第509混成大队通信中心等消息。陆航对这样的活动有个说法，叫“比执行任务还累”。几名科学家尝试睡上一会儿，其他人则喝着黑咖啡以保持清醒。每个人心里都打着鼓。原子弹爆炸了吗？他们有没有被击落？甚至帕森斯有没有装好引爆装置——而不是把自己和“埃诺拉·盖伊号”炸毁？到早上时，那间小屋里挤满了疲惫、憔悴、紧张的面孔。时钟嘀嘀嗒嗒走向预计到达目标的时间：上午9：15。人人都知道蒂贝茨是一丝不苟的完美主义者，会在指定时间轰炸目标。如果不久后还没消息，那一定出了什么大的差错。

上午9：19，接收机收到纳尔逊的第一份非常简短的轰炸报告。人人都放下了压在心上的大石头，互相握手庆贺。有几个人欢呼起来。整14分钟后，上午9：33，帕森斯的长电报到了。法雷尔扫视着他与帕森斯和诺曼·拉姆齐24小时前编制的只用一次的密码。他的手指划过那28行文字。每一种能够想到的轰炸结果都有对应的密码。接着他写了下解密的电文：

> 结果明确，全面成功。可见效果大于“三位一体”测试。目标广岛，投弹后飞机情况正常，飞往基地。

成功了。法雷尔欣喜地喊起来。一些人互相拍打后背。“大家高兴得都飞上天了,”劳伦斯写道，“与蒂贝茨上校和他英勇的机组一起飞回来。”整个房间里充满了兴奋的讨论。法雷尔立即给华盛顿的格罗夫斯将军发去一封电报。那时候，法雷尔还不知道电报在马尼拉被耽搁了。“来自所有人的祝贺,”他写道，“建议全面启动发布程序。”对美国最大机密的新闻封锁很快就将被解除。随后的几个小时里，全世界将会知道广岛上空发生了什么。日本的其他地方也会知道。与此同时，法雷尔将军与疲惫的同事做了他们一直想做的事——睡觉。

第28章

核爆后15分钟　它看上去不像人

8月6日，上午
广岛以北6公里的户坂村

肥田舜太郎医生在废墟中摸索，他看到的第一样东西是小女孩的毯子。他推开倒塌的屋梁，擦掉眼睛上的灰尘，向毯子爬去。他的嘴里全是泥。他拿起毯子。小女孩的手从泥里伸了出来。旁边是她的秸秆床的残骸。原子弹落下时，她还在睡觉。肥田舜太郎抓住她的手，开始用尽全力把她从泥里拉出来。他浑身疼痛，但他努力不去想它。他把女孩抱到走廊，轻轻放在地上，解开她的睡衣。他的听诊器没了，落在那间倒塌房间里的某个地方。肥田舜太郎把头贴在她胸前。他的耳朵里全是土，但他还是能听到小女孩的心跳。她还活着。

屋子外面，村民在互相呼喊。呼声消失在空中，听上去很遥远。一种奇怪的黄雾漫过走廊。没多久前布满房间的阳光消失了。肥田起身走到外面。天空接近黑色，太阳暗淡的轮廓像是在薄雾中轻快地穿行。他看到村民站在路上指指点点，大喊大叫。他朝他们指的那个方向看去，一阵凉意突然传遍他的全身，一个他从未见过的巨大云朵正从广岛上方涌向天空。

他不知不觉地跪下来，目瞪口呆地看着那堆乌云。它似乎布满了整个天际，并且还在可怕地急剧增长，爬到惊人的高度。肥田舜太郎担心它会顶破苍穹。云的形状使它后来有了一个名字："キノコ雲"（蘑菇云）。广岛的痕迹一点也没留下，整个城市似乎被这可怕的乌云踩在脚下。灰尘像雾一样翻滚着爬上山，向村子奔来。一阵阴风开始吹动树叶。肥田注视着这个景象，小女孩躺在他身边轻轻地呼吸。这时他看到老农走了过来。他的表情里有种东西，一种动物似的恐惧，肥田的心被揪紧。老人没有受伤，一堵厚墙保护了他，使他没有被爆炸震到，但他的双腿突然支撑不住，倒在孙女身边的地上。肥田立即安慰他，说孩子没事。他问老农能不能把自行车借给他。他是医生，他得去市里。

他飞快地向着蘑菇云升起的地方骑去。乡间没有人。下到离城三公里的半山坡时，他通过一个地藏菩萨石像。尘土飞扬的白色道路向前延伸，接着突然转向左边。他顺路骑去。蘑菇云压在头顶，遮天蔽日。肥田舜太郎加快速度，车轮扬起了白色的灰尘。就在他转过弯时，一个东西突然跳到路上。他一个急刹车，自行车飞离了他的身体，把他甩下坐垫，脸冲下摔到一丛灌木里。虽然吓得不轻，但肥田舜太郎还是很快爬起身，他抬头看到几乎撞上的那东西正向他走来。他屏住呼吸，看着它走近。

他看不出那是什么，它看上去不像人，像个怪物。它的每个身体部位都是黑的：胳膊、头、腿和肿得可怕的脸。它的两眼像高尔夫球一样凸了出来，非常可怕。它没有鼻子，也没有毛发，嘴大张着，像个大洞，黑色的嘴唇有半个脸那么大。它没穿衣服，但肥田看不出它是男是女。它手掌朝下张开双臂。黑色的碎片挂在胳膊和躯干上。肥田舜太郎一开始以为这些是烧坏的衣服碎片，随后才发现它们是烧坏的肉。

那个人形蹒跚着向他走来。肥田舜太郎吓得直往后退。那个男人（如果是男人的话）好像看到了肥田舜太郎。他突然长出了一口气，似乎用尽了他最后一点力气。接着他绊到了地上的自行车，一下子瘫在地上。他的身体抽搐着，四肢痉挛了一小会儿，然后就一动不动了。

肥田舜太郎走向他，心里不断默念着自己是医生，必须坚强。他跪在那人身边，但不知从何下手。他慢慢伸手触摸那扭曲烧焦的身体，寻找脉搏，但那人的皮肤也烧坏了，肥田舜太郎不知道哪里能摸到脉搏。一滴滴血从那人的肉里滴出来，渗进尘土里。尖利的玻璃碴插进他的后背。肥田舜太郎怎么也找不到一处脉搏。

肥田舜太郎一动不动地停了一会儿，也许有几分钟。他在尸体旁祷告了一声，接着把被尸体压着的自行车拉了出来。他起身，回头俯瞰通往广岛方向的路。

成百上千个人形正向着他这边的山上走来。一些人踉踉跄跄，一些人在爬，有几个似乎靠在一起互相支撑。他们看上去都像躺在他脚下的这个人。他们都有同样巨大而黑色的头，同样肿胀的眼睛，大张着的嘴，碎成条的被烧焦的皮肉。他们涌上山，越来越多。肥田舜太郎惊恐地瞪着，他想跑开，但挪不开步。“天啊，”他想，“那里还有多少？”这样的队伍似乎一直延伸到身后道路的尽头。这一长列行尸走肉正在逃离燃烧的城市，而他们身后如影随形的，是那块剧烈翻滚、冲上云霄的巨大蘑菇云。

中前妙子不知道自己在电话局昏迷了多久。她远远听到老师胁田（Wakita）夫人的声音。她在呼喊，叫每个人站起来，叫她们坚强，叫她们记住自己是学生士兵。妙子觉得自己肯定在做梦。她睁开眼，房间里一片漆黑。她的腿被什么东西压住，动弹不得。她听到一些同学在黑暗中哭喊。其中一个在一遍又一遍地喊着要妈妈。胁田不停地喊着，要她们起来。接着她来到妙子身边，把她拉出来。两人一起摸索着通过废墟里四脚朝天的桌椅，走向走廊。房间在阴燃。瓦砾里有女学生的尸体。

走廊里烟雾腾腾，走到楼梯是不可能了。妙子折回到一扇窗户处，她看到街对面的日本银行燃起了熊熊大火。电话线杆上蹿着火苗。她能看到东面的比治山，那是市内一座 221 英尺高、树木繁盛的高地，它似乎是唯一没着火的地方。那扇窗户在一楼，中前妙子爬上窗台，赤脚跳到下面的街道上，接着她开始跑。

她的左眼看不到东西，血从胳膊上流出来，但她感觉不到疼痛。她一路跨过燃烧的电话线杆和冒烟的瓦砾，向比治山方向拼命跑去。整个城市似乎都在燃烧，街上遍布可怕的人形：烧黑的、肿胀的、半死不活的、胳膊向前伸出的人形，与肥田舜太郎看到的向山上爬的那些一样。原子弹在爆炸的那一刻制造出一种可怕的平等。你完全看不出人与人之间的区别,是老是少,是男是女。他们一声不响地慢慢移动，像在水下一样拖着脚穿行在烟雾中，似乎没看到从旁边跑过去的妙子。她感觉自己是世上唯一的活人。

有一刻，中前妙子停了下来。热浪炙烤着她的肺，让她喘不过气来。她看到路边有一个 10 岁左右的男孩正伏在妹妹身上。“真子(Mako)，真子，”他不断喊着，“真子，真子，你死了吗？求你了，别死。”女孩没有回答。男孩哭了起来，一遍遍地喊着妹妹的名字。他拉起她松软的躯体，抱在怀里。没人多看他们一眼。连妙子都在继续往前跑。火正在烧过来，她得不停地跑。

松重美人连跌带爬地走出厕所，进入一个他不认识的世界。街道已经成了一片瓦砾。他的理发店对面，四层高的消防队大楼已经完全倒塌了。奇怪的是，理发店却依然矗立着。所有窗户都被震碎了，但屋顶还在。地上覆盖着破碎的玻璃和灰泥。一堵墙有一部分倒塌了，成为一堆瓦砾，椅子和水槽没坏。怀孕几个月的妻子纯江（Sumie）也神奇地毫发无损。原子弹落下时，她正想从墙上拿下一面镜子。连那面镜子都没坏。

两人茫然地站在地板中央。这份震惊实在太突然、太巨大了，他们都忘了恐惧。接着松重美人开始在瓦砾中寻找相机和制服。他的第一反应是尽快赶到中国军区司令部[①]。他得弄清楚发生了什么事。他的衬衫上粘着玻璃碴，但他还是穿上了它。松重美人从尘土里掏出相机。镜头似乎完好无损，只需要擦一下。他抓起两卷感光度100的黑白胶卷，它们一共可以拍24张照片。接着他来到外面。

躺在地上的自行车已经被爆炸毁坏了。松重美人开始步行，一心只想着赶到司令部。这个想法推动着他，成为驱使他前进的唯一目标。他几分钟前骑车走过的街道已经面目全非。住房、办公室、商店……所有类似的建筑几乎都消失了。有些地方的路都认不出来了。他往北走向司令部。越往前走，他看到的尸体越多。一团团黑色的人形散落在路边。众人像中前妙子和肥田医生看到的那样，麻木地、漫无目标地、恍恍惚惚地，如鬼魅一般从他身边走过。松重美人拿着相机和胶卷不停地往前走，穿过一条条已经成为废墟的街道。此时的他还不知道，他正在走向爆心。

当“小男孩”将坪井直炸得不省人事时，他距离爆心要近得多，只有一公里。醒来时，他一丝不挂。他的衣服已经被吹走或烧掉。怀着一种奇怪的超脱态度，他注意到自己两手乌黑，暗红色的血从身体左侧滴下来。他的皮肤正在脱落，脸前伸出一个黑色、管状的奇怪东西。他花了点时间才意识到那是自己的嘴唇。他咳得喘不上气。烟雾在身边盘旋，他几乎什么也看不到。残余的一丝理智告诉他，一颗炸弹肯定落在了附近某个地方。他一定还身处爆炸产生的烟尘里。

坪井直爬起来开始跑。烟尘并没有消失。阴影里涌出来的人在他心上打下了永不磨灭的印象，一如他们在中前妙子、肥田舜太郎医生、松重美人和每一个幸存者心上烙下的形象。对于原子弹爆炸的最初几

①这里的“中国”也指“中国地方”。

分钟里遭遇的恐怖，语言显得苍白无力。一大堆沉甸甸的形容词会闪入你的脑海，就像街上堆起的那些尸体。这份经历如此类似然而又如此各不相同，如此普遍然而又如此极其个人化。坪井直永远忘不了他们：双手捂着肠子跑开的 30 来岁的女人；右眼掉出眼眶、挂在脸颊上的女学生；肚子上插着一块木头（也许来自一个窗框）的老人，可以看到肺的一部分在他努力呼吸时一张一缩。尤其让他难忘的是他什么也做不了，是那种他和其他任何人都无法帮助这些人的无力感。除此之外，还有恐惧：玲子也在那里的某个地方。

坪井直穿过废墟和火，跑着，走着，爬着。他很虚弱，烧伤的疼痛越来越强烈。他不知道自己正在走向何方。当他找到一面有木板的墙时，他的思维已经开始模糊。他用瓦砾里拣来的粉笔在木板上一个字一个字地写下了给玲子的最后信息。“坪井直还活着，”他写道，“我想再看到你。”

原子弹落下的半小时内，广岛作为一个城市实际上已经不复存在了。原子弹以一次无与伦比的毁灭性重击摧毁了一切人和物。迪克·帕森斯说对了：它就像一颗陨石击中了地球。战后，美国战略轰炸调查团（United States Strategic Bombing Survey）立即派队伍进入广岛。他们忠实地收集了破坏数据。10.9 万座建筑被彻底摧毁；7 万～ 8 万人丧生，同样数量的人受伤（几乎可以肯定，这个估计比真实数字偏低。许多历史学家后来将数据修正为 14 万人丧生：一些当场死亡，一些在随后的几个月里死于辐射中毒[①]和其他损伤）。13 平方英里的区域被夷为平地。广岛 90% 的医生丧生或受伤；在 1780 名注册护士中，有 1654 人丧生或受伤。在 45 所普通医院里，有 42 所被摧毁。80% 的电话设施被摧毁，电话局三分之一的雇员丧生。所有的有轨电车中，有

①又被称作急性辐射综合征（Acute Radiation Syndrome），是指人在 24 小时内暴露于大剂量的辐射下导致的病症，视辐射剂量大小，症状包括恶心、呕吐、出血、神经系统损伤、死亡。

65% 被摧毁，其中在爆心 1.5 公里范围内的被全部摧毁。整座城市只有 16 件能用的消防设备，其中有 3 件还是借来的。80% 的消防队员丧生或受了重伤。市内有 7 万处水管发生了破裂，一些地方水压降为零。仅剩下少得可怜的几名消防队员，根本不可能扑灭成千上万处火点。这个清单还可以一直排下去，这些沉重的数字赤裸裸地描绘了一座城市之死。“可以预见，”美国的观察员不带感情地评论道，“对原子弹的基本反应是恐惧——无法抑制的恐惧。”当然，这是原子弹效果的一部分。

在“埃诺拉·盖伊号”上，保密的闸门被打开了。所有人都开始询问那些憋了近一年的问题。内部通话器里充满了激动的交谈。蒂贝茨和帕森斯倾其所知，尽量给出解释。原子一词突然成了随意谈论的对象。刘易斯相信，日本人肯定会在美军还没登陆前就“乖乖缴械”：没有哪个国家能在遭到这样一颗炸弹轰炸后还能继续战斗。费雷比想知道（大概是本性使然）原子弹的放射性会不会让他们不育。帕森斯向他保证不会。在他们通过海岸时，日本高射炮台向他们打了几发炮弹。炮弹在飞机下方 1.5 万英尺的地方爆炸，对“埃诺拉·盖伊”号毫无威胁。上午 10：03，一架日本战斗机试探性地接近了“埃诺拉·盖伊号”，旋即掉头离开。自那以后，他们再没受到任何干扰。现在，他们与天宁岛之间只隔着 1400 英里的大海。蒂贝茨将飞机设置在缓慢下降模式，打开了自动驾驶仪。“酒窝 91 号”和“大师号”跟在后面。不到五个小时后，他们将回到基地。

聊天逐渐结束了。一些机组成员开始睡觉，这是许多人 24 小时以来的第一觉。迪克[1]·纳尔逊一边守着电台，一边重新拿起《提防威利·卡特》（*Watch Out for Willy Carter*）。蒂贝茨点上了烟斗。鲍勃·刘易斯在日志上记下了最后一笔：“我们的飞机无疑有一支快乐而迷糊的机

①迪克是理查德的昵称。

组。”呼应着开头，他签名结束了日志，似乎这是写给远在新泽西州家中父母的一封信：“爱你们。‘巴德’[①]·R. A. 刘易斯。”在机尾，鲍勃·卡伦监测着天边的蘑菇云。离开目标区域 1 小时 35 分钟后，他还能看到它。此时它已经在 417 英里外的地方，远远超过了伦敦到巴黎的距离。要不是雾气和地球表面的弯曲，他还能从更远的地方看到它。

①鲍勃·刘易斯的昵称。

第29章
核爆后1小时　火焰风暴

8月5日，星期日，下午6：45
华盛顿特区陆海军俱乐部

傍晚，格罗夫斯将军回到了陆军部新大楼的办公室。在网球场活动了一下午，他又充满了活力。他依然没收到天宁岛的消息：没有起飞信息，没有取消或推迟的电报，没有轰炸报告，什么都没有。显然，情况正变得令人难以忍受。他的助手杰克·德里（Jack Derry）少校已经接到陆军参谋长马歇尔将军询问最新消息的电话。德里提出让格罗夫斯接电话，但马歇尔体谅地暂时放下了这个问题。“我不希望你打扰格罗夫斯将军，”他说，“他已经有够多事情要操心了。”

格罗夫斯确实有很多事情要操心，只是他像往常一样没有表露出来。下午5点后的某个时刻，他驱车前往法拉格特广场（Farragut Square）的陆海军俱乐部（Army-Navy Club），他和妻子、女儿格温（Gwen）以及陆军部长助理乔治·哈里森约好在这里共进晚餐。和平常一样，家人对格罗夫斯的工作和担心一无所知。他和哈里森不得不装出若无其事的样子。马歇尔的副手托马斯·汉迪（Thomas Handy）将军当时也在俱乐部。他把格罗夫斯拉到一旁，悄悄问他有没有得到任何消息。格罗夫斯仍然只能说没有。

大家一起坐下来吃晚餐。下午 6：45，格罗夫斯被人叫去接电话。离开的时候，他觉得哈里森和汉迪的目光针一般地扎在他的后背上。他们都停止了用餐。电话那头是德里少校，他刚刚收到延误了 6 小时的来自天宁岛的起飞电报。任务编队安全出发了，但依然没有关于轰炸的消息。格罗夫斯回到饭桌前。30 分钟后，华盛顿时间晚上 7：15，“埃诺拉·盖伊号”在广岛投下了原子弹。对此一无所知的格罗夫斯还在吃晚餐。

在回陆军部新大楼的车上，他告诉妻子和女儿，说他会在办公室过夜。他以前从未这样做过。妻子和女儿没有说一句话。“她们与陆军军人过了一辈子，”格罗夫斯后来说，“对此已经习惯了。”她们把格罗夫斯丢在大楼入口，开车回了克利夫兰小区的家。他爬上五楼的办公室，十来名助手已坐在各自的办公桌前等候。轰炸报告还没到。格罗夫斯给陆军通信主任（也是他的老朋友）打了一个电话，询问是怎么回事，对方告诉他为了解决这个问题，能做的都做了。在此期间，除了等待别无他法。

格罗夫斯坐下来，脱下领带，解开衬衫领子，捋起袖子——对他来说，这是不同寻常的举动。在他处理一些文件的时候，秘书琼·奥利里和几个参谋开始压低声音打扑克。“时间一分钟一分钟地过去，”格罗夫斯写道，“要比我想象中慢得多，还是没有消息。”外面，夜幕降临华盛顿，结束了又一个宁静的星期日傍晚。

爆炸后不到一小时，肥田舜太郎正在齐腰深的太田川河水里。前一夜坐在老农自行车后座上时，他看到闪闪发光的就是这条河。他把自行车丢在那个死人身边。逃离市区的拥挤人群已经把路挤得水泄不通。太田川是他进入广岛的唯一通道。烟雾模糊了他的视线，他走了一条错误的支流，在鸟兽园的吊桥附近进了城。桥在燃烧。一队半裸的人正从上面慢慢爬过。一些人力气用完，支持不住，从桥上滚下来，掉到了水里。在肥田医生目力所及的范围内，河两岸挤满了身体，根本看不出哪些是死的，哪些是活的。他们都是为躲避大火逃到河边的。

肥田舜太郎继续前行，他知道自己的医院还在更下游的地方——工兵桥附近。后来他才知道，医院已经被彻底摧毁了，一起灰飞烟灭的还有那四名喝醉的陆军医生和贴着白瓷砖的 X 光室。老农午夜的恳求救了他一命。他在水里继续前进，每一步都越来越艰难。滚热的烟烤着他的肺，撕扯着他的气管，让他窒息。脸烧没了的人与他擦身而过。不断有尸体撞在他身上。有时候，他能感觉到他们在水下推他的腿。一具尸体漂过，扭曲着，翻转着，直到消失在身后的水流中。这时候，肥田医生开始失去了理性，他停在河的中央，站在齐腰深的水里，不知道要做什么。接着，一阵热风突然朝他脸颊袭来。风似乎从天而降，刺入他的眼睛，以可怕的力量搅起河水。大浪开始涌动，向他冲来，溅起的水花模糊了他的双眼，使他无法再前进一步。广岛的火焰风暴开始了。

其他城市，譬如东京、德累斯顿、汉堡等太熟悉这种现象了。被大火烧得滚热的空气急速上升，吸走氧气，在下方制造出一个半真空的区域。冷空气随后会涌入并填补这片空间，从而形成一场人造的龙卷风，并以极快的速度横扫已经被摧毁的城市。这场龙卷风挟火而来：星星点点燃烧着的残骸或炽热的碎片突然随风飞速穿过街道，当即点燃一切稍具可燃性的物体，比如身体、衣物或木头。和许多日本城市一样，广岛 90% 的建筑和几乎全部民房都是用木头建的。那些没有被爆炸和冲击波摧毁的建筑很快就在火焰风暴中化为了灰烬。广岛只剩下 16 件消防设备和所剩无几的消防队员，供水系统出现了 7 万处破裂管道，通信也被破坏殆尽，因此他们无法组织任何控制火情的措施：大火的蔓延超出人的控制。爆心两公里的半径内，挺过了爆炸和冲击波的一切都被这场随后的大火烧毁了。火焰风暴是伟大的平等主义者，它突破了防火带，渡过了一条又一条河，完成了对这片土地的彻底毁灭。一望无际的死亡以及被毁灭的平原成为广岛的名片。没有任何东西能够幸免。

火焰风暴始于爆炸后 30 分钟的 9：45，几乎是格罗夫斯将军在华盛顿的陆海军俱乐部接到德里少校电话的同一刻。当格罗夫斯的妻子和女儿把他送回办公室时，火焰风暴正愈发猛烈地肆虐着整个广岛。它的路线可以相当准确地绘出来。令人惊奇的是，位于爆心西南 3.6 公里的广岛地区气象台那一整天都在正常运转。气象台每小时（有的时候甚至是每半小时）会制作一份总结报告，报告内容直接明了，为原子弹爆炸的影响提供了一份不同寻常的记录，也成为幸存者伤痕累累记忆的一份注脚。火焰风暴的强度似乎在缓慢增强，到午后时趋向高潮，观测风速达到每秒 5.5 米。这阵旋风呼啸着穿过废墟，刮了几个小时，直至傍晚才减弱。报告还记录到幸存者只是短暂注意到或者只有模糊印象的现象：爆炸后不到两小时，上午 11：07，一场突如其来的雷雨在城市上空持续了 40 分钟。天空中电闪雷鸣。原子弹彻底激怒了上天，甚至催生出了雷雨。

这些雨后来被称作黑雨。实际上它的颜色根本不是真正的黑色，而是一种混浊肮脏的颜色。这是有原因的：它实际上是被吸进蘑菇云的建筑碎片和人体残骸形成的。在广岛北部和西北部一块椭圆形的地区，降雨量在不到 3 个小时内就达到了 50 ~ 100 毫米。雨水在众人的衣服和墙上留下了点状或者条装的痕迹，而且很奇怪是黏糊糊的，令人恶心。一些人以为是美国人为了火上浇油故意投下的汽油。尽管这场黑雨并非美国人本意，但他们投下的要比这可怕得多。这些在原子弹尘埃云里形成的雨有很强的放射性。在灼人的酷热里，许多人不顾它黏稠混浊，把它看成天降甘霖。为了缓解极度的口渴，他们张开嘴，欣喜地、乐意地、不顾一切地畅饮。

火焰风暴最终赶上了在市区东半部鹤见桥的中前妙子。这座桥是她通往比治山和自由的最后一条路，但它已经被火海包围了。热风呼啸着穿过损坏的大梁。她唯一的活路是渡过河，但濑户内海的潮水正飞速涌来，水流太危险了。她筋疲力尽，倒在了河岸上。已经有几个人下水了，绝望地拼命向对岸游。中前妙子麻木地看着他们。附近有人在一遍遍地喊着："杀了我，杀了我，请杀了我。"风像刀子一样刮着她的脸。她还在流血，左眼睁不开。她还不知道，电话局窗户的一块玻璃碎片已经把她的左眼完全挖掉了。有人走到她身边，用烟头烫她的伤口。这是唯一的止血办法。

火越烧越近。一个声音在中前妙子耳边喊着，叫她快跑。一个女人抓住她的手，把她拉了起来。她茫然地抬起头，看到老师胁田夫人站在身边。老师的衣服已经破成了碎片。她不停地叫妙子快跑。旋风裹着一堵火墙向河岸快速逼近，火星在空中飞舞，热量直冲妙子的脊背。胁田夫人把她拖到河中。波浪拍打着河岸。水滑过她的大腿、腹部、胳膊、头，凉爽得沁人心脾。突然她喘不过气来，在水流中挣扎。老师紧紧抓住她的手，把她拉过去。她被呛得不停地咳嗽，眼前一片模糊。水流冲向她，拍打着她的身体。中前妙子才 14 岁，块头也比同龄人小。当到达河中央的时候，她已经用尽了全部力气，直往下沉。胁田一直托着她，让她浮在水面上。从头到尾，老师一直在喊："坚强，孩子，你不能死在这里！"这是妙子昏迷前记得的最后几句话。中前妙子活了下来，但她再也没有见过她的老师。

消息渐渐传到日本各地。广岛的电话通信已经被原子弹大规模摧毁。所有通向市外的线路几乎都被切断。古田正信对着麦克风说出最后几个字，一秒钟后，日本放送协会在东京的控制操作员注意到广岛电台的广播突然消失了。他几次尝试与播音室建立无线电联系，都没有收到答复。20 分钟后，上午 9：35，东京铁路通信中心的工程师发现干线电话突然停止了工作，断点似乎就在广岛以北。那天上午，东京大本营数次尝试联络广岛城堡内的通信掩体。同样，所有线路全部不通。上午 11 点，大约在鲍勃·卡伦看到蘑菇云最终消失在雾气中时，东京《朝日新闻》（*Asahi Shimbun*）的编辑在家里接到办公室打来的电话。从广岛传来了奇怪的报告。他听说，这座城市已经“差不多完全垮掉了”。

中午刚过，在“埃诺拉·盖伊号”离天宁岛还有三小时航程的时候，同盟通信社[①]的一名记者来到了一个叫原的地方的小电台，这里位于广岛以北 5 公里。37 岁的记者中村哲（Satoshi Nakamura）住在离爆心 300 米的一栋房子的二楼。他没死的唯一原因是当时他不在家中。前一夜，他在城外一个同事家里等一件衬衫晾干，在那里过了夜。第二天早上，在他吃早饭的时候，原子弹爆炸了。他跳上自行车向市里骑去。他一路经过破坏最严重的地区，还遇上了那场黑雨。雨太大，他不得不停下来躲雨。风也很大，他撑不住自行车，剩下的路只得拿着笔记本步行。

原的电台只有一条能用的电话线。它通往距离最近的城市冈山的一座兄弟电台的播音室。一个穿和服的人正对着听筒大喊大叫，中村哲看到他受了伤。中村哲请求借电话用 5 分钟。他对接电话的人说：“请把我下面给你的信息立即转给同盟通信社冈山分社。”此时是中午 12：20。中村哲开始对着话筒口述也许是最重要的新闻简报之一：“约上午 8：16（日本时间），一架或两架敌机飞越广岛，投下一颗特别炸弹。广岛完全被摧毁。伤亡人数估计为 17 万。”

这是个猜测。那时候，无论是中村哲还是其他人，对伤亡数字都没有概念。他只是取了他心目中广岛人口数的一半。当他拿着笔记本游走在被夷为平地的街道时，全部人口的一半非死即伤似乎不无可能。实际上，这个数字与美国战略轰炸调查团后来公布的数据（7 ~ 8 万

① Domei Tsushin，日本政府的官方通讯社。

人丧生，同等数量受伤）非常接近，而后者本身的估计几乎可以肯定是偏低的。稍后，中村哲提交了第二篇更为详细的报道。一名速记员站在一旁。同盟通信社冈山分社总编在电话里对中村哲的报道提出质疑，说他最初的估计不可能是正确的。广岛被一颗炸弹摧毁是不可思议的。他指示中村哲更正早前的报道，说军方永远不会接受它。中村哲在电话里突然发作道："你告诉军方那些浑蛋，他们是世界上最大的蠢货！"接着他继续口述第二篇报道，一字不差地说出他记录的每一个细节，浑然不觉眼泪正流下他的面庞，滴在笔记本上。

天宁岛上，一场盛大庆祝的准备工作正在紧张进行。"埃诺拉·盖伊号"成功的消息已经如丛林大火般在第509混成大队大院快速蔓延。到中午前，整个基地都知道会有不寻常的事发生。司务长查尔斯·佩里开始准备一场无与伦比的聚会。在中村哲通过电话口述第一篇报道的时候，佩里的厨师正在为一场吃馅饼比赛准备数百只馅饼。他们还在制作数千份热狗、牛排和意大利腊肠三明治、土豆及水果沙拉。一箱箱啤酒和柠檬汁被拉出仓库，堆在冰上。佩里坐到打字机前，开始构思下午的节目：

第509混成大队

免费啤酒酒会，今天14：00

今天今天今天今天

地址：第509混成大队球场

第509混成大队全体人员

每人四瓶啤酒

无须定量供应卡

不喜欢啤酒的有柠檬汁

全明星垒球赛，14：00

吉特巴舞[1]比赛

热门音乐

新颖的表演

让人意外的比赛——到时候你就知道是什么了

额外诱惑，金发、活泼、曲线玲珑的女星，直接来自？？？？？？？

奖品——同样丰厚

还有免票啤酒

司务长佩里公司的大量食物

接下来有19：30的特别电影《不客气》（*It's a Pleasure*）

彩色电影，主演

索尼亚·海妮（Sonja Henie）和迈克尔·奥谢（Michael O' Shea）

一上午，第509混成大队的厨房忙得不可开交。佩里像久经沙场的将军一样催促着手下。时间不多了。轰炸编队将于午后返回。从那时起，这场大型聚会将没有一刻停歇。

①当时流行于美国的一种舞，包含很多摇摆舞的元素。

第30章
核爆后3小时　五张照片

8月6日，中午
广岛御幸桥

那天上午，整整两个多小时，松重美人带着相机走在市中心，却没有拍下一张照片。他在爆心200米范围内的支离破碎的大街上转悠，不敢相信自己的眼睛。两卷胶卷一张没动。拍摄他看到的景象似乎是不可能的，是不道之举。但这个决定也并非纯粹出于道德考虑：当局禁止出版尸体照片，而他看到的几乎全是尸体。

松重美人从未走到司令部或报社。火焰风暴阻断了通往市内那一地区的所有道路。唯一可行的路线是通过广野街，当他走到那里时，大火像一条火龙，正在一间一间地吞噬着房屋。松重美人转身沿来路向东南方向走，最终到了离爆心2.2公里的御幸桥。大桥已经变成一个简易的临时避难所。成百上千人或躺着或蹲着，排在桥上。许多人是来自广岛县立第一初级中学和女子商业学校的中学生。与中前妙子的妹妹惠美子一样，原子弹爆炸时，他们正忙着为防火带拆除建筑。爆炸那一刻，他们直接暴露在最初的热辐射里，所有人都被烧伤了，一些人的伤势非常严重。许多人奄奄一息或已经死了。除了食用油，没有任何可用来给他们治疗的药物。

松重美人拿着相机，像走过死人堆一般从他们中走过。他看到那些女孩的脸上、背上、胳膊上、腿上都是水疱。他永远忘不掉那些网球大小的水疱。它们“开始破裂，她们的皮肤像破布一样挂着。一些孩子的脚底被烧伤了。她们的鞋丢了，赤脚从熊熊燃烧的大火里跑出来。”她们的衣服被烤焦，碎成一片片的，头发又脏又乱。在松重美人经过时，她们静静地看着他。他停下来，手里依然抓着相机。他能感觉到她们落在他身上的目光。除了皮上扎了几块玻璃片外，他基本没有受伤。他在桥上站了 15 分钟，也许是 20 分钟。他还在犹豫。“我没法让自己按下快门，”他说，“那景象太凄惨了。”

接着他拍下了第一张照片。一群人蹲在或是站在桥东头的警察岗亭旁。照片是松重美人特意用广角镜头拍的①，因此很难看清任何细节。大部分人都背对着镜头，胳膊抱着膝盖。他们旁边是塌了屋顶的警察岗亭。再远处可以看到毁坏的建筑，一缕黑烟升上天空，碎片散落在路上。一个男人（或女人）在弯腰拾什么东西，一个女孩从他身后跑过。还有一群人围着一名警察，从他的靴子可以看出他的身份。

松重美人向前走了四五米，拍下了第二张照片：与警察在一起的那群人的近景。警察背对镜头，看不出他在干什么。实际上，他在分发食用油。一个男孩伸出胳膊，一个女人似乎在他胳膊上抹油。同样，那些人也是背对着镜头。细节表现在衣服上：撕破的、汗湿的、肮脏的、烧焦的衣服。还有沾满灰尘、打了结的头发。松重美人放下相机。他再也没法看清了。“时至今日，”他在近 60 年后说，“我还记得我的眼泪模糊了取景器的样子。”

他在御幸桥上没有再拍照片。午后，他只在其他地方又拍了三张：一张是一名警察在分发应急食物配给证；一张是他的理发店窗外的景象，街对面是消防站的废墟；还有一张是理发店的内景，在远端的角

①用这种镜头拍出的照片能够同时看清位于不同景深的物体。

落里，妻子纯江在一片瓦砾中打开了一只五斗橱。

五张照片。对一名新闻摄影师来说，这是一辈子一遇的独家新闻。在历史上最大的人造灾难里，松重美人幸存了下来，手上还有一架专业相机。然而他无法利用或者选择了不利用这个机会。他拍的照片几乎都没有过多的介入感，正因如此，它们显得颇有力量。这些照片的震撼力隐藏在那些照片中没有呈现的东西上。还有另一个不同寻常的原因：除了那张理发店窗外景象的照片，它们是目前已知的原子弹落下当天仅有的广岛人物照片。

这里还有一个引人注目的细节。在第一张照片（那张在大桥上用广角镜头拍的）上，可以看到一个男人靠在警察岗亭对面的墙上。他的光头背对着镜头，脑壳背面反射着光。他正看着桥另一面的烟。从这张照片中似乎无法辨认出他是谁，但情况却非如此。他就是玲子的恋人坪井直。他是到这座桥上来等死的。

给玲子留下信息的时候，坪井直已经接近油尽灯枯。他太虚弱了，每走一步，烧伤的疼痛就加深一分。他身上到处是伤：背部、腿上、脸上和手上。不知道是什么在支撑着他，坪井直继续往前走。他已经完全没有了方向感，时间感也在一系列不连贯的记忆中逐渐消失。他迷迷糊糊、磕磕绊绊地走过街道。那天上午的某个时刻，他来到市区南部的姨妈家。姨妈家的房子倒了，但姨妈还活着。她无助地坐在一堆堆碎木头旁，惊愕地瞪着坪井直：她差点没认出他来。这是坪井直第一次意识到自己烧伤得有多严重。他看上去一定和所有人一个样。

姨妈没有任何东西可以缓解他的烧伤。他听人说过御幸桥上有一个救援中心。那里离这里只有几百米，也许他们能帮他。姨妈挽留他，但他还是离开了。他不想死在她家里。他咬紧牙关向御幸桥走去，一路跌跌撞撞，有时走不动了就爬。伤处疼得难以忍受。他不知道自己走了多久，但中午前的某个时刻，坪井直终于到了御幸桥。他看到栏杆边有一大堆人，看到了烧伤的女学生，看到了那个塌了屋顶的警察岗亭。他没有看到摄影师松重美人。他筋疲力尽，倒在地上。没人来帮他。他感觉到自己的意识正在悄悄溜走，知道自己要死了。他现在只担心一件事：永远没人知道他是谁。他会默默无闻地死去，成为无名之鬼。如果玲子幸存了下来，她永远也不会知道他的结局。

他身旁的地上有几块小鹅卵石状的石头。坪井直用尽最后一点力气拣起它们，一颗颗地放在腿边，摆出了自己的名字。“坪井死于此。”他写道。这是他能做到的全部。几乎在摆完的同时，他就昏死了过去。坪井直昏迷了 40 天，而且不知道他爱的女孩是死是活。

那天上午，酒类商店店主的儿子田中利明也在御幸桥上。他在军队的教室倒塌时幸运地活了下来。一小时后，他与“晓”部队的八名战友坐在一辆卡车上，卡车向北行驶，路线直入逃离城市的难民潮里。关于原子弹对人类的影响，这是田中利明的最初体验。1938 年时，他曾在海外打过仗。他参加了三次对敌军滩头的强攻，那是那场战役中最为血腥的战斗。但与他现在看到的相比，那些都算不了什么。从这一刻起，他开始真真切切地怀疑家人是否活了下来。

田中利明的第一个任务是守在御幸桥东端的那个警察岗亭，正对着松重美人拍摄坪井直那张照片时站的位置。午前的某个时刻，坪井直、松重美人和田中利明三人肯定就曾站在彼此相距几米的范围内。田中接到的命令很明确，他的分队将征用从这条桥上通过的卡车，装上受伤人员，把他们送回宇品岛的“晓”部队医院。但是卡车太少，伤员太多了。大桥很快就不堪重负。大量烧伤的人涌到这里，请求救治。食用油很快就用完了。人还在不断涌来。田中听到一些小孩在喊妈妈。还有些人在要水。“水、水。”他们喊着。可是已经没有水了。现在是炎热的 8 月，到下午两点，温度升到 31 摄氏度。太阳开始穿透薄雾。桥上没有遮阳的地方。成百上千名受伤的和垂死的人无精打采地坐在无情的太阳下。和坪井直一样，大部分人已经放弃了希望，他们无力再挪动一步。

田中利明和八名战友尽了最大努力。田中自己来到附近的红十字会医院（广岛最大的医院），想找到一些药品。但那里的情况也一样：医院85%的医生和护士都在爆炸中丧生或受伤。竹岛直江，那个一周前看到闪亮的传单在城市上空飘落的年轻实习护士，也受了伤。隔离病房的屋顶压在她身上，砸断了她的左腿。整栋建筑现在实际上只剩下框架了。这家医院离爆心约2公里，但病理检查室的地板因为冲击波下陷了15厘米。像御幸桥上的人一样，成千上万人平静地在阳光下等待，绝大多数人的结果都将是一样的：慢慢地滑向昏迷和死亡。

田中利明找到了一些碘酒，把它们带回桥上，但没过多久就用完了。一有机会，他的战友就把人装上卡车，向南送到宇品岛。大部分人都需要抬上车。一些人烧伤得非常严重，抬的人都无从下手。这是让人难受的工作，更让田中难以忍受的是御幸桥和红十字会医院离他家的酒类商店只有2公里。从他了解到的情况看，破坏中心离他家很近，他担心那里的情况更糟。那颗炸弹造成了可怕的破坏，证据就摆在他眼前。田中利明迫不及待地想去寻找家人，但他无法离开。他是一名日本军人，他有命令在身：坚守在自己的岗位上。

其他救援者开始从更远的地方赶来。中午过后，当“埃诺拉·盖伊号”开始在天宁岛降落时，和田功正与80名自杀攻击学员乘一条船渡过广岛湾。隔着5英里的濑户内海，他们在金浦的营地看到了爆炸，也听到了那一声震动营房的巨响。所有人都冲到海边，盯着海湾对面的景象。不到3分钟，广岛就消失在那块巨大的乌云里。

上午九十点钟时，一小群学员已经乘船来到宇品岛。他们打算驾船而上，沿广岛七条河中的一条驶入广岛市。但这行不通，水里的尸体太多了。回到宇品岛后，他们讲述了看到的情景。和田功吓坏了。

他自己曾住在广岛，在广岛的铁路上工作过；他熟悉和喜爱广岛，那里有他的许多朋友。中午过后，当下一批救援人员被召来渡海救人时，他加入了他们。

下午 3 点左右，在海湾对面的宇品港码头还没下船，和田功就亲眼看到了人类毁灭的第一幕。码头上一溜排开的草垫上堆满了受伤的人。数百名伤者在那里等渡船送他们上岛。点缀在海湾里的美丽木结构神社将被用作大型收留中心，收留垂死的伤员。和田功和学员同僚绕路通过码头，离开港口，顺着电车轨道向北前行。毁坏的有轨电车横躺在路上。偶尔会有一辆卡车快速驶过，意味着又一批伤员被送往港口。许多卡车都来自御幸桥。那天下午的某个时候，已经昏迷的坪井直就躺在其中一辆卡车上。

在御幸桥以西几百米的广岛电铁公司总部（也已经部分受损），已经建立起了一个临时避难所。和田功及其分队奉命分散进入这片地区，用担架将伤者抬到避难所。但是那里没有担架，他们不得不用各种能找到的东西充当担架：垫子、木板、波纹铁皮、门板、窗框、被爆炸炸裂开的木头。不管走到哪里，大家都在向他们要水喝。和田功他们接到过严格的命令，不许给伤者喝水，因为上级说这可能导致伤者死亡。但他们忍不下心，他们在破裂的水管处灌满水壶，然后把水倒进伤者的嘴里。他们用临时担架抬着伤者，穿过燃烧的街道送到避难所，然后再回去寻找其他伤者。这个工作持续了整整一下午。那些本来受训要驾着木船进行自杀式攻击的人转眼间成了救援者。

几乎在和田功走出宇品港码头的同一刻，“埃诺拉·盖伊号”降落在了天宁岛。“荷兰人”范·柯克在导航日志上记下了最后一条：“基地，14：58。”他们在天上度过了 12 小时 13 分钟，飞行了 2960 英里。所有人都已筋疲力尽。随着轰炸机缓慢转向，离开北坪的 A 跑道，迎接他们的是一番不同寻常的景象：数百名官兵排列在滑行道上鼓掌欢呼。“埃诺拉·盖伊号”如凯旋的英雄般滑过，银色机尾上是大大的黑色字母R，在耀眼的午后阳光下闪闪发亮。机上的人透过舷窗惊讶地看着人群。他们一辈子都没见过这样的景象。另两架参与攻击的“大师号”和“酒窝91号”的降落几乎都没人注意。他们故意减速落在后面，让“埃诺拉·盖伊号”先到。

蒂贝茨将轰炸机转到停机坪上，关掉发动机。至少有200人聚集在飞机周围：军官、科学家、技术人员、士兵、摄影师、记者、电影摄影师、几位陆军将军，还有至少一位海军将领。前舱门打开了，蒂贝茨先伸出腿，跟在他后面的是迪克·帕森斯和莫里斯·杰普森。其他人紧跟着鱼贯而出。他们脚刚落地，一个声音就叫道：“立正！”机组人员笔挺地站成一排。美国陆军战略航空兵司令卡尔·斯帕茨将军快步走到蒂贝茨跟前，直接将一枚杰出服役十字勋章别在他汗迹斑斑的飞行服上。二人举手敬礼。这整个过程花了不到5分钟，被照相机和摄像机从不同的角度记录了下来。蒂贝茨完全没有料到，因此将军走上来时，他的手里还拿着烟斗。当斯帕茨将军把勋章别到他的胸前时，蒂贝茨只得把烟锅一头藏在左手里。

气氛缓和了下来。所有人开始握手、谈笑，拍打彼此的后背。第509混成大队的摄影官杰罗姆·奥西普从鲍勃·卡伦手里接过K-20相机和那卷拍过的胶卷。一名情报官从杰克·贝塞尔那里拿到了内部通话器的交谈记录。在人群的簇拥下，机组人员被领到汇报室。每人都做了一次体检，喝了一杯医用威士忌。他们的眼睛都接受了特别细致的检查，尤其是像蒂贝茨那样在原子弹爆炸时没戴护目镜的人。检查人员用盖革计数器检测了他们的身体和衣服，还把“埃诺拉·盖伊号”也检测了一遍。费雷比又一次提起了他对不育的担心。一名医生向他保证不会有事：检查过的所有地方的放射水平都不会造成危害。与广岛的市民不同，没有一个机组成员受到了核爆的不良影响，以后也不会受到这种影响。

汇报持续了两小时。虽然很不寻常地有几名陆航的将军在场，但汇报却是在非正式的气氛中进行的。桌上摆着食物、香烟、柠檬汁和波本威士忌[①]。机组人员详细描述了他们目睹的一切。《纽约时报》记者比尔·劳伦斯记了大量笔记。他已经拿到了鲍勃·刘易斯的航行日志。他希望稍后写出他职业生涯（如果不是这个世纪）最大的独家新闻。一名摄影师又拍了几张照片。鲍勃·卡伦决心不让任何人看到他的发型，所以一直戴着布鲁克林道奇队的棒球帽。所有人都胡子拉碴，眼里布满血丝，有时还点着一支烟。他们一起围坐在桌子边回答问题，将任务的过程又复述了一遍。“荷兰人”范·柯克查了日志，说原子弹只比计划晚投了 17 秒。无论从哪个方面说，这都是一次精确引航的杰作。“那你们为什么晚了呢？”一个听汇报的军官说。他的玩笑引来了哄堂大笑。在“印第安纳波利斯号”运到天宁岛的铀“炮弹”的原始收据上，帕森斯写下了一段批注，完成了一份准确得可怕的簿记：“兹证明以上材料于 8 月 6 日上午 9：15 被用在日本广岛市。签名：W. S. 帕森斯。”斯帕茨将军向机组表示祝贺。所有人后来都获颁了银星勋章（Silver Stars）。

汇报终于结束了。机组成员一个接一个地慢慢走到午后的阳光下。一些人，比如“荷兰人”范·柯克直接上床睡觉了。有几个则不声不响地喝高了。其他人加入了查尔斯·佩里和他的伙房准备了一天的大型聚会。但他们去晚了。当他们赶到时，所有啤酒、意大利腊肠三明治和土豆沙拉都没了。他们甚至连吉特巴舞比赛都没赶上。

---

①一种美式威士忌。

第31章

核爆后12小时 “这是历史上最大的一件事”

8月5日，星期日，夜里11：30
华盛顿特区陆军部新大楼5120房间

从五角大楼过波托马克河（Potomac）到陆军部新大楼只有几分钟车程，尤其是在夜里这个时候。没用多久，陆军信使就把车停在弗吉尼亚大道那道壮观的白色门面前。他一刻没等，直接匆匆穿过黑色卵石的装饰门厅，乘八部电梯中的一部上到五楼，走过一小段走廊，进入格罗夫斯将军总部的外间办公室。他手里拿着格罗夫斯等了一晚、已经迟到四个小时的电报：法雷尔将军从天宁岛发来的轰炸报告，内容与“埃诺拉·盖伊号”上的迪克·帕森斯发给他的一模一样。格罗夫斯浏览了电报内容：“结果明确，全面成功。可见效果大于‘三位一体’测试……”原子弹不光有用，实际上比有用还有用，是一个巨大的成功。格罗夫斯是美国国内第一个知道轰炸成功的人。

一如既往地，他没有大惊小怪，只打了一个电话给陆军参谋长马歇尔将军的助手麦卡锡[①]（McCarthy）上校。麦卡锡又打给了在家里的马歇尔。马歇尔，这个美国陆军中也许最有实权的人物，他的反应同

①指弗兰克·麦卡锡（Frank McCarthy）。

样低调。“多谢你打电话来。”他回答说，然后挂了电话。格罗夫斯的外间办公室里已经兴奋得炸开了锅，但将军本人没有参与其中。他立即回到桌前，拟了一份第二天一早要交给马歇尔将军的报告，然后爬上特地摆在他办公室的一张小床，倒头睡去。

当格罗夫斯被法雷尔将军的第二封电报叫醒时，“埃诺拉·盖伊号”已经降落在天宁岛，机组也做完了汇报。此时是华盛顿时间凌晨 4：30。出于保密原因，电报收件人写的是奥利里少校。五角大楼的陆军解密员凭猜测加上了军衔，他根本不知道这实际上是格罗夫斯的秘书琼·奥利里夫人。将军睡觉时，她打了半夜扑克，赢了一堆钱。这封新电报更为惊人，尤其是它的结论。格罗夫斯向手下的参谋读了这封电报：

致：陆军部通信中心 060805z

Apcom 5245

……一名观察员声称，那情形就像整个城市被撕开，一柱柱灰尘从城市边缘的山谷升起。因为灰尘，无法对建筑的损坏情况进行目视观察。帕森斯等观察员感觉这次攻击的规模和威力甚至超过了“三位一体”。日本人也许会将其影响归因为一颗巨型陨石。

迪克·帕森斯的比喻绕了地球 6000 英里到了华盛顿。就着一壶咖啡，格罗夫斯重写了之前的草稿，在打印它的时候刮了胡子，换上新制服，然后过波托马克河来到五角大楼——他被派来制造原子弹前帮助建设的建筑。格罗夫斯知道马歇尔将军总是早上 7 点准时到办公室。早上 6：58，格罗夫斯已经拿着报告等在门外了。

大家做了简短的商讨。参与商议的还有格罗夫斯昨晚在陆海军俱乐部宴请的乔治·哈里森以及陆军航空兵司令阿诺德将军。时间紧迫，现在的关键是尽快向世界（以及日本）公布原子弹轰炸的消息。必须让日本人知道刚刚轰炸他们的是什么，以及如果不投降，他们还会受到什么样的打击。早上7：45，马歇尔通过保密电话把消息传达给在长岛庄园的亨利·史汀生。这位老迈的陆军部长还没从波茨坦之行的疲惫中恢复过来，他向马歇尔表达了“热烈的祝贺”。如果说史汀生还心怀什么犹豫的话，那么他此时一点也没表现出来。他催促立即通知还在大西洋的“奥古斯塔号”上的总统，还批准发布两个月前由比尔·劳伦斯首先起草的关于原子弹投放的总统声明。发布时间定在上午11点——就在2小时后。

马歇尔建议说，他们不应该表现出过多的喜悦，因为日本人一定遭受了重大伤亡。这话惹恼了格罗夫斯。格罗夫斯说他现在想的不是日本人的伤亡，而是他们的暴行，比如臭名昭著的巴丹死亡行军(Bataan Death March)。1942年，美国和菲律宾战俘被日军驱赶着行军100英里，沿途遭到殴打、挨饿、枪杀、刺杀、砍头，或者被留在火热的太阳下死去。后来在走到外面门厅时，阿诺德将军拍了拍格罗夫斯的背。“我很高兴你那样说，”他声称，“我的感觉也一样。”不久后，成百上千万美国人也会有同样的感觉。

那天上午，杜鲁门总统在“奥古斯塔号”甲板上欣赏舰上乐队演奏乐曲。这艘巡洋舰正行驶在纽芬兰以南平静的蓝色大海上。太阳高挂在万里晴空上，舰员换上了清爽的白色制服。当地时间中午前，总统和国务卿吉米·伯恩斯下到食堂与水兵共进午餐。他们刚刚开始吃饭，白宫的工作人员弗兰克·格雷厄姆（Frank Graham）上校就跑进食堂，手里拿着一封华盛顿发来的电报和一幅日本地图。地图上的广岛被红笔圈了起来。杜鲁门飞快地浏览了电报：

致总统

自陆军部长

华盛顿时间 8 月 5 日晚 7：15，大炸弹投在广岛。初步报告表明完全成功，效果甚至比早前测试的还要好。

杜鲁门突然抓住格雷厄姆的手，说："这是历史上最大的一件事。"几分钟后，第二封更详细的电报也到了。按舰上日志簿的说法，总统当时"从座位上蹦了起来"。他用叉子敲了敲一只杯子，请大家听他讲话。正在吃午饭的水兵都静了下来。"我有个消息要宣布，"杜鲁门说，"我们刚刚对日本投下了一颗超过 2 万吨 TNT 当量的炸弹。它大获成功！"食堂里爆发出欢呼和掌声。没有人，更别提杜鲁门，质疑 2 万吨这个数据。这颗原子弹的当量实际上比这小得多，但它与"三位一体"测试当量相当的传言将流传很长一段时间。不过那不重要，重要的是它是否大到足以结束战争。杜鲁门当然这么认为。他抓着地图和两封电报，跑出水兵食堂，直接冲进军官餐厅。"这场赌博我们赢了！"他激动地对那些困惑不解并欠起身的人说。合众社记者梅里曼·史密斯永远忘不了总统的表情。"他没有大笑，"他写道，"但脸上是一个大大的微笑。从他对舰上人员挥舞的小小电报纸上，他看到了战争可能会很快结束。"

此时是华盛顿时间上午 10：50。一群记者聚集在白宫新闻发布室。当天早些时候，记者团得到通知，说总统的新闻秘书将宣布一条重大新闻。通知并没有引来多大兴趣。这类发布已经成了惯例。少有明星记者费心亲自赶来，大多数都只派来了助手。随着钟敲整点，总统新闻秘书走上讲台，面对听众。他开始阅读：

16 小时前，一架美国飞机对日本一座重要陆军基地广岛投下一颗炸弹。这颗炸弹的威力超过了 2 万吨 TNT 炸药。

他还没读到第三句，房间里就炸开了锅。众人一窝蜂挤到堆着总统声明的桌前，然后你推我挤地夺路出门，去找电话或赶回办公室。这消息非常激动人心。突然之间冒出了这场战争中最大的新闻，而且报道它的大部分记者都是助手。一个天赐良机落到他们手里。没有一个人停下来想想，为什么一颗那么大的炸弹被投到现在成为“一座重要陆军基地”的地方。这个精挑细选的定语是今天上午才加上去的。

几分钟内，总统声明就通过电台广播出去了。在克利夫兰小区的家中，格罗夫斯将军的妻子格雷丝（Grace）和女儿格温惊讶地凝神听着。当天上午早些时候，格罗夫斯打电话给妻子，叫她在 11 点前打开收音机。他没说原因。他还告诉她，说他正派一名公共关系军官直接赶到家里。接着他联系了接收格温学习打字课程的秘书学校。他叫她立即回家，同样没告诉她为什么。声明播出时，母女俩都准时坐在客厅里。广播里提到了格罗夫斯的名字。两人惊得目瞪口呆。几乎同时，记者打爆了家里的电话。他们中没有一个人肯相信格罗夫斯的家人对过去三年来他每天的工作一无所知。但这是真的。“当迪克①的炸弹投下时，我们和日本人一样意外。”他妻子后来说。这话一点不假。

东京城外埼玉县的大型监听台首先听到了广播。这个天线杆林立的监听台由同盟通信社运行。50 名监听员夜以继日地收听美国广播。他们中许多是在美国出生的日本女孩。午夜过后（轰炸后 15 小时），一名监听员叫醒台长木下秀夫（Hideo Kinoshita），告诉他美国人正在广播一份总统声明。一个叫“原子弹”的装置被投到广岛。木下秀夫对原子弹一无所知，但通过总统声明，他有了一些了解：

① “迪克”是格罗夫斯的昵称。

它利用了宇宙中最根本的力量。太阳的能量就来自这种力量。这份力量现在被释放到了在远东点燃战火的那帮人身上。

木下秀夫立即打电话给在附近一家旅馆睡觉的外国新闻编辑长谷川才次（Saiji Hasegawa）。长谷川才次有点恼火：已经很晚了，他也很累，而且他从没听说过原子弹。木下秀夫很快做了说明。长谷川才次穿上衣服，匆匆赶到监听台。他扫视了美国总统声明的文本，拿起电话，接通了内阁秘书长。这条通信链正在通向最高层。当记者围住华盛顿的格罗夫斯将军家时，日本首相铃木贯太郎已经知道广岛发生了什么。

实际上，断断续续的报告一整天都没断过，但为了避免让公众知道，军方压下了它们。中村哲从原的地方电台发出的可怕而详细的目击描述尚未发布。显然某种灾难已经发生，但保守它的秘密是必要的。它对全民士气的影响可以是灾难性的。爆炸后七小时内，东京最大的五家报纸的编辑被召到负责报纸和电台审查的部门。他们当场得到指示，要淡化对广岛遭轰炸的任何描述，等待进一步调查。当晚的 6 点新闻第一次简单提到了轰炸：

8 月 6 日早上 8：20（日本时间），几架 B-29 轰炸机袭击了广岛市，投下燃烧弹和炸弹后逃走。损失规模正在调查中。

当杜鲁门总统的声明被最终播报时，损失规模还在调查中。日本首相最大的担心成了现实。凌晨那几个小时里，铃木贯太郎面临着一个别无他法的选择。似乎是怕他还有任何迟疑，杜鲁门点出了拒绝的后果：

> 出于挽救日本人民于彻底毁灭之目的，7月26日，我们在波茨坦发布了最后通牒。他们的领导人当场拒绝了该通牒。现在如果不接受我们的条件，他们将见到这个星球上前所未见的毁灭之雨从天而降。

日本政府之前拒绝了同盟国的要求，广岛的毁灭就是直接后果。现在留下的只有一个问题：日本政府会再次拒绝吗？

第 32 章
核爆后 18 小时　赤裸裸的警告

8 月 6 日，中午
新墨西哥州洛斯阿拉莫斯 Y 地点

洛斯阿拉莫斯此时是中午。在奥本海默那间能看到帕哈里托山优美景色的办公室里，这是原子弹爆炸后，他与格罗夫斯将军的第一次通话。这通电话被记录了下来。格罗夫斯说："我为你和你的所有人员感到无比骄傲。"

"爆炸一切正常吗？"奥本海默问。

"很正常，明显是一次巨大的爆炸。"

"发生时间，太阳落山后吗？"

"不是，可惜不得不在白天……"

"好。"奥本海默说，"每个人都感觉相当好，致上我最衷心的祝贺。我们走过了一条很漫长的路。"

"确实是，这是一条很漫长的路。"格罗夫斯答道。

5 月，在华盛顿召开的临时委员会第一次会议上，奥本海默曾被问到，用原子弹轰炸一座城市会造成多少人死亡。奥本海默的估计是两万——也许是真实数字的七分之一。他的估计不是凭空的，而是基于某些假设，其中之一是居民来得及进入掩体。5周后，在这个星期一的午饭时刻，无论是他还是日本以外的任何人，都不知道一个事实：没有预警，没有时间进入掩体。就算他可能有任何不安（也许“相当好”是个暗示①），这种不安也被淹没在成功的喜悦中。原子弹成功了，他，J. 罗伯特·奥本海默，做到了。

奥本海默向整个实验室发表了一篇讲话。播音员完全不知道他在宣布什么。他只是用刻板的语调说，实验室的一个“单元”做了一次“成功的实战投放”。科学家们立刻做出反应。“实验室一片欢腾，好像我们赢得了陆-海军橄榄球赛（Army-Navy game）一样。”物理学家罗伯特·威尔逊（Robert Wilson）说。人人都聚集到举行座谈会（参加项目的所有科学家每周一次的聚会）的大礼堂。气氛不同寻常地热烈。奥本海默通常都准时赶到座谈会，但是今天，他迟到了。他像是要登上舞台一般大步迈过走廊，走向讲台。整个礼堂立即爆发出掌声和欢呼声。人们喊叫着，跺着脚。后来的氢弹之父爱德华·泰勒记得一个同事喊道：“达阵得分②！”另一位科学家永远忘不了奥本海默上台时的样子：“他像个职业拳击手一样走进会场。”同样像拳击手一样，他双手握拳，举过头顶，做出经典的拳击手获胜姿势。

到太阳落山时，多达4000人在稻田和通往户坂村的路上垂死挣扎。只有肥田舜太郎和三名医务人员在救治他们。村医去了前线，他妻子拿出丈夫的全部纱布和绷带，但这些很快就用罄了。除了少量浸过大豆油的碎布和湿叶片外，处理烧伤的其他物品一概没有。他们在小学附近设了一所煮饭的救灾厨房，但大部分受害者烧伤严重，吃不下去。村里的妇女将米饭又煮一遍，熬成粥。她们的孩子帮助将粥灌进伤者

①原文中“相当好”用的是“reasonably good”，其中reasonably既有“相当地”也有“合理地”“有理性地”的意思。

②橄榄球术语。美国有深厚的橄榄球文化，这名科学家是在用“达阵得分”来表达原子弹爆炸成功后的喜悦之情。

的嘴里。有时候孩子会偷偷溜走，因为伤者的样子实在太可怕了。

夜幕降临。蘑菇云依然笼罩在城市上空，遮住了星光。人流还在不断涌向通往户坂的路。他们全都受了伤，其中一些人伤势严重。他们能够走到村子，在肥田舜太郎看来已经是个奇迹了。大部分人都活不到天亮。他们的伤口开始腐烂化脓。还有些人在呕吐并且排出血便。肥田认为他们得了细菌性痢疾。实际上，他看到的是后来夺去成千上万人生命的放射性疾病的最初症状。一些人神智丧失，不断撕扯自己的衣服或皮肤。肥田看到一个 20 岁出头的女孩跌跌撞撞地走在尸体和伤员间。她没穿衣服。爆炸那一刻的偶然姿势或着装导致她只有上半身被烧伤。她每动一次，雪白的大腿就会不合时宜地突然暴露出来。有人想给她披块布，但她扯掉布，瘫倒在地，抱着尸体号啕大哭。肥田无助地看着整个场面，他什么也做不了。他抑制住不让自己哭出来。“如果我哭出来，”他说，“我会失去继续下去的力量。”

肥田舜太郎和三名助手继续工作：不停地浸洗、包扎、擦拭、清洁、通过烧灼止血、截肢……夜里的某个时候，他拿着一支蜡烛，走到躺在稻田里的成千上万人中间。大豆油和大米快用完了。他得做出选择，哪些人值得救治，哪些人已经没有救治的必要了。他静静地走在一大堆躺在地上的人中间，借着烛光查看那些人的脸。他看到许多人已经死了，还有些人在无助地苟延残喘。拿着蜡烛走过时，他可以感觉到他们如无声的动物般跟随着他的目光。这一刻将一次又一次出现在他的梦里：痛苦，恐怖，还有他知道他们活不下去时，在他们眼中看到的恐惧。

山下的市里，和田功和他那队自杀学员也度过了第一个忙碌的夜晚。他们还会这样忙碌地度过七天七夜。他们将伤员放到临时担架上，穿过废墟，抬到广岛电铁公司的避难所，能抬多少就抬多少。但他们的工作很快就从拯救生命变成了处理尸体。尸体到处都是，而且开始散发出恶臭。和田功和同伴一次又一次地进城收集尸体：从余烬未熄的建筑里、废墟下、桥上、河里、有轨电车里。他们尽可能地识别尸体身份，但大部分情况下确定尸身是男是女都非常困难。他们每次将十四五具尸体堆成一堆，在河边的沙地上挖个洞，在尸堆上放几块木头，点火烧掉。他们围着柴堆站成一排，双手合十，为他们焚烧的男男女女的灵魂祈祷。总会有一名队员等到最后的火星熄灭，然后留下一个小标记标明这些人火化的地方。标记通常是摆成一个简单图案的几块石头。他们烧掉了数百具尸体，但从没忘记摆上做标记的石头。

有时候尸体不那么容易点燃，这时他们会在尸体上泼上船用燃料。这是他们用在木制自杀船上的燃料。那些船现在已经显得无关紧要了。在和田功看来，对于造成如此大破坏的敌人，他和学员同伴们显然都无能为力。敌人的炸弹太大了。

那一夜，田中利明一直守在御幸桥的岗位上。第二天一早，上级最终批准他去找自己的家人。军方已经开始围着破坏区的内圈设置关卡。田中领到一块能让他自由通行的特别臂章。他于上午 8 点步行出发。在离家几百米的鹰野桥时，他知道家人不可能活下来了。几乎所有的建筑都毁了。他到了细工町，36 小时前，吃过午饭的炸蛋卷后，他最后一次走在这条熙熙攘攘的干道上。现在所有的房子和商店都消失了：家具店、果蔬店、义肢店、庙、木结构的老客栈……什么都没留下。四面只看到一片平坦荒凉的土地。他生平第一次从这里看到了远处的山峦。

田中利明孤零零地沿着大街继续向前，经过了他小时候经常帮妈妈送冰激凌的岛馨医生的诊所。这栋用砖建的建筑几乎被夷平了。此时的田中利明还不知道自己正站在爆心：昨天这个时候，“小男孩”正是在他头顶上方 1903 英尺的地方爆炸的。他继续前行。他家的酒类商店离岛馨诊所只有 80 米。他家一家三代都住在这里，父亲希望有一天把商店传给他。现在没什么可传下去的了，破碎的残骸散落了一地。瓦砾还是热的。他想起了妈妈说过的关于输掉战争的话。

田中利明认出的第一具尸体是他的邻居，他能认出他皮带扣的形状，这是邻居身上唯一还保持原样的东西。他轻轻走过去。周围很静，没有一丝声音，没有鸟，没有风，没有昆虫，什么都没有。他小心地走在燃烧的瓦砾上。接着他看到了她们。两个炭棒似的人形面向曾经的门道方向，紧抱着倒在地上。其中一个比另一个小得多，这个不成形状的小襁褓压在另一个的背上，就像是粘在上面一样。田中利明立刻就看出来这是他的妻子和小女儿。

他一动不动地站着，瞪着她们。虽然已经被严重烧毁，但她们的骨头支出来了。骨头不同寻常地白。他不明白这些骨头怎么可能那么白。他在她们身边弯下腰，拣起白骨，一根一根地放在手绢上。然后他站起身，带上包裹白骨的手绢离开了酒类商店，走到已经不复存在的大街上。他把妻女的遗骨一路带回宇品的兵营，连手绢一起放在他营房床铺上方的一个架子上。那是他仅有的家。

1500 英里以南的天宁岛上，第 509 混成大队的摄影官杰罗姆·奥西普中尉一脸沮丧地盯着一条条 70 毫米底片，它们是从固定在三架飞机上的多架相机里取出来的。他用放大镜一幅一幅地检查着图像。每幅底片的情况都大同小异。他看到的只有一块块天空和地面，或者飞机做出高难度的转向时急剧倾斜的地平线。没有一张底片清楚地显示出他正在寻找的东西：机组成员在汇报时描绘得栩栩如生的蘑菇云。

这是一个灾难性的夜晚。早些时候，伯纳德·沃尔德曼的 Fastax 高速摄影机拍摄的爆炸镜头被火急火燎地送到了冲印室。不知怎么回事，半数感光乳胶在冲洗过程中消失了。结果便是几千英尺的空白胶片。一整架飞机（“酒窝 91 号”）及其机组执行了一次一无所获的任务。奥西普当时还不知道，哈罗德·阿格纽从“大师号”上偷偷拍摄了这次爆炸的16毫米影片。阿格纽悄悄藏起胶片盒。它要到几个星期后才会现身。

好在还有鲍勃·卡伦带去的相机。奥西普最终转向昨天起飞前夕交给卡伦的小型手持K-20相机。在寂静的冲印室里，他查看了第一幅图像。那块不同寻常的云第一次出现在眼前。奥西普接着看了下一幅，又看到了。这是卡伦从他的小炮塔侧窗拍到的：它变大了，长成一根拔地而起的灰白色的擎天柱。

奥西普看了整卷底片。在这些底片中，他七次看到了不断变大的蘑菇云，每一幅都画面锐利、曝光完美，记录下了不断膨胀的蘑菇云。在距田中利明家酒类商店80米的细工町，岛馨医生的砖结构诊所上方，它正翻滚着冲上同温层。

鲍勃·卡伦，这个业余摄影师胜过了所有专家。“埃诺拉·盖伊号”上这个近视眼的小块头尾炮手捕捉到了原子弹（也许是20世纪）的标志性影像。他的照片将很快出现在美国各地的每一张报纸上。它们还会出现在大量传单上。在随后的几个小时里，美军轰炸机将开始对选定的47座日本城市投下600万张传单，每一张上都印着赤裸裸的警告：如果不投降，将会面临广岛那样的结果。

天宁岛西北，距奥西普中尉的照片冲印室几百米的悬崖上，几座没有窗户的原子弹组装建筑被包围在双重围栏的警戒线内。屋子里一片忙碌。空调一如既往地不停工作着。哨兵坐在机枪阵地后。其中一座建筑的门后，两块厚实的球形罩壳摆在巨大的木箱上，像一颗巨蛋的两半。它们是在黑暗的掩护下被连夜运到这里的。明亮的灯光下，一个55英寸宽的硬铝合金球体紧靠着木箱安放在台架上，球体内装有64块炸药。在新墨西哥州沙漠那座测试塔顶的波纹铁皮屋里，唐纳德·霍尼格曾伴着雷雨蹲在一个这样的球体旁。天宁岛上的这个球体和那个球体完全一样，区别只有一个：这个球体不是用来测试的。

在另一座建筑背面，一只镁制小手提箱孤零零地摆在架子上。武装卫兵一刻不停地守卫着它。20 块保护箱子的吸震橡胶垫支在它四面。一支温度计从它里面伸出。它摸上去暖得奇怪，至少比环境温度高出 5 摄氏度。手提箱里是两个钚半球，两者被一层薄薄的金箔隔开。两个半球加起来正好 13.6 磅，足以摧毁一座城市。

日本政府还没有对杜鲁门的最后通牒做出答复。田中利明发现妻女遗骨的那天早上，也就是“小男孩”在岛馨医生的诊所上空爆炸 24 小时后，组装人员正在准备第二颗原子弹。它的名字是“胖子”，核心就是放在镁制手提箱里的那两个钚半球。和在乔治·麦克唐纳的牧场屋子里被组装的那两个钚半球一样，它们将很快结合形成一个网球大小的球，然后被深深地塞进组装好的原子弹的隐秘中心。奥本海默曾将它们形容为包裹在一个巨大棉花团里的钻石。这两颗钻石将会从天而降，落在一座日本城市上。

后　记 

Shockwave Countdown
to Hiroshima

广岛之后

日本广岛毁灭的三天零三个小时后，1945年8月9日，星期四，中午过后整两分钟，查克·斯威尼少校率领的“博克之车号”（Bockscar）机组向日本长崎投下了原子弹“胖子”。47秒后，原子弹在长崎北郊的浦上工业谷上空爆炸。爆炸当量为2.2万吨TNT，几乎是“小男孩”威力的1.5倍。它的最初目标是距长崎东北100英里的小仓，但小仓当时被厚厚的云层掩盖，无法投弹。天气拯救了小仓，决定了长崎的命运。经由奇怪的机缘巧合，战争兜了一个大圈子：“胖子”的爆心几乎在三菱兵工厂的正上方，偷袭珍珠港用的鱼雷就是在这里生产的。原子弹摧毁了兵工厂，并夺去了约7万人的性命。和广岛的情况一样，实际上没有空袭预警。爆炸7分钟后，空袭警报才开始响起。

在东京一座地下掩体里，最高战争指导会议（“六巨头”）的一次紧急会议刚刚开始。苏联已在昨晚对日宣战。恰如杜鲁门和丘吉尔担心的那样，斯大林最终履行了对他们的承诺。从凌晨开始，百万苏联大军潮水般越过中苏边界。在那间不通风的狭窄掩体里，会议由首相铃木贯太郎主持。最高战争指导会议的六名成员围坐在铺着绿色台布呢的桌前讨论最近的危机。由苏联调停达成一项体面和约的最后一线希望已经破灭了。美军轰炸机正投下数百万份传单，威胁要投下更多的原子弹。六人面临的选择明摆着：或者继续战争，或者接受同盟国的条件投降。当他们还在争论不休的时候，一个助手送来了一条打断会议的消息：第二颗原子弹刚刚在长崎爆炸了。

在海军参谋长的支持下，两名陆军领导人依然决心战斗到底。陆军大臣阿南惟几说："整个民族如一朵美丽的鲜花般毁灭，岂不美妙？"首相铃木贯太郎不为所动，他获得了外相东乡茂德和海军大臣、海军大将米内光政的支持。辩论越来越激烈。铃木贯太郎支持接受同盟国的要求，只要允许保留天皇就行了。阿南惟几和两名同伙则想从同盟国那里争取到更多让步。几个小时过去了，双方没争出任何结果。六人分成了两派，势均力敌。快到夜里 11 点时，首相试图打破僵局，召集了一次御前会议。在闷热的掩体里，天皇静静聆听了对立双方的意见。凌晨两点，天皇最后站起身，摘下眼镜，擦去镜片上的水汽。"我们必须承受不能承受之重的时刻到了。"他非常平静地说，"我咽下自己的眼泪，批准那项接受同盟国公告的提议。"听众里响起了悲痛的号啕。天皇离开了房间。

这个决定差点就迟了。同一个星期四的下午，当"六巨头"还在铺着绿色台布呢的桌前争论的时候，第 509 混成大队的副队长汤姆·克拉森中校从天宁岛的巨大跑道起飞，开始了飞越太平洋 6000 英里航行的第一程。他得到的命令是去接收第 3 颗原子弹。格罗夫斯一直在不停地驱赶自己的手下。"只要没有不可预见的困难，"他在 8 月 10 日向马歇尔将军报告说，"原子弹准备于 8 月 17 日或 18 日后的第一个适合的天气投放。"现在的优先目标将是东京。但随着日本要投降的最初信号被传达给美国，杜鲁门决定推迟进一步的原子弹轰炸。按他的商务部长亨利·华莱士（Henry Wallace）的说法，总统的良心开始不安："他说再消灭 10 万人的想法太可怕了。按他的说法，他不喜欢杀死'所有那些孩子’的主意。”

杜鲁门也不需要那样做了。8 月 14 日，星期二，上午 10：06，瑞士驻华盛顿外交代办带着日本投降书的最终文本来到国务院。此时距裕仁天皇在掩体里做出决定已经过去了 5 天。双方胶着的一点是天皇的确切地位。最终，正如亨利·史汀生在投下第一颗原子弹前向总统力争的那样，同盟国允许裕仁保留皇位。

在华盛顿，数十万人聚集在夏日的夕阳下庆祝胜利。拉法耶特广场（Lafayette Square）上排成了一支庞大的康茄舞[①]队伍。欢呼的人群涌到白宫栏杆前。这场庆祝的盛会很快达到了高潮。到第二天，成百上千万人在自由世界的各地开始了庆祝。广岛天崩地裂九天之后，战争终于结束了。然而对许多幸存者来说，苦难才刚刚开始。

被老师救出后，中前妙子昏迷了几天几夜。苏醒时，她双眼绑着绷带，什么也看不见。她后来得知自己被送到了川中岛（Kawanajima）。濑户内海的这座美丽小岛已经变成一个庞大的救援中心，成千上万的伤者被送到这里。大部分没有生存希望的重伤员都在妙子那一屋。

中前妙子忍着剧痛躺了 5 天。8 月 11 日，父亲找到了她。他找遍了全市，几乎已经放弃了希望。当父亲经过她所在的屋子时，中前妙子听到他的声音，开始大声叫他。父亲跑到她的身边，抑制不住发现她还活着的激动。她 12 岁的妹妹惠美子已经死了 4 天了，父亲当时没把这个消息告诉妙子。

父亲也找到了惠美子。原子弹爆炸时，她正在距爆心 700 米的土桥拆房子。她的同学大部分当场就死了，生者被送到己斐的一所小学。惠美子虽然伤势严重，但还活着。8 月 7 日，轰炸后的第二天，父亲来到这个学校。他没认出自己的女儿。她的脸乌黑肿胀，所有人看上去都一个样。但惠美子认出了他，她喊道：“爸爸，我在这里。”惠美

①最早起源于古巴嘉年华的一种舞蹈，20 世纪 30—50 年代流行于美国。

子叫他带她回家。他匆匆出去为她找衣服，但当他回来时，她已经死了。余生里，他一直责怪自己没有陪在女儿身边。他不能想象自己让她一个人孤独地死去。

战后，妙子结了婚，有一个儿子。她用一只假眼代替失去的那只，仍住在广岛。几年前，她成为一名“亲历的讲述者”（taiken shogensha）——那些记录遭受原子弹轰炸经历的和平见证人。也许因为父亲将痛苦隐藏得太久，中前妙子选择了讲述自己经历的痛苦。

8 月 12 日，轰炸后第 6 天，和田功回到了训练营。到那时，他已经在市内各地火化了数百具尸体。这些天他没有洗澡换衣，几乎没怎么睡觉。战争刚结束他就得了痢疾。他开始掉头发。他在充满放射性物质的市中心待的时间太长了。他在生死边缘挣扎了好几个星期。和他一起火化尸体的许多士兵都死了，但和田功活了下来。

战后，和田功结了婚，成为一名理发师。他和妻子依然生活在广岛。他的家离广岛电铁公司总部只有几米。原子弹落下后的第一夜，他抬的受伤和垂死的人就被送到那里。

肥田舜太郎医生在户坂的医院待了两个月，直到 10 月末。药品供应很快涌来，但为时已晚。他的许多病人死于放射性疾病。肥田舜太郎自己活了下来。战后的几个月里，他帮助美国战略轰炸调查团派到广岛的调查队评估原子弹的影响。他今年 88 岁[①]，已经从医生任上退休，但依然积极为两颗原子弹爆炸的受害者奔走呼吁。

田中利明一直将妻女的遗骨放在床顶的架子上。不久后，他得知父亲也死了。原子弹爆炸时，父亲刚刚出门去买食物。8 月 14 日，日本投降的前一天，他妈妈也死于放射性疾病。一周之内，田中利明失去了全部亲人。那天中午一起吃炸蛋卷的所有人中，只有他一个人活了下来。

田中利明在 9 月退伍了。和数万广岛人一样，他在帐篷里住了好

①肥田舜太郎（1917—2017），本书成书于 2005 年。

几个月。在那里，田中利明遇到了他后来的第二任妻子光惠[①](Mitsue)，她也是核爆的幸存者。两人在1946年结婚，有一儿一女和六个孙子、孙女。光惠在1997年去世，田中利明依然健在。88岁的他一个人生活。他像父亲和祖父一样在广岛独自经营一家小型酒类商店。他第一任妻子和女儿的遗骨安放在家族墓地的一个骨灰瓮里。

松重美人和妻子纯江活到了战后。他继续为《中国新闻》工作了许多年，还到世界各地讲述亲眼所见的事件，其中不止一次在联合国演讲。随后的几十年里，他把拍摄广岛的重生作为自己的使命，拍摄了一座从旧城市废墟上崛起的新城市。战前广岛的建筑很少留存下来，在留存下来的建筑中，其中一个就是松重美人自己的理发店。它还在那里，和60年前一模一样，少掉的唯一一件物品似乎就是那面镜子。“小男孩”爆炸时，纯江正打算从墙上取下它。

松重美人1945年8月6日在广岛拍摄的5张照片成了那一天的永恒形象。2005年1月17日，他在广岛去世，享年92岁。他最后一次讲述他的故事时，听众就是本书作者。

坪井直从昏迷中醒来已是40天后。和中前妙子一样，他也被送到一个设在岛上的救治中心。他到的是似岛。再次回到广岛后，他才知道玲子没活下来。10年后，他结了婚，有了3个孩子。他现在80岁(2005年时)，一个人鳏居在广岛。他脸上还留着原子弹爆炸的烧伤疤痕。他至今都不知道玲子是如何死的。

不是所有的原子弹受害者都是日本人。1945年8月间，约有5.3万朝鲜人生活在广岛，其中一些是强迫劳工。最新研究表明，他们中至少有2.5万人丧生，几乎占到总伤亡人数的六分之一。其他国家的人数虽然少得多，但也有波及，这些人中包括一些战前从美国归来的日裔美国人。

① Mitsue 对应“光惠”“光江”等多个名字，本书译作“光惠”。

选择广岛作为轰炸目标的人不知道的是，原子弹落下的那个早晨，有 23 名美国战俘被关押在广岛。他们中至少有 10 人丧生，一些当场死于爆炸，还有些似乎是后来被愤怒的幸存者杀掉的。8 月 7 日，来自中地的 29 岁农民升正一[①]（Shoichi Noboru）进城后看到两名美国战俘：一人被绑在城堡里的树上，奄奄一息：另一人被用电线绑在桥柱上，已经死了，身上血肉模糊，没一块完整的皮肤，脚下散落着石头和瓦片，显然是被人砸死的。残酷的命运让他死在汤姆·费雷比选作轰炸瞄准点的同一座桥上——那座在 3 万英尺高空能够清楚看出 T 字形状的相生桥。

“我想你应该看了今天的报纸。”利奥·西拉德在广岛被毁这天给一个密友的信上写道，“对日本使用原子弹是有史以来最大的错误。我费尽心机要阻止它，但正如今天报纸报道的那样，没有成功。”他当时还不知道，杜鲁门从未看到过他和 69 名科学家同行签署的请愿书。长崎被原子弹轰炸之后，西拉德完全违逆主流意见，立即组织了一次为广岛和长崎幸存者募捐的活动。他还要求芝加哥大学的牧师为遇难者做特别祈祷。12 年前，西拉德在伦敦街头一个十字路口想到了原子弹这个想法，这种武器的威力让他感到恐惧。在绝望中，他重新起草了一份给总统的请愿书，说这两次轰炸“公然违背了我们自己的道德准则”，请求停止使用原子弹。当战争结束时，请愿书还没有发出。就算发出了，它也不大可能发挥任何作用。

杜鲁门于 1972 年 12 月去世。他从未对投放原子弹的决定表示后悔。他曾声称，它“不是一个需要你担心的决定”。原子弹爆炸之后，他很快就收到了美洲基督教联会[②]（Federal Council of Churches of Christ in America）一封反对继续使用这种武器的电报。他的答复意味

① Shoichi 对应“正一”“庄一”等多个名字，本书统一译作“正一”。
② 美洲基督教联会在 1950 年吸纳了一些新组织，改称美国基督教联会（National Council of the Churches of Christ in the USA）。

深长。他写道："对于原子弹的使用，没有人比我更不安，但令我不安之至的，是日本人对珍珠港的无耻偷袭，是他们对战俘的蓄意残杀。他们能理解的唯一语言似乎是我们正在对他们进行的轰炸。当你不得不对付一头野兽时，你得把它当成野兽。"这个看法反映了美国及其盟友在当时的主流情绪。杜鲁门从未改变他的态度。1958 年，他写了一封信给广岛市议会，确认如果遇到相同形势，他还会命令投下原子弹。"我们会用航空邮件把它发到广岛，"据说他这样告诉秘书，"确保贴足邮票！"

和杜鲁门不同，对于自己帮助创造的武器，亨利·史汀生的态度一直很矛盾。他在战后写道，使用原子弹是"我们最没有争议的决定"。和史汀生的上司杜鲁门相比，它的争议也许更多地压在了这个脆弱、敏感、犹豫不决的陆军部长身上。广岛毁灭两天后，长崎毁灭的前一天，史汀生心脏病发作。后虽然恢复，但他身处政府中心的日子行将结束。一个月后，他在 78 岁生日这天离职。作为陆军部长，史汀生的最后举动之一是写了一份备忘录，敦促总统对核武器进行国际控制。他意识到了与苏联军备竞赛的危险。史汀生认为，如果不加控制，弗兰肯斯坦的怪物将会摧毁全人类。他对一个爱好和平的国际社会的设想也许过于天真，但即便如此，他的天真里也许有某种胆识，体现了当发现自己置身于一个可怕的新世界时，这个出生于维多利亚时代的老人最后的渴望。他的提议没有被采纳。在新的冷战背景下，这个怪物太珍贵了，没有人愿意放弃它。

格罗夫斯将军不出意外地一直公开支持原子弹。"对它的使用，我没有道歉，无须理由，"他在日本投降两周后的一次讲话中说，"我们没有发动战争。"这是他最辉煌的时刻。接下来的几个月里，他的星光开始黯淡。一路走来，他树敌太多，现在他们开始反击了。1948 年，他心灰意冷地离开陆军，作为研究主任加入雷明顿 - 兰德公司（Remington-Rand Corporation）。新工作薪水丰厚，但它不是"曼哈顿计划”。虽然影响范围日益变窄，但格罗夫斯勇往直前实现目标的能力从未消失。为了给陆军将士遗孀盖养老院，晚年的格罗夫斯奔走呼吁，成为一个颇具影响力的活动家。他与自己的体重搏斗了一生，直到最后。虽然偶尔节节食，但他从没瘦下来过，对巧克力的嗜好也从未消退。在妻子的陪伴下，格罗夫斯于1970年去世。作为全世界最大武器项目的负责人，这个骄傲、强势、可怕，难以相处但永远不同寻常的人的成就无疑改变了世界——虽然好坏另当别论。

他的搭档奥本海默也失去了在战争末期赢得的尊重。1945年，他登上了《时代周刊》（*Time*）的封面。他的平顶卷边圆帽举世闻名。但和格罗夫斯一样，他的辉煌也是昙花一现。他也有许多敌人，而且他对原子弹的怀疑也开始啃噬他。他在“三位一体”测试最初几秒体会到的恐惧从未消失。1945年10月，他辞去洛斯阿拉莫斯实验室主任一职。随后的几年里，他坚决反对研发氢弹。这种武器在1952年进行了首次测试，威力比“小男孩”或“胖子”还要大上千倍。“这玩意，”奥本海默说，“是一场底比斯的瘟疫①。”奥本海默的反对毁了他。在麦卡锡时代②，他成了一场政治迫害的牺牲品。他在战前与共产党的联系被公开。1954年，他的国家保密许可证被撤销。这个制造了原子弹的人现在实际上被视为可能的间谍。奥本海默再也没有从中恢复过来。随后的数年里，他变得越来越消瘦憔悴。一天抽5包烟的习惯最终要了他的命。1967年2月，奥本海默在绝望中死于喉癌。在那些日子里，对他创造出的原子弹，奥本海默一刻也没有停止过他的怀疑。他最有先见之明的警告也许出自他离开洛斯阿拉莫斯那天的讲话。“如果原子弹加入这个好战世界的武器库，”他说，“那么终有一天，人类将诅咒洛斯阿拉莫斯和广岛这两个名字。”

---

①出自古希腊剧作家索福克勒斯的悲剧《俄狄浦斯王》（*Oedipus the King*），在这一悲剧中，希腊城市底比斯不断遭受瘟疫之苦。

② 1950—1954年，美国共和党参议员约瑟夫·麦卡锡掀起了一场反共、排外热潮，很多无辜人士遭到定罪和迫害。

两颗原子弹无疑缩短了第二次世界大战的时间。如果不是它们，日本人还要坚持多久将成为一个永远争论不完的话题。战斗必然会夺去其他人的生命，只不过与两座日本城市的实际死亡人数相比孰多孰少，这个问题永远也无法回答。更可以肯定的是，在决定使用原子弹的背后，来自苏联的可能威胁是一个重要考量。这些理由已经被说滥了，但美国国家档案馆（National Archives）的一份文件极好地揭示了当时的情绪。1945 年 9 月 15 日，格罗夫斯起草了一份备忘录，随后发给陆航战略航空兵参谋长劳里斯·诺斯塔德准将。附在备忘录里的是一篇 3 页的绝密报告，名为《对摧毁苏联战略区域所需原子弹的估计》（*Estimated Bomb Requirements for Destruction of Russian Strategic Areas*）。文件包含 3 栏。第一栏是 66 座苏联大城市的名单，从莫斯科开始，到乌赫塔（Ukhta）结束。第二栏列出了每座城市的面积。第三栏详细写明了摧毁它们需要的原子弹数目。莫斯科需要 6 颗，摧毁名单上的全部城市一共需要 204 颗原子弹。

文件上没有日期。国家档案馆索引上的日期为 1945 年 8 月 30 日。这说明它的完成时间至少早于格罗夫斯将它附入备忘录的时间——9 月中旬。不管什么情况，这都隐藏着惊人的含义。二战结束后仅一个月（也许只有短短两周），美国战略决策者的眼光已经盯上了苏联。在广岛和长崎，核爆受害者的尸体这时还在火化。且不论其他成果，对于原子弹可以在其他地方造成多大损害，两座日本城市提供了宝贵的证据。奥本海默的诅咒甚至还没发出就已经出现了。

今天，“三位一体”测试场成为白沙导弹靶场（White Sands Missile Range）的一部分。这是美国军方一个巨大的最新武器测试场。“测试的如果是一枚导弹，”一份分发给游客的关于“三位一体”测试场的宣传册写道，“我们会在这里发射它。”那里现在没有太多游客。这个 51 500 英亩的遗址每年只对公众开放一次。由于地上散落着危险的爆炸物，所以在参观前，每个游客都必须完成一个关于武器识别的简短课程。测试场本身围着一道金属网篱笆，上面挂着警告放射性的黑黄色标志。60年过去了，虽然这里仍有放射性，但水平已经相当低了。唐纳德·霍尼格孤零零地度过测试前夜的测试塔原址上有一块石碑标记。地上甚至还可以拣到绿油油的核融玻璃，它们还有微弱的放射性。当局不鼓励游客把它们带回家。

在“三位一体”测试场东南两英里的地方，乔治·麦克唐纳的牧场屋子也还在。它被完全修复到1945年7月12日时的样子——原子弹组装工作开始时的样子。法雷尔将军戴着橡皮手套掂量钚核的那个客厅也保持原样。今天，它给人的最大印象是静，静得可怕。它会一连数月无人问津，孤零零地待在美国最偏僻、最空旷的地方。

洛斯阿拉莫斯国家实验室也还在，但不是作为纪念物。它依然是一个正在运行的武器研发机构，部分区域依然受到严格限制。它的规模比1945年时大了很多。员工的永久住房延伸到平顶山以外。战争期间竖起的临时木制建筑一座也没有留下来。奥本海默的办公室已经没了，广岛就是在那里被选为目标之一的。开拓时代早已过去。今天，一条遍布商店和餐馆的繁华大街穿过镇子。然而这里没有忘记它的过去。布拉德伯里科学博物馆[①]（Bradbury Museum）展示来自那个核时代的物品。直到最近，它还在展示与“小男孩”相同系列的一颗原子弹，但在2001年的“9·11”事件之后，这颗炸弹被移出博物馆。博物馆馆长约翰·罗兹（John Rhoades）告诉本书作者，这颗原子弹现在作为国家实验室的财产被“锁在”某个安全的仓库里。它的位置严格保密。“如果我再多告诉你一点点，”罗兹先生写道，“我就得杀掉你封口了。”

战争结束三周后，保罗·蒂贝茨、“荷兰人”范·柯克和汤姆·费

①洛斯阿拉莫斯国家实验室有关“曼哈顿计划”的主要公众文教宣传机构。

雷比坐一架 C-54 运输机来到长崎。他们本来要在广岛降落，但那里的机场跑道受损太严重了。他们是陪着日本和美国观察员来的，美国占领军尚未入城，所以长崎没人知道他们是谁。

他们最初的反应是惊叹于一颗炸弹竟然能够造成如此大规模的损失。和观察员们留下的其他印象相比，这种惊叹是压倒性的。“它会把你吓得魂飞魄散。”范·柯克 60 年后说。他们没看到死于原子弹的 7 万人中的任何一个。一具尸体也看不到。他们住在一家竹子搭的旅馆里（蒂贝茨说它“像个夏令营”），吃的是精美的食物。他们甚至还购买了纪念品。蒂贝茨买了几只手工雕刻的饭碗和碟子，把它们带回了美国。“我们成了典型的美国游客。”他后来告诉一个采访者。

执飞广岛或长崎任务的机组人员中，很少有人表达过对所作所为的愧疚。在这方面，一些人的态度比其他人更直率，其中又以他们的机长为最。“我没有一丝愧疚。”蒂贝茨在广岛任务 20 年后说，“我奉命行事。如果我今天接到这样一个命令，我还会毫不迟疑地执行，因为我已经在这么多年的军旅生涯中学会了服从。”他的想法从未改变过。现已 90 岁高龄的蒂贝茨依然坚信自己的行为是正当的。他认为原子弹是正当的，因为它挽救了生命，这个信念从没动摇过。他也因此被有的人看作英雄，被有的人看作恶魔。1976 年 10 月，他引来了一场国际声讨。那是在得克萨斯州的一次航展上，他驾驶一架修复的 B-29 轰炸机模拟了一次原子弹轰炸。地面上的工程师在 4 万观众面前制造了一场蘑菇云形状的爆炸。广岛市长谴责此举很“荒唐”。日本外相向美国政府提出抗议。蒂贝茨认为这纯属大惊小怪。他觉得对广岛的轰炸不是一件应该道歉的事。“我从没因为指挥了那次轰炸而少睡一夜好觉。”他在那次航展后说，“我现在的灰白头发来自业务压力。”这是他多年来重复过不止一次的见解。

蒂贝茨是“埃诺拉·盖伊号”依然在世的最后三名机组成员之一。引航员“荷兰人”范·柯克和妻子生活在旧金山。84 岁的范·柯克也不后悔他的举动。他说原子弹没影响到他的生活。“我不会为此道歉，”他说，“因为我确实相信它挽救了许多生命。”协助迪克·帕森斯给原子弹装引爆装置的莫里斯·杰普森秉持类似的信条。但在 1960 年，他曾在一次采访中说也许可以先向日本人展示一下原子弹的威力，“而无须摧毁一座城市”。在最近与本书作者通信时，杰普森写到他对广岛的“巨大悲剧”感到“遗憾”。已经去世的其他成员也曾偶尔提到过他们的遗憾——但不是愧疚。“你不会吹嘘自己一次就消灭了六七万人。”助理机师罗伯特·舒马德承认。写下任务日志的副机长鲍勃·刘易斯认为原子弹提前结束了战争。但最初几分钟从舷窗看到的景象似乎萦绕在他心头许多年。“我无法忘怀爆炸中的妇女、儿童和老人。”他说。同机组的一些战友依然心存疑虑，尤其是当刘易斯在 1971 年将他的日志以 3.7 万美元出售的时候（2002 年，这些日志以 35 万美元的价格被拍卖）。

有一名机组成员曾经明确表达过愧疚——于 1995 年去世的“埃诺拉·盖伊号”尾炮手鲍勃·卡伦。他曾描述过看到受害者尤其是烧伤儿童的照片和电影时的感受。“那可能是我唯一一次产生过些许愧疚感的时刻。”他说，“我希望自己没看到过那些影像。”战后，鲍勃·卡伦成为一名航空设计师。除了轰炸广岛时带在炮塔里的那张照片上的女婴外，他还有三个孩子。随着年龄的渐增，核屠杀的幽灵让他越来越担心。“当我想到今天的裂变和聚变核弹[①]时，”他曾说，“我不知道我们是不是在侵犯上帝的领地。”

第 509 混成大队投下的两颗原子弹也许导致了 25 万人丧生。而第 509 混成大队则没有一人死亡。他们仅有的伤亡是一名在拆一颗旧日本炮弹时伤到手的宪兵。

第 509 混成大队依然会举办年度聚会，但他们的人数正在迅速

①分别指原子弹和氢弹。

减少。在我为本书做研究期间，对长崎投下原子弹的两名机组成员去世了，其中包括他们的机长查克·斯威尼。几名老兵，包括蒂贝茨本人，也许会于2005年8月回到天宁岛，参加投弹60周年的纪念活动。几乎可以肯定，那将会是最后一次。装弹坑最近进行了修复，他们将在它旁边举行一个简单的仪式。除此以外的一切几乎都早已消失。"埃诺拉·盖伊号"起飞的那条跑道现在是一长条被压碎的珊瑚，其中有一半已经被丛林吞没。曾经是岛上最秘密地点的原子弹组装建筑现在是一片荒凉的废墟，根基被杂草覆盖。机组成员曾在里面生活、吃饭、睡觉、写家信和祈祷战争结束的第509混成大队大院也被丛林占据。没有任何标记或牌子。植被厚到无法穿越。所有人早就回了家。

今天，在新广岛的市中心，缩景园成为一个美丽的和平绿洲。战后，它经历了不遗余力的恢复重建，所有的一切看上去都与以前一模一样：木头茶屋和湖，曲径、假山和小岛、乌龟和鲜花。空气中再次飘荡着新鲜的松树气息和阵阵蝉鸣。60年前，坪井直在星光下握着玲子的手，度过了他们一生中最快乐的夜晚，今天，站在玄武石拱桥上，有那么一刻，你也许会相信什么都没变。

尾　注

Shockwave Countdown to Hiroshima

我努力将注释保持在最低限度。我所用的资料（访谈、一手和二手书面材料）列在参考文献里。除非特别说明，所有访谈都是作者做的。大部分情况下——除非会引起混淆，我都只给出已出版作品作者的姓。详情可在参考文献中找到。

序　幕

坪井直受访时讲述的故事。缩景园的细节取材于作者 2004 年 7 月的参观。

第一部

第 1 章

唐纳德·霍尼格在测试塔的经历来自他（及其妻莉莉）与作者的谈话及随后的通信，以拉蒙特（Lamont）和罗兹的描述为补充。

X组件、半球的组装和引爆装置来自科斯特-马伦（Coster-Mullen），这也许是现存的关于原子弹结构最深入的描述；还有一些则来自与洛斯阿拉莫斯的科学家亨利·林希茨和本杰明·贝德森（Benjamin Bederson）的谈话。乔治·基斯提亚科斯基也在《“三位一体”——一段回忆》（*Trinity—A Reminiscence*，《原子科学家通讯》，1980年6月）里描述了由于大气放电导致的X组件故障。“三位一体”测试用的复杂科学仪器见拉蒙特、罗兹、萨斯（Szasz）、古德柴尔德（Goodchild）、霍德森（Hoddeson），尤其是梅尔兰（Merlan）等人精辟的技术分析。

杜鲁门在波茨坦的基本情况来自米（Mee）及麦卡洛（McCullough）的精彩描述。杜鲁门对小白宫的描述（“肮脏的黄色和红色”）出现在他自己的日记里。6月18日参谋长联席会议与杜鲁门的会议记录（包括对伤亡估计的分析和预期的抵抗），见《曼哈顿计划》（*Manhattan Project*）一书（施托夫等编辑）。务必记住，伤亡数字只适用于对九州的进攻，不适用于第二轮对东京平原的进攻。7月8日，联合情报委员会（Combined Intelligence Committee）预计，到1945年末，面对美军的日本军队总计将达200万。关于对伤亡人数的估计，杜鲁门及其顾问当时的看法依然极有争议。在战后的描述中，杜鲁门认为美军部队伤亡可能会达到100万。至于这些是他做出使用原子弹这一决定的数字依据，还是战后为使用原子弹给出的辩解，这依然是个问题。

关于奥本海默的内容，来自古德柴尔德、史密斯（Smith）、萨斯、拉蒙特（尤其是格雷森遇到交警的描述）和库兹曼（Kurzman）。另见罗兹，尤其是关于库洛伊兹测试那样的实验失败。

莉莉·霍尼格在桑迪亚峰上的等待出自与她的访谈。对洛斯阿拉莫斯的描述来自《洛斯阿拉莫斯：1943—1945》（*Los Alamos 1943—1945*）、拉蒙特、诺里斯（Norris Bradbury），尤其是威尔逊（Wilson）从一个女性角度的描述。

第2章

霍尔纳达的历史和"三位一体"测试场的形成出自萨斯、霍德森和拉蒙特；对汉福德钚工厂的描绘出自罗兹与劳伦斯1946年时的描述；关于原子弹核心组装的内容出自对菲利普·莫里森的采访，以及作者2004年5月对原爆点旧址、麦克唐纳牧场和基地营地的探访。放射性和链式反应原理的技术细节来自劳伦斯、罗兹，以及作者与洛斯阿拉莫斯物理学家亨利·林希茨的通信。科斯特-马伦给出了斯洛廷事件的一份不同寻常的描述，还描绘了原子弹核心的尺寸、炸药安装位置和透明胶带与强生婴儿爽身粉的使用。诺里斯·布拉德伯里1945年7月9日致"有关人员"的备忘录全面解析了"三位一体"测试的时间表，从7月6日开始，到7月16日凌晨4点以"砰！"一词结束（科斯特-马伦）。

风暴的细节主要出自萨斯；另外还来自洛斯阿拉莫斯国家实验室档案馆的个人回忆（《目击报告》）及对唐纳德·霍尼格、林希茨和莫里森的采访。

奥本海默的性格和描述来自他自己的通信，见史密斯、古德柴尔德（还提到精神分裂症）、阿尔瓦雷茨、怀登（Wyden）的描述。费米关于地球毁灭及对应的赌注来自罗兹和拉蒙特。格罗夫斯的性格和与奥本海默的关系主要来自诺里斯和古德柴尔德的作品，同时见格罗夫斯本人在《现在可以说了》（*Now It Can Be Told*）一书中的描述。连奥本海默的司机都在为格罗夫斯刺探他。

第3章

杜鲁门与丘吉尔的会面写在他的日记（由费雷尔编辑）和回忆录里；也出现在伯恩斯和丘吉尔的回忆录中。其他来源包括米、库兹曼、麦尔洛。

哈伯德的天气预报难题（及设备）来自萨斯，那是对整个气象危机总体上的全面描述。拉蒙特描写了班布里奇的撤退路线和监测员的代号“绿野仙踪”（*Wizard of Oz*）。奥本海默警告后来所谓黑雨的5月11日的备忘录见于美国国家档案馆。“三位一体”测试后放射云的变化在“曼哈顿计划”医务主任斯塔福德·沃伦（Stafford Warren）写给格罗夫斯的一份备忘录中，日期为1945年7月21日（美国国家档案馆）。他还详细报告了设置在关键区域的放射监测数据。（测试五天后）他写道：“空气中依然飘浮着大量放射性尘埃。”

第4章

佐藤尚武的性格和描绘（包括他的饮酒习惯）见库兹曼、克雷格（Craig）、布托（Butow）以及《人类失去的一天：广岛，1945年8月6日》（*The Day Man Lost: Hiroshima, 6 August 1945*）一书。对佐藤尚武与洛佐夫斯基会谈的描述见他7月13到14日给东乡茂德的电报（“魔术”情报总结，1207号，7月15日，美国国家档案馆）。

对史汀生的描述来自霍奇森（Hodgson）和米；同时见他自己的回忆录。R. 戈登·阿尼森（R. Gordon Arneson）记录的1945年5月31日的临时委员会会议记录来自美国国家档案馆。史汀生自己在会议前的评论来自罗兹（他写道，原子弹“可以是弗兰肯斯坦的怪物或实现世界和平的手段”）。7月12日东乡茂德给佐藤尚武的电报转述在“魔术”情报总结1205号，日期7月13日，来自美国国家档案馆。巴德6月27日的辞职备忘录来自美国国家档案馆。麦克洛伊关于脑子的话由怀登查证过。

利奥·西拉德的背景（及1933年他在伦敦街头想出原子弹概念的故事）来自罗兹、怀登、库兹曼。从一个不那么美化的角度，见康普顿和格罗夫斯的《现在可以说了》。西拉德给总统的请愿书（及随附的给格罗夫斯副手肯尼思·尼科尔斯上校的信）来自美国国家档案馆。西拉德与伯恩斯的冲突（“挥舞原子弹……也许会让俄国人更容易对付”）及与奥本海默的冲突（“原子弹算狗屎”）见沃特（Weart）和格特鲁德·韦斯·西拉德（Gertrud Weiss Szilard）的描述。科学小组（奥本海默是4名成员之一）正式同意临时委员会关于使用原子弹的结论见《关于立即使用核武器的建议》（*Recommendations on the Immediate Use of Nuclear Weapons*），日期为6月16日，见美国国家档案馆。

第5章

哈伯德凌晨两点与格罗夫斯和奥本海默的会议见古德柴尔德、罗兹、萨斯和拉蒙特的描述。5月14日准备的关于“三位一体”测试的各种可能场景的新闻稿来自美国国家档案馆。格罗夫斯关于到利文沃斯堡坐牢的恐惧来自诺里斯。

劳伦斯自己对“三位一体”测试的描述和他参与“曼哈顿计划”的情况见《原爆点的黎明》（*Dawn Over Zero*）。格罗夫斯在《现在可以说了》一书里描述了他与《纽约时报》总编的会面。劳伦斯的文章《原子缴械了》刊登在1940年9月7日的《星期六晚邮报》上。劳伦斯和格罗夫斯都在自己的叙述中提到对全国各地所有要求借阅的个人的调查。《星期六晚邮报》档案管理员证实，这些个人的名字和地址被提交给了情报机构。劳伦斯附有“曼哈顿计划”未来文章清单的5月17日备忘录来自美国国家档案馆。

第6章

“印第安纳波利斯号”重巡洋舰和“小男孩”部件的装载见斯坦顿（Stanton）、理查德·纽科姆（Richard Newcomb）的《弃船！：“印第安纳波利斯号”的覆灭》（*Abandon Ship!: Death of the USS Indianapolis*，New York: Henry Holt, 1958）；另见怀登、拉蒙特、克内贝尔和贝利（Knebel和Bailey，下仅称克内贝尔）的描述。关于麦克阿瑟手纸的谣言来自科斯特－马伦。

S10000 混凝土掩体最后几分钟的描述来自古德柴尔德、罗兹、萨斯。KCBA 电台的干扰见拉蒙特的描述。一个匿名的“三位一体”测试目击者也在一次电台采访中讲述了这个故事，采访的文字记录日期为 1946 年 3 月 25 日。最后时刻的营地环境见对菲利普·莫里森的采访。费米在《1945 年 7 月 16 日“三位一体”试爆期间的观察》(*Observations During the Explosion at Trinity on July 16, 1945*）中描述了他撕毁的纸条（洛斯阿拉莫斯国家实验室档案馆）；他对安德森做的关于可能当量的评论来自拉蒙特。劳伦斯在《原爆点的黎明》中描绘了坎帕尼亚山的最后一刻。莫斯（Moss）描写了间谍福克斯和已经交给苏联的情报。

B-29 观察机（测试前后）见阿尔瓦雷茨、克里斯曼（尤其是从迪克·帕森斯视角观察的部分），及对机上观察员之一劳伦斯·约翰逊（约翰逊成为唯一见过所有 3 次——“三位一体”、广岛、长崎——核爆的观察员）的采访。B-29 在“三位一体”测试里的行动细节包含在机长克莱德·希尔兹（Clyde Shields）少校写给诺曼·拉姆齐的一份名为《“T”测试飞机观察报告》(*Report of ‘T’ Test Aircraft Operations*)的备忘录里，文件日期为 1945 年 7 月 22 日。备忘录还描述了圣艾尔摩之火现象（帕森斯文件）。

霍尼格对奥本海默开的玩笑来自对霍尼格的采访。核爆前最后几秒的描述也来自对林希茨和莫里森的采访。法雷尔将军对 S10000 掩体的描述包含在格罗夫斯 7 月 18 日给陆军部长亨利·史汀生的备忘录里，见《曼哈顿计划》。奥本海默的最后祷告引用自罗兹。拉蒙特提到交配的锄足蟾和乔治娅·格林。

第 7 章

描述爆炸的各种资料包括：对林希茨、霍尼格（唐纳德和莉莉）、莫里森的采访；爆炸后不久由莫里斯·夏皮罗（Maurice Shapiro）、奥托·弗里希（Otto Frisch）、恩里科·费米、R. A. 拉金（R. A. Larkin）上尉、维克多·韦斯克普夫（Victor Weisskopf）、拉尔夫·卡莱尔·史密斯（Ralph Carlisle Smith）、埃德温·麦克米兰（Edwin McMillan）等人撰写的目击描述（洛斯阿拉莫斯国家实验室档案馆）；劳伦斯和格罗夫斯晚年的回忆；及大量二手资料，包括罗兹、拉蒙特、萨斯、克内贝尔、怀登、古德柴尔德、诺里斯、霍德森、克里斯曼等。火球温度和冲击波数据来自与科斯特 - 马伦的通信及洛斯阿拉莫斯国家实验室“LA-550”号报告：《爆炸现象紧急手册》（*Crossroads Handbook of Explosion Phenomena*）。

测试场以外的影响，细节见格罗夫斯 7 月 18 日给史汀生的备忘录（见上）；另外还来自萨斯。格罗夫斯对法雷尔说的关于使用两颗原子弹的话、拉比拿电影《正午》来形容奥本海默的描述、班布里奇的话（“狗娘养的”）来自罗兹。

杜鲁门在柏林的观光见米、库兹曼、麦卡洛的描述，另见杜鲁门自己的日记（由费雷尔编辑）。

赫伯特·安德森乘坦克在原爆点的经历见劳伦斯和拉蒙特的描述。拉蒙特声称，安德森用于传回观察数据的无线电频率亦用于卡里索索镇的出租车服务。

哈里森给史汀生的电报及后者的回复来自美国国家档案馆。

第二部

格罗夫斯这段引语来自诺里斯 [最初是对乔治·卡罗尔 (George Carroll) 的采访]。杜鲁门这段话来自阿尔佩罗维茨（Alperovitz）。

第 8 章

对卡伦及其性格的描述来自作者与肯尼思·艾德尼斯、范·柯克、克拉森、阿尔伯里、毕文斯的访谈和通信，及来自卡伦的自传与马克思（Marx）的作品。艾德尼斯提供了炮塔和炮瞄准机制的细节。“埃诺拉·盖伊号”任务细节来自坎贝尔。作者于 2004 年 7 月参观了天宁岛。今天，空军基地大部分地区已淹没在了灌木丛中。

北坪的 B-29 轰炸机对日行动（及对 B-29 的描述）来自伯索尔（Birdsall)、科菲（Coffey）撰写的李梅传记和李梅自己的东京空袭回忆录。

第 509 混成大队总部和营房的内容来自访谈（与上同，另有与阿格纽、阿尔伯里、莫里森、史密斯、杰普森、林希茨、拉姆齐的谈话）及蒂贝茨的《任务：广岛》（*Mission: Hiroshima*，斯基比·戴维斯的故事也来自本书）。五台冰箱（及洗衣机）来自与阿尔伯里的访谈。哈罗德·阿格纽在《时代周刊》（1985 年 7 月 29 日）上回忆了 2.5 万美元的甜食。美国国家航空航天博物馆（Smithsonian National Air and Space Museum）档案中保存着很好的第 509 混成大队大院的照片，包括南瓜剧场和垒球场。对特别改装的 B-29 轰炸机的最恰当描述来自坎贝尔。

第 9 章

对任务计划的描述来自对范·柯克的采访，1945 年 8 月 31 日官方的《第 509 混成大队队史》（*History of 509th*）（洛斯阿拉莫斯国家实验室档案馆）提供了补充，后者给出了所有“南瓜”弹行动的详细情况。正式报告来自美国国家档案馆。

蒂贝茨的性格和第 509 混成大队背景来自与阿尔伯里、阿什沃思、毕文斯、克拉森、玛丽·安妮·费雷比（Mary Anne Ferebee）、杰普森、拉姆齐、范·柯克和韦瑟利等的访谈，以及第 509 混成大队成员 [包括蒂贝茨本人、贝塞尔、卡伦、奥利维 (Olivi) 和斯威尼] 出版的回忆录。感谢托马斯（Thomas）和摩根－威茨（Morgan-Witts）对第 509

混成大队的详细描绘，感谢文多弗机场遗址保护基金会的吉姆·彼得森在我于2004年5月参观该地区时提供的信息。蒂贝茨的文章《怎样投下一颗原子弹》来自1946年6月8日的《星期六晚邮报》。遗漏了第509混成大队的日本军部的估计来自克雷格。

杜鲁门与斯大林会面的描述见杜鲁门的日记（由费雷尔编辑）和他自己的回忆录，以及伯恩斯的回忆录。其他来源还包括李、库兹曼、麦卡洛和从苏联人角度叙述的塞巴格·蒙蒂菲奥里（Sebag Montefiore）。佐藤尚武给东乡茂德的那封汇报7月13日与洛佐夫斯基会面情况的电报上虽然没有日本天皇信件的文本，但给出了大意，来自美国国家档案馆的“魔术”情报总结。

第10章

1945年7月裕仁的身体状况、“基本政策”的细节和6月22日的会议见库兹曼、克雷格、布托和《人类失去的一天：广岛，1945年8月6日》。

伊萨里对皇宫的轰炸尝试是机组成员毕文斯告诉作者的。伊萨里性格和行为的其他方面来自对他的指挥官克拉森的采访。补充细节来自休伊（Huie）、托马斯和摩根-威茨。伊萨里的战后生涯多有争议和变化：他几次企图抢劫（用一把玩具手枪），还在一家精神病院度过了几年。有人认为他受到广岛轰炸罪恶感的影响，有人认为他天生的反复无常毁了他。

7月20日的前4次“南瓜”弹（名为“特别”）任务来自美国国家档案馆及《第509混成大队队史》（洛斯阿拉莫斯档案馆）。斯皮策日记复制自“Children of the Manhattan Project”（“曼哈顿计划”的孩子们）网站。克内贝尔引述了东京电台关于混乱的敌军战术的报道。

西拉德的请愿书的下场见库兹曼的描述。康普顿给尼科尔斯的附信（日期为7月24日）来自美国国家档案馆。在格罗夫斯委托的对芝加哥大学冶金实验室的150名科学家的民意调查中，仅15%赞成“对武器的使用方式应该是从军事角度看最有效的，它将以我方武装力量最小的人员损失带来日军的迅速投降”[法林顿·丹尼尔斯(Farrington Daniels)给康普顿的备忘录，7月13日，见《曼哈顿计划》]。对科学家矛盾心理研究得最透彻的是艾丽丝·金博尔·史密斯（Alice Kimball Smith）的《危险与希望：美国的科学家运动：1945—1947》（*A Peril and a Hope: The Scientists' Movement in America: 1945–1947*, University of Chicago Press, 1965）。

第11章

“印第安纳波利斯号”重巡洋舰的速度纪录和诺兰的窘境来自斯坦顿。对“小男孩”结构和原理的描述来自科斯特－马伦，作者对拉姆齐的采访提供了补充。

加班完成格罗夫斯7月18日关于“三位一体”测试的报告这件事来自《现在可以说了》一书中他自己的叙述。克内贝尔提供了关于《圣经》引语的细节。报告本身引用在《曼哈顿计划》一书中。库兹曼和米描述了杜鲁门在史汀生等待时的采购。史汀生对报告的反应和杜鲁门的回应来自7月21日的史汀生日记，霍奇森、库兹曼引用了丘吉尔关于杜鲁门主导波茨坦会议的评论。

格罗夫斯的电报和史汀生的复电均来自美国国家档案馆。京都争议的细节来自怀登。关于京都民众理解原子弹意义的格罗夫斯引语来自诺里斯。

第12章

卡伦的信来自他的自传。关于天宁岛的生活（包括佩里的早餐和那首关于第509混成大队的打油诗）的其他资料见托马斯和摩根-威茨、克内贝尔、蒂贝茨、斯威尼及对艾德尼斯、克拉森、范·柯克的采访；

另见斯皮策日记。莫里森在与作者的访谈中描述了北坪的坠机事故。

“小男孩”测试的细节见拉姆齐的《A 项目历史》(*History of Project A*)，作者与他的访谈提供了补充。三座原子弹组装建筑之一的基础今天虽然淹没在灌木深处，几不可近，但依然可见。科斯特 - 马伦提供了建筑布局（包括铺地材料和空调）的书面和照片档案证据。关于装弹步骤的细节，其他出版物来源包括坎贝尔（测试投弹任务中列出了日期、机组成员和飞机）和拉斯（Russ，一位阿尔伯塔项目科学家）。

对绝密的炸弹组装区域及其建设的描述以作者对阿什沃思和拉姆齐的采访为依据。阿什沃思的文件提供了与设备运到天宁岛有关的他本人和帕森斯的无数电话交谈的文字记录。他还提供了“X 袋水泥”那句引语。柯克帕特里克 1945 年 6 月 1 日给德里少校（格罗夫斯在华盛顿的助手）的一封电报列出了必须运到天宁岛的设备，其中包括“六台家用规格冰箱”和一只办公用订书机，信息来自美国国家档案馆。档案里包含了大量这样的清单和柯克帕特里克从 1945 年 4 月到 8 月间不遗余力追踪订单的活动。

格罗夫斯妻子的便条来自美国国家档案馆。琼·奥利里关于格罗夫斯的电话的日记出自同一资料。格罗夫斯 7 月 23 日的原子弹生产预计出自哈里森给史汀生的电报（战字 37350 号），来自美国国家档案馆。同一档案里还包含格罗夫斯最终经无线电发给在波茨坦的史汀生的“指令”。“指令”发出时，长崎已经取代京都成为目标。从一本《美国国家地理》杂志上撕下的一幅日本地图通过信使另外送达。

第 13 章

本章第一节大部分内容基于对中前妙子及所有列入参考文献的日本亲历者的采访。其他资料来源还包括《中国新闻》，日本人沼田铃子和肥田舜太郎医生已经出版的叙述、未出版的坂本（Sakamoto），四国

(Shikoku) 和梅北 (Umekita) 的日记 (全部保存在广岛和平纪念馆) 和各种二手资源，包括《人类失去的一天：广岛，1945 年 8 月 6 日》、克内贝尔（他提到著名的柳树和关于杜鲁门母亲的谣言)、罗兹、库兹曼和怀登。

人口数据（包括部队规模）见《广岛与长崎：原子弹的物质、医学和社会影响》(*Hiroshima and Nagasaki: The Physical, Medical, and Social Effects of the Atomic Bombings*，下称《广岛与长崎》)。另外还来自罗兹，这是最权威的对广岛核爆的研究。

目标选择委员会 4 月 27 日和 5 月 9—11 日的会议记录来自美国国家档案馆。

"杀日本人"的鼓动出现在海军上将哈尔西让人竖在所罗门群岛图拉吉岛（Tulagi Island）上的一块公告牌上。它还写道："做好你的工作，你就会帮助杀死这些黄色杂种。"根据一位哈尔西传记作者的说法，当时还是一名年轻海军军官的约翰 · F. 肯尼迪在图拉吉岛下船时应该见过那块公告牌 [见罗伯特 · J. 多诺万的《PT-109 ：二战中的约翰 · F. 肯尼迪》(*John F. Kennedy in World War II*，New York: McGraw-Hill, 1961)]。在当时对日本人的态度背景下,1945 年 8 月 13 日《生活》杂志的摄影报道《一个日本人在燃烧》(*"A Jap Burns"*) 同样意味深长。6 张照片用极为生动的细节表现了婆罗洲的一名日本士兵被美军火焰喷射器烧死的场面，说明文字这样写着："他什么也看不见，还在燃烧，痛苦地伸手求助。"对面页是一篇全彩的坎贝尔蘑菇汤（Campbell's Mushroom Soup）广告（"直接来自温室的蘑菇"）。

第 14 章

史汀生与杜鲁门的会谈及杜鲁门对斯大林提及原子弹一事来自霍奇森、麦卡洛、怀登、米，及杜鲁门、丘吉尔、伯恩斯的回忆录。奥本海默说杜鲁门太随意的那段话来自罗兹。苏联核项目的细节来自罗兹、莫斯、塞巴格·蒙蒂菲奥里。莫洛托夫关于库尔恰托夫的评论来自米。该评论的来源是朱可夫元帅，后者作为见证人在自己的回忆录里描述了那一刻。史汀生批准格罗夫斯“指令”的电报来自美国国家档案馆。他7月26日的日记中提到了他的行程。

与使用原子弹的决定有关的内容来自下述回忆录：杜鲁门、史汀生（及他在1947年2月《哈珀》杂志上的文章）、伯恩斯、丘吉尔；间接资料来自：阿尔佩罗维茨、布托、科菲、费斯（Feis）、福格尔曼（Fogelman）、霍奇森、麦卡洛、库兹曼、诺里斯、罗兹、怀登。格罗夫斯关于制服苏联人的评论来自诺里斯，后者给出的最初来源是与查德威克同住的科学家约瑟夫·罗特布拉特（Joseph Rotblat）。白银储备那段话是格罗夫斯在《现在可以说了》里回忆的。他还提到乘雪橇一事。杜鲁门关于两座日本城市和25万美国人的等式引自麦卡洛。他7月26日的日记来自费雷尔。他的头痛引自格里泽（Griese）。

第15章

“印第安纳波利斯号”重巡洋舰抵达天宁岛的情况来自对阿什沃思的采访，是他讲述了那个桶差点出事故的故事。克里斯曼、克内贝尔、托马斯和摩根-威茨提到那个收据的事，它的一份副本在阿什沃思的文件里。

C-54运输机运输“小男孩”和“胖子”的铀和钚的细节请见格罗夫斯给哈罗德·乔治（Harold George）将军的两份备忘录，日期为7月23—24日，来自美国国家档案馆。关于重量和材料的更多细节请见霍德森和科斯特-马伦的描述。德席尔瓦的发动机故障见格罗夫斯、科斯特-马伦、克内贝尔的描述。雷默·施赖伯在1995年7月接受《阿尔伯克基日报》（*Albuquerque Journal*）特别报道栏目的采访中讲述了他在飞机上的故事。

长崎的伤亡数字见“后记”注释。

关于“印第安纳波利斯号”的命运，作者要感谢斯坦顿、纽科姆及罗兹。

第 16 章

《波茨坦公告》的文本见《曼哈顿计划》（由施托夫编辑）。《人类失去的一天：广岛，1945 年 8 月 6 日》记录了监听台操作员胜山诚一郎的活动和《波茨坦公告》到达铃木贯太郎手中的情景。另来自罗兹和米（尤其是关于在波茨坦的杜鲁门和号手的内容）。东乡茂德在 7 月 27 日“六巨头”会议上的观点来自克雷格、布托和《人类失去的一天：广岛，1945 年 8 月 6 日》。铃木贯太郎的海军背景和性格见库兹曼的描述。铃木 7 月 28 日的新闻发布会和“默杀”的不同含义来自布托、怀登、托马斯和摩根 - 威茨。

竹岛直江关于《波茨坦公告》传单的回忆出自作者对她的采访。传单被投到了 35 座日本城市。

第三部

第 17 章

8 月 4 日战前动员的描述来自对阿尔伯里、范 · 柯克的采访，斯皮策的日记及卡伦、斯威尼和蒂贝茨的自传。间接来源包括克里斯曼、科斯特 - 马伦、克内贝尔、库兹曼、托马斯和摩根 - 威茨、罗兹。关于“超强警报”的给帕森斯的备忘录来自布拉德伯里、基斯提亚科斯基和罗伊（Roy），日期为 7 月 17 日，题为《对“那玩意”改进战术使用的提议》（*Proposal for a Modified Tactical Use of the Gadget*，见帕森斯的文件）。帕森斯的性格来自对他的弟弟鲍勃和女儿克拉拉（Clara Parsons）的采访。鲍勃还提供了他在硫磺岛负伤和在圣迭戈的医院与帕森斯见面的故事。

“小男孩”测试的内容来自一开始为保密的《A 项目历史》，补充内容来自坎贝尔和科斯特 - 马伦。法雷尔 8 月 2 日给格罗夫斯的电报来自美国国家档案馆。

第 18 章

日本实际天气报告来自广岛地区气象台 7 月 31 日至 8 月 6 日的记录。有关中前妙子和坪井直的叙述来自作者的采访。

8 月 5 日的美国天气图来自美国国家档案馆。目标选择委员会气象学家的预报来自诺里斯。天宁岛参谋长联席会议来自对拉姆齐的采访。原子弹引信系统的细节来自贝塞尔自传（包括可食用的米纸的内容）和科斯特 - 马伦。帕森斯对坠毁轰炸机的担心见劳伦斯（劳伦斯在那个星期天到达天宁岛）的描述；劳伦斯还提供了帕森斯和法雷尔的对话。

与乔治 6 世的会面记在杜鲁门 8 月 5 日的日记里（由费雷尔编辑）。另外还来自麦卡洛。格里泽撰写的美国电话电报公司公关负责人阿瑟 · 佩奇的传记里记录了佩奇起草总统声明一事。

第 19 章

和田功对 8 月 5 日的描述来自对他的采访。金浦训练营的更多细节来自对另一名自杀艇志愿兵菅原浩志（Hiroshi Sugawara）的采访以及作者 2004 年 7 月的参观。

北坪下午的准备活动来自对阿格纽、阿尔伯里、克拉森（及随后的通信）、约翰斯顿的采访和阿尔瓦雷茨（尤其是爆炸测量罐）、卡伦、蒂贝茨、斯威尼的自传；间接资料来自霍德森、克内贝尔、马克思、托马斯和摩根 - 威茨的描述。最终计划和对费雷比的描绘（补充信息来自对玛丽 · 安妮 · 费雷比和阿尔伯里的采访）来自对范 · 柯克的采访。瞄准点决定见蒂贝茨、托马斯和摩根 - 威茨的描述。8 月 2 日的美国陆军航空兵《13 号特别行动作战指示》（来自美国国家档案馆）里描述了相生桥。

炸蛋卷午餐来自对田中利明的采访。

“小男孩”装弹细节来自对拉姆齐的采访，洛斯阿拉莫斯国家实验室档案馆和美国国家档案馆的照片和16毫米影片提供了补充；另见蒂贝茨的自传、罗兹、托马斯和摩根－威茨。装弹事故发生在阿尔伯克基柯特兰空军基地的一次演练中，见博尔斯塔（Bolstad）7月13日给拉金的备忘录（“帕森斯文件”）。坠毁机组的内容来自前消防队长乔治·萨拉斯（George Sallas）的信（见参考文献）。科斯特-马伦提到关于“印第安纳波利斯号”的句子“据说”写在原子弹身上。原子弹监测仪表板来自对杰普森和利昂·史密斯的采访。卡伦在垒球场的那个下午来自他的自传。阿尔伯里、克拉森和范·柯克向作者提供了对刘易斯的评价。

劳伦斯和克里斯曼描述了帕森斯安装引爆炸药的练习。那份“用特制扳手在机上填药的检查清单”出自“帕森斯文件”。蒂贝茨见证了帕森斯割破流血的双手。法雷尔提供猪皮手套的提议来自托马斯和摩根-威茨。蒂贝茨讲述了给那架B-29命名的故事。

第20章

关于肥田舜太郎8月5—6日夜的故事来自对他的采访及他出版的著述（见参考文献）。

晚上和最后动员的内容来自：对阿尔伯里、杰普森、拉姆齐、范·柯克的采访；斯皮策日记；唐尼的祷告（见“曼哈顿计划”遗产保存协会网站）；贝塞尔、卡伦、斯威尼、蒂贝茨的自传；《第509混成大队队史》。间接来源：坎贝尔、克里斯曼、科斯特-马伦、克内贝尔、马克思、托马斯和摩根-威茨；任务细节（包括航线、频率等）见8月2日的《13号特别行动作战指示》（来自美国国家档案馆）。战前早餐来自对范·柯克的采访，和蒂贝茨、托马斯和摩根-威茨。

对广岛的描写来自《中国新闻》及对日本亲历者的采访（列在参考文献中）。

“直下马桶号”和“埃诺拉·盖伊号”的起飞来自对阿尔伯里、毕文斯、杰普森、拉姆齐、范·柯克、韦瑟利的采访；另来自卡伦（关于与道奇队经理的通信）、劳伦斯、斯威尼、蒂贝茨（关于米高梅电影公司的比喻和自杀药片）。间接来源：克里斯曼、克内贝尔、马克思、罗兹、托马斯和摩根-威茨（关于费雷比发现避孕套的事）。B-29启动程序来自作者与克拉森的通信和B-29飞行手册（见参考文献）。即使在原子弹里没装无烟线装火药的情况下也会发生起飞坠毁的核事故危险来自对哈罗德·阿格纽的采访。另在克里斯曼对弗朗西斯·伯奇（炮闩总成的发明人）的采访中，他声称“小男孩”在失火、迫降或坠毁的情况下很容易发生核事故（出自“帕森斯文件”）。法雷尔给格罗夫斯的电报来自美国国家档案馆。

第21章

在华盛顿的等待见格罗夫斯的《现在可以说了》和诺里斯的描述。

凌晨航行的描述来自对范·柯克的采访和他的《领航员日志》以及刘易斯在航行中记的日志。原子弹的引信安装来自对杰普森的采访，以及帕森斯在机上记的日志；其他材料来自克里斯曼。帕森斯的拼写比赛写在克里斯曼对帕森斯的妹妹克拉丽莎（Clarissa）的采访中（出自“帕森斯文件”）。其他资料：对鲍勃和克拉拉·帕森斯的采访。无烟线装火药包的细节来自科斯特-马伦。劳伦斯描述了帕森斯的声音消失时天宁岛上的担心。杜鲁门在“奥古斯塔号”巡洋舰上的情况，包括梅里曼·史密斯的评论来自麦卡洛。

卡伦与蒂贝茨关于原子弹的讨论来自蒂贝茨和卡伦的作品中（那段对话就来自那里）。

史汀生在华盛顿港的一天来自他8月5日的日记（“魔术”情报总

结，来自美国国家档案馆）。

飞近硫磺岛来自：对范·柯克、杰普森、阿尔伯里、阿格纽、约翰逊的采访；范·柯克的《领航员日志》；刘易斯的日志；斯皮策日记；贝塞尔、卡伦、蒂贝茨（他叙述了他在飞行中抽烟的习惯）、斯威尼。间接资料：克里斯曼、马克思、罗兹、托马斯和摩根-威茨；两次硫磺岛战役的内容来自霍夫（Hough）。

第22章

广岛的天气情况来自广岛地区气象台（8月6日），及对肥田舜太郎、中前妙子的采访。广岛统计数据来自《广岛与长崎》和美国战略轰炸调查团（来自美国国家档案馆）。参与拆除工作的学生数量来自罗兹。更多材料来自《中国新闻》。

美国战俘数据来自托马斯和摩根-威茨。7月28日，两架B-24“解放者”轰炸机［“塔罗亚号”(Taloa)和“孤独女士号”(Lonesome Lady)］在执行击沉日本战列舰“榛名号”的任务后，返航途中在广岛附近被击落。8月6日这天，在14名被俘的机组成员中，有13名被关押在广岛。原子弹投下前，第14名成员——托马斯·卡特莱特(Thomas Cartwright)被押到东京接受审讯。

原子弹轰炸任务之前就有人提出美国战俘的问题。7月31日，斯帕茨将军给华盛顿发了两封电报。声称广岛是4座选为原子弹毁灭目标的城市中唯一没有盟军战俘营的（他特别指出了长崎市中心以北1英里的一座战俘营）。华盛顿的答复（出自格罗夫斯，就算不是名义上的，也是实质上的）是：“之前指定的目标……依然不变。但是，如果你认为你的情报可靠，广岛将成为第一优先目标。”（来自美国国家档案馆）。对该市没有美国战俘的假设是它被摧毁的原因之一。

对杰普森在弹舱里的描述来自与科斯特-马伦的访谈。关于这段航程的额外材料：对范·柯克、阿格纽、阿尔伯里、约翰逊的采访；《领航员日志》；刘易斯的日志；帕森斯的日志；斯皮策日记；贝塞尔、卡伦、斯威尼、蒂贝茨。

第 23 章

防空掩体的细节来自《中国新闻》和广岛司令部军官宍户小介（Kosuke Shishido）的证词。间接来源：《人类失去的一天：广岛，1945 年 8 月 6 日》、托马斯和摩根 - 威茨，及作者 2004 年 7 月对掩体遗址的参观。作者参观时护城河里仍有鲤鱼。空袭预警广播来自古田正信的证词（见《关于原子弹爆炸日的广播》《关于广播》，作者译自日文）。时间来自怀登。对警报的冷漠反应见对日本人的采访。

"直下马桶号"到达广岛的内容来自对毕文斯、韦瑟利的采访。天气细节来自《13 号特别任务：观察天气》（*Special Mission Number 13: Observed Weather*，来自美国国家档案馆）。同一档案还声称："一成云量，目标正上方有巨大空洞。"

蒂贝茨提供了天气密码和译文；额外材料见帕森斯日志（其中亦有来自小仓和长崎的天气报告）、刘易斯日志、《领航员日志》。

第 24 章

通信延误和打网球的内容出自格罗夫斯自己的叙述及诺里斯（尤其实是格罗夫斯球技的内容）。拉姆齐在一次接受克里斯曼采访时指出，进攻报告是依据一条规则被麦克阿瑟将军耽误的，那条规则要求所有此类报告从他位于马尼拉的司令部而不是华盛顿发出。当拉姆齐惊恐地发现电报还没到华盛顿时，他尝试通过每一条可用渠道重新发送："我想我们甚至尝试通过邮政电报发点什么！"（来自对拉姆齐的采访以及"帕森斯文件"）。

轰炸编队接近广岛的内容来自：对阿格纽、阿尔伯里、杰普森、约翰斯顿、范·柯克的采访；《领航员日志》；刘易斯日志、斯皮策日记；

阿尔瓦雷茨、贝塞尔（关于日本雷达锁定和对话）、卡伦、蒂贝茨、斯威尼。间接来源：克里斯曼、克内贝尔、马克思、罗兹、托马斯和摩根 - 威茨、怀登。帕森斯针对 28 种情况的密码清单 [《绝密特别密表》(*Top Secret Special Table*)，国家航空航天博物馆拉姆齐文件] 是任务前一天他与拉姆齐一起编的（来自对拉姆齐的采访）。

地面的反应来自对和田功、坪井直、中前妙子和松重美人的采访。

第 25 章

诺登轰炸瞄准器的操作来自《M 系列手册》。托马斯·费雷比种玫瑰的说法来自对玛丽·安妮·费雷比的采访。费雷比的对话来自蒂贝茨。最后 90 秒的内容来自对阿格纽、阿尔伯里、杰普森、约翰斯顿、范·柯克的采访；《领航员日志》；刘易斯日志、斯皮策日记（“我默默祈祷。”他写道）；阿尔瓦雷茨、贝塞尔、卡伦、斯威尼、蒂贝茨。间接来源：克里斯曼、克内贝尔、马克思、罗兹、托马斯和摩根 - 威茨、怀登。

空袭观察所的内容来自克内贝尔、托马斯和摩根－威茨、怀登、《人类失去的一天：广岛，1945 年 8 月 6 日》。电台方面的内容来自古田正信。骑自行车方面的内容来自对松重美人的采访。

第 26 章

投弹内容来自对阿格纽、阿尔伯里、杰普森、约翰斯顿、范·柯克及日本的肥田舜太郎、田中利明、中前妙子、和田功的采访；另外还来自《领航员日志》、帕森斯日志、斯皮策日记，阿尔瓦雷茨、贝塞尔、卡伦、斯威尼、蒂贝茨。间接资料：克里斯曼、科斯特 - 马伦（关于原子弹爆炸机制的内容很精彩）、《人类失去的一天：广岛，1945 年 8 月 6 日》、克内贝尔、马克思、罗兹、托马斯和摩根 - 威茨、怀登。投弹数据来自马利克（Malik）编制的记录。接受采访时，阿格纽和杰普森都回忆了早期试投时原子弹落下的声音。电台相关的内容来自古田正信的叙述。

第四部

蒂贝茨的引语见 1985 年 8 月 5 日的《美国新闻与世界报道》(*U.S. News and World Report*)。杜鲁门对原子弹的反应来自麦卡洛，后者的信息来自梅里曼·史密斯。

第 27 章

原子弹影响的细节：爆心的即时温度得到科斯特 - 马伦的证实，来自洛斯阿拉莫斯国家实验室报告“LA-550”《爆炸现象紧急手册》。温度随着火球扩大迅速降低的内容来自《广岛与长崎》(该报告由 34 名日本专家编制于 1977 到 1979 年间)，0.1 毫秒后，火球半径为 15 米，温度为 30 万摄氏度。它在 0.2 秒内降到 7700 摄氏度（近似太阳表面温度）。导致热灼伤的热辐射主要为爆炸后 0.2 秒到 3 秒间大量散发的红外辐射。报告还将热灼伤分为五级。报告发现最严重的五级灼伤（“炭化”）发生在爆心 1 至 1.5 公里的范围内，“内脏蒸发”也在这一区域内。这虽然是个非正式说法，但得到了各种目击报告的支持。作者还感谢罗兹提供了权威描述。

放射性同位素方面的内容来自作者与林希茨的通信。放射影响资料来源：《广岛与长崎》、美国战略轰炸调查团的调查（来自美国国家档案馆）和罗兹。在这个背景下，有必要澄清一点，就是美国战略家（尤其是格罗夫斯）预计的原子弹影响来自热和爆炸，而非放射性。格罗夫斯给陆军参谋长马歇尔的一份日期为 7 月 30 日(任务执行前一周)的备忘录表明了这一点。“至于实战原子弹的可能效果，”他写道，“我们预期地面不会经受来自放射物质的有害影响。在新墨西哥州，这些影响是原子弹爆炸高度较低导致的。”（来自美国国家档案馆。）引爆高度定在1850英尺，因为他们估计这是通过爆炸和大火而非放射性摧毁人员和建筑的最有效高度。然而实际上，按美国战略轰炸调查团战后调查指出的，即使没有任何热和爆炸的影响，由放射造成的广岛死亡人数应该大致相同，“主要区别将在于死亡时间”。

冲击波的速度和压力数据来自美国战略轰炸调查团，它还提供了被爆炸毁坏的建筑的统计数字。野村英三的内容来自怀登。对各人的描述来自对肥田舜太郎、松重美人、田中利明、中前妙子、坪井直的采访。

投弹飞机上的反应（和对话）来自：对阿格纽、阿尔伯里、杰普森（及随后与作者的通信）、约翰斯顿、范·柯克的采访；斯皮策日记；刘易斯日志；阿尔瓦雷茨、贝塞尔、卡伦、斯威尼、蒂贝茨。间接资料：克里斯曼、克内贝尔、马克思、罗兹、托马斯和摩根-威茨、怀登。根据爆炸测量罐的数据，马利克估计“小男孩”的当量约为1.5万吨TNT。根据泰勒的说法，1945年2月13到14日夜投到德累斯顿的炸弹总吨位为2647吨。实际裂变进而产生爆炸当量的高纯度铀（HEU）的质量见科斯特-马伦的描述。考虑到“小男孩”核心高纯度铀的总质量相当大，它是一颗效率极低的原子弹。

关于天宁岛上对投弹报告的反应来自劳伦斯（一位亲历者）。发自“埃诺拉·盖伊号”的两份报告来自美国国家档案馆。作者拥有那份描述28种情况的一次性密码的副本，得自拉姆齐。与投弹信息对应并经无线电传输的信息被打了勾。

第28章

肥田舜太郎在原子弹爆炸后的经历来自对他的采访。中前妙子、松重美人、坪井直的经历也是如此。广岛的破坏统计数据来自美国战略轰炸调查团，包括那句引语。伤亡数据版本众多。我给出了美国战略轰炸调查团的估计及权威原子弹历史学家罗兹高得多的估计。他指出死亡人数到 1945 年末达到 14 万；到 1950 年达到 20 万。类似数字也出现在《广岛与长崎》中，结论来自对各种资料的详细评估。

“埃诺拉·盖伊号”返程路上的反应来自对杰普森、范·柯克的采访。关于日军战斗机、蘑菇云最终消失时与飞机的距离来自刘易斯日志、《领航员日志》、帕森斯日志。高射炮火的细节见 8 月 6 日的《13 号特别任务最终报告》（来自美国国家档案馆），本章还有部分内容来自贝塞尔、卡伦、蒂贝茨。

第 29 章

晚餐和电话的内容来自格罗夫斯自己的描述。间接资料：诺里斯、克内贝尔。

火焰风暴和黑雨的内容来自美国战略轰炸调查团的报告和广岛地区气象台的记录。另见《广岛与长崎》。感谢泰勒为我解释德累斯顿的火焰风暴。火焰风暴对个人的影响来自对肥田舜太郎、中前妙子的采访。

原子弹爆炸的消息传到日本其他地区的内容来自《人类失去的一天：广岛，1945 年 8 月 6 日》、克内贝尔、怀登。中村哲的故事来自他与作者的私人通信。

关于庆祝准备情况的内容来自托马斯和摩根 - 威茨。作者将他们图书里再现的请柬给范·柯克看过，他确认确实如此。

第 30 章

松重美人的经历和照片来自对他的采访。其他来自对坪井直和田中利明的采访。红十字会医院毁损统计数据来自美国战略轰炸调查团。补充材料来自对红十字会实习护士松本千惠子（Chieko Matsumoto）、大岛希巳江（Kimie Oshima）和竹岛直江的采访。和田功的救援行动故事来自对他的采访。补充材料来自对和田功的志愿兵战友菅原浩志的采访。

“埃诺拉·盖伊号”到达天宁岛和汇报的内容来自对杰普森、拉姆齐、范·柯克的采访以及《领航员日志》；帕森斯在“管合金”收据上的签字和用词（阿什沃思的文件）；另见贝塞尔、卡伦、劳伦斯、蒂贝茨。间接资料：克里斯曼、马克思、诺里斯、托马斯和摩根 - 威茨。

第 31 章

给格罗夫斯的电报和随后在华盛顿发生的事件来自格罗夫斯、克内贝尔、诺里斯以及美国国家档案馆。根据奥利里的日记，格罗夫斯那天打了 8 个庆祝电话（来自美国国家档案馆）。

同样地，史汀生 8 月 6 日的日记（一如既往地准确）详细记录了他在高堡庄园接到的 10 个电话。他干巴巴地记录道：“今天下雨，一直守在电话旁，我没错过多少最新消息。”关于“奥古斯塔号”巡洋舰上杜鲁门的内容来自杜鲁门的回忆录（引用了来自史汀生的电报）以及尤麦卡洛（他也提到梅里曼·史密斯的评论）。华盛顿的新闻发布会见格罗夫斯自己的叙述，另见怀登的描述。总统声明的一篇早期草稿来自美国国家档案馆，里面没有那句“一座重要的日本陆军基地”。

关于格罗夫斯家人听到新闻的情况和他妻子格雷丝的话来自诺里斯。蒂贝茨的父母也在收音机里听到了那条新闻。埃诺拉·盖伊为儿子感到自豪。她后来告诉一名记者：“如果那颗原子弹让日本人早点投降，那可以挽救我们许多孩子的生命。”

关于总统声明到达日本的内容来自布托、克内贝尔、库兹曼、怀登。

第 32 章

格罗夫斯和奥本海默的电话交谈引用自罗兹。奥利里也在日记中提到了那个电话的时间。关于洛斯阿拉莫斯的反应来自古德柴尔德（尤其是像拳手那样致意的内容）、拉蒙特、罗兹、史密斯、怀登。罗兹还引用了科学家奥托·弗里希的话："有人打开我房间的门，叫道：'广岛被摧毁了！'据说有约 10 万人丧生。看到我的许多朋友冲向电话，预订圣塔菲拉芳达酒店的桌子，要为此庆祝时，我感到不安，甚至有点恶心。我还记得那种感觉。"狂喜似乎没持续多久。根据某个说法，那天夜里晚些时候，奥本海默离开一场聚会时，他看到一名（清醒的）科学家同行在灌木丛里呕吐。奥本海默转向一个同事说："反应开始了。"

对广岛的描述来自对肥田舜太郎、和田功、田中利明的采访。

奥西普在照片冲洗室的情况来自卡伦。霍德森描述了瓦尔德曼的 Fastax 胶片的灾难。传单由日本战俘翻译，在塞班岛的战争信息办公室印刷，罗兹提供了关于传单的数据。传单内容有各种版本。其中一种声称："我们刚刚开始用这种武器打击你们的家园。如果你还有任何疑问，问问广岛发生的事情。"因为一次官僚主义错误，长崎在已经被一颗原子弹摧毁后的次日收到了关于即将被毁灭的警告。

"胖子"的准备见科斯特-马伦、古德柴尔德、霍德森、罗兹、拉斯的描述。另见对阿什沃思、贝德森、林希茨、莫里森、拉姆齐的采访。

后 记

关于长崎和战争最后几天的内容来自布托、科斯特-马伦、克雷格（尤其是地堡会议的细节）、库兹曼、米、麦卡洛（关于阿南惟几的"美丽的鲜花"）、《人类失去的一天：广岛，1945 年 8 月 6 日》。关于长崎的伤亡，来自罗兹和《广岛与长崎》。据罗兹的数据，到 1950 年，死亡总数达到 14 万。克拉森关于启程去接收第三颗原子弹的描述来自对他的采访。格罗夫斯给马歇尔的电报来自美国国家档案馆。亨利·华莱士的回忆来自罗兹。

有关日本幸存者的内容来自对中前妙子、和田功、肥田舜太郎、田中利明、松重美人、坪井直的采访。

朝鲜受害者的数字来自《广岛与长崎》和作者与广岛原子弹爆炸朝鲜幸存者理事会（Hiroshima Council of Korean A-Bomb Survivors）的通信。被认为死于爆炸（或之后）的美国战俘的数字来自《广岛与长崎》。关于两名战俘的情况来自对升正一的采访。肥田舜太郎受访时说他也在8月7日看到了城堡里的那名战俘。他形容了他的“娃娃脸”；肥田舜太郎说，出于怜悯，他用自己的刀割断了那人身上的绳子。

西拉德给格特鲁德·韦斯（后成为西拉德的妻子）的信来自罗兹。杜鲁门给美洲基督教联会的信及据称他对秘书说的关于邮票的话来自怀登。史汀生对原子弹的反应见霍奇森的描述。格罗夫斯的讲话（8月29日在柳树岭）来自诺里斯。诺里斯还提供了格罗夫斯随后的职业生涯及退休的细节。古德柴尔德（他引用了奥本海默离开洛斯阿拉莫斯时的讲话）、库兹曼、史密斯、怀登记述了奥本海默的战后职业生涯。

格罗夫斯给诺斯塔德的那份附有苏联城市情况的备忘录来自美国国家档案馆。

“三位一体”测试场、麦克唐纳牧场和洛斯阿拉莫斯的详细情况来自作者2004年5月的参观。

对长崎的访问来自对阿尔伯里（他也一起访问了长崎）和范·柯克的采访。蒂贝茨在自传里提到了那几只饭碗。他声称的没有罪恶感引用自马克思。航展及与之有关的引语来自1976年10月14日的《华盛顿邮报》。

其他机组成员在战后的反应来自：对杰普森和范·柯克的采访；马克思；1960年8月的《冠冕》（*Coronet*）杂志15周年专题（尤其是卡伦的“部分负疚感”）。第509混成大队唯一的负伤见克内贝尔的描述。刘易斯在“埃诺拉·盖伊号”上的原话已不可考。回到天宁岛后，贝塞尔将记录机组人员谈话的录音交给了一名官员，之后它就消失了，再也没人见过或听说过。

对北坪和缩景园今天的景况描写来自作者2004年7月的参观。

作者的采访

Shockwave Countdown to Hiroshima

下述采访是 2004 年 4 月到 2005 年 3 月间进行的。相关身份为他们 1945 年 8 月时的身份。

美　国

哈罗德·阿格纽，“大师号”观察员

查尔斯·D. 阿尔伯里，“大师号”飞行员

弗雷德里克·阿什沃思，“博克之车号”武器专家

本杰明·贝德森，“阿尔伯塔计划”成员

杰克·毕文斯，“直下马桶号”助理机师

托马斯·克拉森，第 509 混成大队副队长

玛丽·安妮·费雷比，“埃诺拉·盖伊号”投弹手托马斯·费雷比的妻子

唐纳德·霍尼格，洛斯阿拉莫斯物理学家

莉莉·霍尼格，洛斯阿拉莫斯化学家

莫里斯·杰普森，“埃诺拉·盖伊号”武器测试军官

劳伦斯·约翰斯顿，“大师号”观察员

亨利·林希茨，洛斯阿拉莫斯物理学家

罗杰·米德，洛斯阿拉莫斯国家实验室档案馆

菲利普·莫里森，“阿尔伯塔计划”成员

鲍勃·帕森斯，硫磺岛美国海军陆战队列兵

克拉拉·帕森斯，“埃诺拉·盖伊号”武器专家迪克·帕森斯的女儿

吉姆·彼得森，犹他州文多弗机场遗址保护基金会

诺曼·拉姆齐，“阿尔伯塔计划”

利昂·史密斯，第509混成大队武器专家

“荷兰人”范·柯克，“埃诺拉·盖伊号”领航员

艾拉·韦瑟利，“直下马桶号”副驾驶

日 本

深田敏夫（Toshio Fukada），男学生，广岛

桥爪文（Bun Hashizume），女学生，广岛

肥田舜太郎医生，军医，广岛

神尾工（Takumi Kamio），机师，小月空军基地

久保浦宽人（Hiroto Kuboura），日本国有铁道公司工程师，广岛

松本千惠，红十字会医院实习护士，广岛

松重纯江，松重美人的妻子，广岛

松重美人，新闻摄影师，广岛

永井桂子（Keiko Nagai），女学生，广岛

中村康夫（Yasuo Nakamura），运输机飞行员，福冈

西田喜久夫（Kikuo Nishida），军械专家，吴市

升正一，农民，五日市

沼田铃子，电话局雇员，广岛

大岛希巳江，红十字会医院实习护士，广岛

菅原浩志，特攻队志愿兵，江田岛

竹岛直江，红十字会医院实习护士，广岛

田中利明，“晓”部队下士，宇品港

丰永庆三郎（Keisaburo Toyonaga），男学生，广岛

坪井直，工科学生，广岛

和田功，特攻队志愿兵，江田岛

参考文献

Shockwave Countdown to Hiroshima

Primary Sources

Ashworth, Vice-Admiral Frederick. Personal papers, in his possession.

———. *USS Augusta, Her Story*. Unpublished record, dated October 15, 1945, in personal papers.

Boeing B-29 Superfortress, *Flight Manual*, www.flight-manuals-on-cd.com Ltd.

Chugoku Shimbun, July-August 1945. Microfilm, Hiroshima Central City Library, Hiroshima.

Enola Gay, Technical Logs, July-August 1945. Archives, Smithsonian National Air and Space Museum, Washington, D.C.

Franck Report, June 11, 1945, in *The Manhattan Project: A Documentary Introduction to the Atomic Age*. Eds. Michael Stoff, Jonathan Fanton, R. Hal Williams. New York: McGraw Hill, 2000.

Groves, Leslie. Papers. Record Group (RG) 200. National Archives and Records Administration. College Park, Md.

Hiroshima District Meteorological Observatory. Reports July 31–August 6, 1945, Hiroshima Regional Weather Bureau, Hiroshima.

History of 509th Composite Group, 313th Bombardment Wing, Twentieth Air Force, Activation to 15 August 1945. Manuscript drafted at Tinian, August 31, 1945, Los Alamos National Laboratory Archives, Los Alamos, N.M.

Inquiry into Atomic Bomb at Hiroshima. Japanese investigation, September 1945, translated MS in collection of Kikuo Nishida, former ordnance specialist, Kure.

"A Jap Burns." *Life* magazine, August 13, 1945.

Jones, Richard N. Memoirs of United States Navy, *1941–1945, aboard USS Augusta* unpublished.

Kozu, Lt. Comm. Y. *View of Hiroshima Photographed 24 Hours from Atomic Attack* unpublished. Collection of Kikuo Nishida, former ordnance specialist, Kure.

Kuboura, Hiroto. *The Bomb That Destroyed My Youth* trans. Personal testimony unpublished.

Lewis, Robert A. *Bombing of Hiroshima, August 6, 1945*. Mission log, *Enola Gay*. Archives, Smithsonian National Air and Space Museum, Washington, D.C.

Malik, John. *Hiroshima and Nagasaki Mission Data Summaries*. Los Alamos National Laboratory Archives, Los Alamos, N.M.

National Archives and Records Administration. Records of the Office of the Chief of Engineers, Entry 1, Top Secret Correspondence of the Manhattan Engineer District, 1942–1946, Microfilm M1109, Record Group (RG)

77. College Park, Md.

———. Records of the Office of the Chief of Engineers, Manhattan Engineer District, Entry 3, Tinian Files, April–December 1945, Boxes 17–21, RG 77. College Park, Md.

———. Records of the Office of the Chief of Engineers, Manhattan Engineer District, Entry 20, Harrison-Bundy Files Relating to the Development of the Atomic Bomb, Microfilm M1108, RG 77. College Park, Md.

———. Records of the United States Strategic Bombing Survey, Final Reports 1945–7. Microfilm M1013, Rolls 18 and 24, RG 243. College Park, Md.

———. Records of the National Security Agency, Magic-Diplomatic Summaries. Box 18, RG 457. College Park, Md. Norden Bombsight, M-Series, Manual. Archives, Historic Wendover Airfield, Utah. Parsons, Deak. Private papers. Los Alamos Historical Museum, Los Alamos,

N.M. ———. *Check List for Loading Charge in Plane with Special Breech Plug*, in Private papers. Los Alamos Historical Museum, Los Alamos, N.M.

———. Log of *Enola Gay*' s mission to Hiroshima. In Ramsey Papers, Archives, Smithsonian National Air and Space Museum, Washington,

D.C.

Ramsey, Norman F. *History of Project A*. Manuscript, draft 27 September 1945, Doc. 29-6 Los Alamos National Laboratory Archives. Los Alamos,

N.M.

———. *Top Secret Special Table*: Code sheet for reporting results of bombing of Hiroshima, August 6, 1945. Archives, Smithsonian National

Air and Space Museum, Washington, D.C.

———. Papers. Archives National Air and Space Museum, Washington, D.C.

Sakamoto, Yoshitada. Unpublished diary, Hiroshima, July-August 1945. Hiroshima Peace Memorial Museum, Hiroshima.

Sallas, George M., former fire marshal, North Field, Tinian. Communication to Robert van der Linden, August 6, 1990. Archives Smithsonian National Air and Space Museum, Washington, D. C.

Shikoku, Naoto. Unpublished diary, Hiroshima, July-August 1945. Hiroshima Peace Memorial Museum, Hiroshima.

Spitzer, Abe. Diary July-August 1945. Courtesy of Joan Hinterbichler, Manhattan Project Heritage Preservation Association Inc.

Stimson, Henry L. Microfilm of personal diary. McKeldin Library, University of Maryland, College Park, Md.

———. "The Decision to Use the Atomic Bomb." *Harper's* magazine. February 1947.

Szilard, Leo. "A Petition to the President of the United States," in *The Manhattan Project: A Documentary Introduction to the Atomic Age*. Eds. Michael Stoff, Jonathan Fanton, R. Hal Williams. New York: McGraw Hill, 2000.

Tibbets, Paul. "How to Drop an Atom Bomb." *Saturday Evening Post*, June 8, 1946.

Trinity Test, Eyewitness Reports of Nuclear Explosion. Los Alamos National Laboratory Archives, Los Alamos, N.M.

Truman, Harry S. *Off the Record: The Private Papers of Harry S. Truman.* Ed. Robert Ferrell. New York: Penguin, 1980.

Umekita, Tomiko. Unpublished diary, Hiroshima, July-August 1945.

Hiroshima Peace Memorial Museum.

Van Kirk, Dutch. *Navigator's Log, Enola Gay, August 6 1945.* Facsimile, in possession of author.

Secondary Sources

Alvarez, Luis W. *Adventures of a Physicist.* New York: Basic Books Inc, 1987.

Alperovitz, Gar. *Atomic Diplomacy: Hiroshima and Potsdam: The Use of the Atomic Bomb and the American Confrontation with Soviet Power.* New York: Random House, 1965.

Bernstein, Barton, ed. *The Atomic Bomb: The Critical Issues.* Boston: Little, Brown, 1976.

Beser, Jacob. *Hiroshima and Nagasaki Revisited.* Memphis, Tenn.: Global Press, 1988.

Birdsall, Steve. *Saga of the Superfortress: The Dramatic Story of the B-29 and the Twentieth Air Force.* New York: Doubleday & Co., Inc., 1980.

Bruckner, Karl. *The Day of the Bomb.* Princeton, N.J.: D.Van Nostrand Company Inc., 1962.

Byrnes, James F. *All in One Lifetime.* New York: Harper & Brothers, 1958.

Butow, Robert J. C. *Japan's Decision to Surrender.* Palo Alto, Calif.: Stanford University Press, 1954.

Campbell, Richard H. *They Were Called Silverplate: A History of Silverplate B29s' Deliveries and Operations from 1943 to 1960.* Arizona: Becan Press, 2003.

Caron, George R., and Charlotte E. Meares. *Fire of a Thousand Suns: The George R. "Bob" Caron Story—Tail Gunner of the Enola Gay.*

Colorado: Web Publishing Company, 1995.

Chinnock, Frank W. *Nagasaki: The Forgotten Bomb*. New York: The World Publishing Company, 1969.

Church, Fermor S., and Peggy Pond. *When Los Alamos was a Ranch School*. Los Alamos, N.M.: Los Alamos Historical Society, 1998.

Coffey, Thomas M. *Iron Eagle: The Turbulent Life of General Curtis LeMay*. New York: Crown Publishers Inc., 1986.

Committee of Japanese Citizens. *Days to Remember: An Account of the Bombings of Hiroshima and Nagasaki*. Japan: Hiroshima-Nagasaki Publishing Committee, 1981.

Compton, Arthur Holly. *Atomic Quest*. New York: Oxford University Press, 1956.

Coster-Mullen, John. *Atom Bombs: The Top Secret Inside Story of Little Boy and Fat Man*. Self-published, 1996.

Craig, William. *The Fall of Japan*. New York: The Dial Press, 1967.

Christman, Al. *Target Hiroshima: Deak Parsons and the Creation of the Atomic Bomb*. Annapolis, Md.: Naval Institute Press,1998.

Del Tredici, Robert. *At Work in the Fields of the Bomb*. London: Harrap Ltd., 1987.

Farrell, Don A. *Tinian*. Tinian: Micronesian Publications, CNMI, 1992.

Feis, Herbert. *The Atomic Bomb and the End of World War II*. Princeton, N.J.: Princeton University Press, 1966.

Fogelman, Edwin. *Hiroshima, The Decision to Use the A-Bomb*. New York: Scribner Research Anthologies, 1964.

Goodchild, Peter. *J. Robert Oppenheimer: "Shatterer of Worlds."* London: BBC, 1980.

Griese, Noel L. *Arthur W. Page: Publisher, Public Relations Pioneer,*

Patriot. Atlanta: Anvil Publishers, Inc., 2001.

Groves, General Leslie M. *Now It Can Be Told: The Story of the Manhattan Project*. New York: Harper, 1962.

Hachiya, Michihiko, M.D. *Hiroshima Diary: The Journal of a Japanese Physician, August 6–September 30, 1945*. Chapel Hill: University of North Carolina Press, 1955.

Hersey, John. *Hiroshima*. London: Penguin Books, 1986.

Hida, Dr. Shuntaro. *The Day Hiroshima Disappeared: Testimony by a Bombed Doctor*. Dr. Hida' s collection, no publication details.

Hiroiwa, Chikahiro. *Hiroshima Witness for Peace: Testimony of A-Bomb Survivor Suzuko Numata*. Japan: Soeisha/Books Sanseido, 1993.

Hiroshima Peace Memorial Museum. *The Spirit of Hiroshima: An Introduction to the Atomic Bomb Tragedy*. Hiroshima: Hiroshima Peace Memorial Museum, 1999.

Hoddeson, Lillian; Paul W. Henriksen; Roger A. Meade; Catherine Westfall, eds. *Critical Assembly: A Technical History of Los Alamos during the Oppenheimer years, 1943–1945*. Cambridge: Cambridge University Press, 1993.

Hogan, Michael J., ed. *Hiroshima in History and Memory*. Cambridge: Cambridge University Press, 1996.

Hough, Frank O. *The Island War: The United States Marine Corps in the Pacific*. Philadelphia: J.P. Lippincott Company, 1947.

Huie, William Bradford. *The Hiroshima Pilot*. New York: Pocket Books, 1964.

Ibuse, Masuji. *Black Rain*. Tokyo: Kodansha International Ltd., 1969.

Jenkins, Rupert, ed. *Nagasaki Journey: the Photographs of Yosuke Yamahata, August 10, 1945*. San Francisco: Pomegranate Books, 1995.

Jungk, Robert. *Brighter Than a Thousand Suns*. Harmondworth, Middlesex: Penguin Books, 1956.

Kimball Smith, Alice, and Charles Weiner, eds. *Robert Oppenheimer: Letters and Recollections*. Cambridge, Mass.: Harvard University Press, 1980.

Knebel, Fletcher, and Charles W. Bailey II. *No High Ground: The Complete Eye-Opening True Story of the First Atomic Bomb*. New York: Bantam Books, 1961.

Kurzman, Dan. *Day of the Bomb: Countdown to Hiroshima*. New York: McGraw-Hill, 1986.

Lamont, Lansing. *Day of Trinity*. New York: Atheneum, 1965.

Laurence, William L. *Dawn over Zero: The Story of the Atomic Bomb*. New York: Alfred A. Knopf, 1950.

LeMay, General Curtis E., and Kantor MacKinlay. *Mission with LeMay: My Story*. New York: Doubleday, 1965.

Levine, Mark. *Enola Gay*. Los Angeles: University of California Press, 2000.

Los Alamos National Laboratory. *Los Alamos 1943–1945: The Beginning of an Era*. Los Alamos, N.M.: Los Alamos National Laboratory, 1986.

McCullough, David. *Truman*. New York: Simon & Schuster, 1992.

Marx, Joseph L. *Seven Hours to Zero*. New York: G. P. Putnam's Sons, 1967.

Matsushige, Yoshito, ed. *Atomic Bomb Photo Testament*. Hiroshima: Sasaki Printing Co., 2002.

Merlan, Thomas. *The Trinity Experiments*. WSMR Archaeological Report No. 97-15, 1997.

Moss, Norman. *Klaus Fuchs: A Biography: The Man Who Stole The Atom Bomb*. New York: St. Martin' s Press, 1987.

Nagai, Takashi, M.D. *Atomic Bomb Rescue and Relief Report*. Nagasaki: Nagasaki Association for Hibakushas' Medical Care NISHAM, 2000.

Norris, Robert S. *Racing for the Bomb: General Leslie R. Groves, The Manhattan Project's Indispensable Man*. Hanover, N.H.: Steerforth Press, 2002.

Olivi, Fred J., Lt. Col. USAF Ret. *Decision at Nagasaki: The Mission That Almost Failed*. Glenview, Ill.: Handgun Press, 1998.

Ogura, Toyofumi. *Letters from the End of the World: A Firsthand Account of the Bombing of Hiroshima*. Tokyo: Kodansha International, 1997.

Oppenheimer, J. Robert. *The Open Mind*. New York: Simon & Schuster, 1955.

Rhodes, Richard. *The Making of the Atomic Bomb*. New York: Simon & Schus

ter, 1986. Roberts, Sam. *The Brother: The Untold Story of the Rosenberg Case*. New York: Random House, 2001.

Rowe, James Les. *Project W-47*. Livermore, Calif.: JA A RO Publishing, 1978.

Russ, Harlow. *Project Alberta: The Preparation of Atomic Bombs for Use in World War II*. Los Alamos, N.M.: Exceptional Books Ltd., 1984.

Sebag Montefiore, Simon. *Stalin: The Court of the Red Tsar*. London: Phoenix, 2003.

Selden, Kyoko, and Mark Selden, eds. *The Atomic Bomb: Voices from Hiroshima and Nagasaki*. New York: M. E. Sharpe, 1989.

Stanton, Doug. *In Harm's Way: The Sinking of the USS Indianapolis and the Extraordinary Story of its Survivors*. New York: Henry Holt, 2001.

Stimson, Henry M., and McGeorge Bundy. *On Active Service in Peace and War*. New York: Harper & Brothers, 1947.

Stoff, Michael B., Jonathan F. Fanton, and R. Hal Williams, eds. *The Manhattan Project: A Documentary Introduction to the Atomic Age*. New York: McGraw-Hill, 2000.

Sweeney, Maj. Gen. Charles W. *War's End: An Eyewitness Account of America's Last Atomic Mission*. New York: Avon Books, 1997.

Szasz, Ferenc Morton. *The Day the Sun Rose Twice: The Story of the Trinity Site Nuclear Explosion, July 16, 1945*. Albuquerque: University of New Mexico Press, 1984.

Takaki, Ronald. *Hiroshima: Why America Dropped the Atomic Bomb*. New York: Little, Brown, 1995.

Taylor, Frederick. *Dresden: Tuesday, February 13, 1945*. New York: Harper-Collins, 2004.

The Committee for the Compilation of Materials on Damage Caused by the Atomic Bombs in Hiroshima and Nagasaki. *Hiroshima and Nagasaki: The Physical, Medical, and Social Effects of the Atomic Bombings*. New York: Basic Books Inc./ Harper & Colophon Books, 1981.

The Pacific War Research Society. *The Day Man Lost: Hiroshima, 6 August 1945*. Tokyo: Kodansha International, 1972.

Thomas, Gordon, and Max Morgan-Witts. *Enola Gay*. New York: Stein & Day, 1977.

———. *Ruin from the Air*. London: Sphere Books Ltd., 1977.

Tibbets, Paul W. *Mission: Hiroshima*. New York: Stein & Day, 1985.

Tibbets, Paul W. *The Tibbets Story*. New York: Stein & Day, 1978.

Trinity Site, July 16, 1945, Official Guide. U.S. Government Printing Office, no date.

Truman, Harry S. *Memoirs by Harry S. Truman: Volume One, Year of Decisions*. New York: Doubleday, 1955.

Trumbull, Robert. *Nine who Survived Hiroshima and Nagasaki*. New York: Dutton, 1957.

Truslow, Edith C. *Manhattan District History: Nonscientific Aspects of Los Alamos Project Y 1942 through 1946*. Los Alamos, N.M.: Los Alamos Historical Society, 1997.

Weart, Spencer R., and Gertrud Weiss Szilard, eds. *Leo Szilard: His Version of the Facts*. Cambridge, Mass.: MIT Press, 1978.

Wilson, Jane S., and Charlotte Serber, eds. *Standing By and Making Do: Women of Wartime Los Alamos*. Los Alamos, N.M.: The Los Alamos Historical Society, 1988.

Wyden, Peter. *Day One: Before Hiroshima and After*. New York: Simon & Schuster, 1984.

致　谢

Shockwave Countdown to Hiroshima

没有世界各地众多人士慷慨、耐心、友善的帮助，就不会有这本书。他们不仅自始至终地支持我，有时还亲身陪我一路走过来。我的感激永远也无法完全表达出来。

我首先要感谢所有那些见证过本书所述事件的先生和女士们。我相信，如果我鲜活地复述出了这些事件，那么这些成功都是拜他们所赐。他们向我描述了那一刻（尤其是这样一个重大的历史性时刻）的情况和氛围，这一点弥足珍贵。我要感谢的人实在太多，无法在此一一细数。我将他们都列在了书末的参考书目中。他们都很特别，但我依然希望在此特别感谢其中几位：“埃诺拉·盖伊号”的领航员“荷兰人”范·柯克，一个夏日的午后，我们在他的花园谈得浑然忘我；“埃诺拉·盖伊号”上的武器专家莫里斯·杰普森，我永远忘不了他对那次任务的描述；肯尼思·艾德尼斯（Kenneth Eidnes），他曾担任第 509 混成大队的尾炮手，是永不枯竭的信息源，还提供了令人浮想联翩的原子弹任务时期的天宁岛照片；第 509 混成大队前副队长托马斯·J. 克拉森提供了源源不绝、富于启发性的细节；天宁岛上的另一位武器专家利昂·史密斯（Leon Smith）也是杰出的摄影师，他为本书提供了一些照片；前洛斯阿拉莫斯实验室的科学家亨利·林希茨教授、唐纳德·霍尼格、莉莉·霍尼格、诺曼·拉姆齐和菲利普·莫里森；在长崎任务中担任核武专家的退休海军中将弗雷德里克·L. 阿什沃思（他让我将他的许多图书和文件带回了英国）。所有这些人都提供了极大的帮助，尤其是回答了我在数百封邮件里提出的问题。他们总是彬彬有礼、言无不尽，感谢他们所有人。在日本的幸存者中，我永远忘不了肥田舜太郎医生、坪井直、中前妙子、田中利明、沼田铃子和那位在广岛爆炸后几个小时里拍下了5张不寻常照片的杰出摄影师松重美人。听说他在本书完成前不久去世，我非常伤心。本书研究过程中的最后14个月里，我采访过的先生和女士中已有数位离世。

相关领域的很多历史学家和专家对我表示出了极大的善意，这使我受益良多，我抛给他们的无数个请求总是得到慷慨的回应。没有下面这些人，这本书将不可能完成：洛斯阿拉莫斯国家实验室档案馆的罗杰·米德（Roger Meade）和琳达·桑多瓦尔（Linda Sandoval）；犹他州文多弗机场遗址保护基金会（Historic Wendover Airfield）的吉姆·彼得森（Jim Petersen）；理查德·坎贝尔（Richard Campbell）、阿尔·克里斯曼（Al Christman）、斯帕基·科拉迪纳（Sparky Corradina）、约翰·科斯特-马伦（John Coster-Mullen）、埃德·汉弗莱斯（Ed Humphreys）、安德森·贾尔斯（Anderson Giles）、约瑟夫·帕帕利亚；洛斯阿拉莫斯历史博物馆（Los Alamos Historical Museum）的莉贝卡·科林斯沃思（Rebecca Collinsworth）；洛斯阿拉莫斯布拉德伯里科学博物馆的约翰·罗兹；华盛顿的美国国家档案馆的肯尼思·施莱辛格（Kenneth Schlessinger）和戴夫·乔达诺（Dave Giordano）。感谢他们的无尽善意。我还要感谢唐·法雷尔（Don Farrell）解答了我的许多问题，在他位于美丽的天宁岛上的家里，我们度过了一个愉快的夜晚；感谢拉里·米克斯（Larry Meeks）带我在新墨西哥州“三位一体”测试场经历了一次难忘的私人旅行；感谢巴里·巴约雷克（Barry Bayorek）带我乘他的派帕崽（Piper Cub）飞机飞越文多弗空军基地的跑道和盐滩，度过了一段同样难忘的旅程。那些曾在那里飞行过的逝者似乎又一次翱翔在了空中。

我还要感谢新墨西哥大学（University of New Mexico）的乔纳森·波特（Jonathan Porter）博士和费伦茨·M. 萨斯（Ferenc M. Szasz）博士，他们自愿抽出时间阅读了本书的初稿。他们的评论拓宽了本书的视野，他们的热情鼓励敦促着我奔向终点。

还要特别感谢我的两位卓越研究员，伦敦的罗曼·兰开斯特（Romaine Lancaster）和日本的岛原幸子。他们创造了超越职责的奇迹，以优雅、幽默和无穷的创造精神回应着我的每一个要求。本书的每一页上都留下了他们的印记。我对两位的感激难以言表。

我还要特别感谢我的几位编辑。在美国，吉尔·施瓦茨曼（Jill Schwartzman）经常顶着巨大压力，娴熟自如地处理这部作品，她的热情感染了周围的人，在黑暗中为我照亮了前路。另外，她的同事丹·科纳韦（Dan Conaway）与英国的罗纳德·菲利普斯（Roland Philipps）和罗恩·亚普（Rowan Yapp）在这段旅程的每个阶段都提供了莫大的帮助。他们的不断鼓励、敏锐、眼界、耐心和宝贵见解一直在鼓舞着我。他们总是以完美的策略和敏感回应我的关切。我发自内心地感谢他们所有人。我还要感谢我的外文编辑，尤其是日本的千田洋之和德国的哈拉尔德·施塔德勒（Harald Stadler），他们的注释剀切详明，在调整本书的叙事策略以及让文字更加通俗易懂方面助益非浅。

我还要大力感谢我的代理人——伦敦的雷切尔·考尔德（Rachel Calder）和纽约的亨利·杜诺（Henry Dunow）。他们拥有崇高的品德，在我研究和写作本书的过程中，他们以无尽的亲切、同情和耀眼的才华支持着我。虽然每天连珠炮似的接到电话，他们一次也没有抱怨过。他们是我的坚强后盾。他们也许还不知道我对他们俩的尊重和感情何其深厚。

最后，我还要感谢身边所有那些伴着本书一路走来的朋友和家人：从一开始就支持我的老朋友唐纳德·斯特罗克（Donald Sturrock）；另一个亲密的朋友理查德·布拉德利（Richard Bradley），从我制作电视节目的时代开始，他就是我的知音，鼓励我拍摄一部关于广岛的电影，点燃了第一把火；我的妻妹温迪·乔治（Wendy George）好心地为我将许多采访记录成了文字；我的父母，他们给了我这个世界上再也找不出来的爱；聪明美丽的女儿基蒂（Kitty），她给我的激励远远超出她的想象；特别是我的妻子萨莉（Sally），她是我一生的至爱，没有她，所有这一切永远都不会发生。

史蒂芬·沃克

伦敦，2005 年 5 月

“iHappy书友会”会员申请表

姓　名（以身份证为准）：__________　性　别：__________

年　龄：__________　职　业：__________

手机号码：__________　E-mail：__________

邮寄地址：__________　邮政编码：__________

微信账号：__________（选填）

请严格按上述格式将相关信息发邮件至中资海派“iHappy书友会”会员服务部。

邮　箱：szmiss@126.com

微信联系方式：请扫描二维码或查找zzhpszpublishing关注“中资海派图书”

中资海派公众号　　中资海派淘宝店

<table>
<tr><td rowspan="9">优惠订购</td><td colspan="2">订阅人</td><td></td><td>部门</td><td></td><td>单位名称</td><td></td></tr>
<tr><td colspan="2">地址</td><td colspan="3"></td><td>邮编</td><td></td></tr>
<tr><td colspan="2">电话</td><td colspan="3"></td><td>传真</td><td></td></tr>
<tr><td colspan="2">电子邮箱</td><td colspan="2"></td><td>公司网址</td><td colspan="2"></td></tr>
<tr><td>订购书目</td><td colspan="6"></td></tr>
<tr><td rowspan="2">付款方式</td><td>邮局汇款</td><td colspan="5">深圳市中资海派文化传播有限公司
中国深圳银湖路中国脑库A栋四楼　邮编：518029</td></tr>
<tr><td>银行电汇或转账</td><td colspan="5">户　名：深圳市中资海派文化传播有限公司
开户行：工商银行深圳八卦岭支行
账　号：4000 0273 1920 0685 669
交通银行卡户名：桂林　卡　号：622260 1310006 765820</td></tr>
<tr><td>附注</td><td colspan="6">1. 请将订阅单连同汇款单影印件传真或邮寄，以此凭证办理。
2. 订阅单请用正楷填写清楚，以便以最快方式送达。
3. 咨询热线：0755-25970306 转 158、168　传　真：0755-25970309 转 825
E-mail: szmiss@126.com</td></tr>
</table>

→利用本订购单订购一律享受九折特价优惠。

→团购 30 本以上享受八五折优惠。